Uni-Taschenb

W0068156

UTB
FÜR WISSEN
SCHAFT

Eine Arbeitsgemeinschaft der Verlage

Wilhelm Fink Verlag München
Gustav Fischer Verlag Jena und Stuttgart
A. Francke Verlag Tübingen und Basel
Paul Haupt Verlag Bern · Stuttgart · Wien
Hüthig Fachverlage Heidelberg
Leske Verlag + Budrich GmbH Opladen
Lucius & Lucius Verlagsgesellschaft Stuttgart
Mohr Siebeck Tübingen
Quelle & Meyer Verlag · Wiesbaden
Ernst Reinhardt Verlag München und Basel
Schäffer-Poeschel Verlag · Stuttgart
Ferdinand Schöningh Verlag Paderborn · München · Wien · Zürich
Eugen Ulmer Verlag Stuttgart
Vandenhoeck & Ruprecht in Göttingen und Zürich

Wilfried Kürschner

Grammatisches Kompendium

Systematisches Verzeichnis
grammatischer Grundbegriffe

3. Auflage

A. Francke Verlag Tübingen und Basel

Wilfried Kürschner ist o. Professor für allgemeine Sprachwissenschaft und germanistische Linguistik an der Universität Vechta.

Die Deutsche Bibliothek – CIP-Einheitsaufnahme

Kürschner, Wilfried:
Grammatisches Kompendium : systematisches Verzeichnis grammatischer
Grundbegriffe / Wilfried Kürschner. – 3., verm. und bearb. Aufl. –
Tübingen ; Basel : Francke, 1997
    (UTB für Wissenschaft : Uni-Taschenbücher ; 1526)
    ISBN 3-8252-1526-1 (UTB)
    ISBN 3-7720-1744-4 (Francke)

1. Auflage 1989
2., überarbeitete und stark erweiterte Auflage 1993
3., vermehrte und bearbeitete Auflage 1997

© 1997 · A. Francke Verlag Tübingen und Basel
Dischingerweg 5 · D-72070 Tübingen
ISBN 3-7720-1744-4

Einbandgestaltung: Alfred Krugmann, Stuttgart
Druck und Bindung: Presse-Druck, Augsburg
Printed in Germany

ISBN 3-8252-1526-1 (UTB-Bestellnummer)

INHALT

VORWORT

Der Charakter des vorliegenden Buches hat sich gegenüber den beiden vorangegangenen Auflagen nicht verändert: Das *Grammatische Kompendium* nimmt eine Zwischenstellung zwischen terminologischem Wörterbuch und ausführlicher Grammatik des Deutschen ein. Anders als in den üblichen Terminologielexika unterliegt die Reihenfolge der hier aufgenommenen Begriffe nicht den Zufälligkeiten des Alphabets, sie sind vielmehr in sachlich-systematischen Feldern angeordnet. Damit kann das *Kompendium* auch als eigenständiges kurzgefasstes grammatisches Lehrbuch benutzt werden. Es will den Leser auf die Lektüre einer Großgrammatik vorbereiten und ihn bei der Benutzung von Terminologielexika unterstützen – die meines Erachtens empfehlenswertesten Werke beider Gattungen sind im Literaturverzeichnis genannt.

Die Hoffnung, eine sachlich und begrifflich harmonisierende Darstellung der vorliegenden Literatur zu erreichen, musste, auch angesichts der zahlreichen neuen Darstellungen der deutschen Grammatik, die in den vergangenen Jahren erschienen sind, bald aufgegeben werden. Der Leser sollte daher darauf gefasst sein, im vorliegenden Buch eine weder terminologisch noch sachlich mit irgendeiner anderen Grammatik völlig übereinstimmende Darstellung vorzufinden. Es dominieren hier die Vorstellungen der traditionellen und der Schulgrammatik, verbunden mit Elementen aus der Valenzgrammatik. Insofern kommt das *Kompendium* in den Kapiteln zu Wortarten und Syntax der grammatischen Begrifflichkeit in Schullehrbüchern, in Schulgrammatiken und in dem (im Anhang abgedruckten) „Verzeichnis grundlegender grammatischer Fachausdrücke" der Kultusministerkonferenz (1982), auf das sich die Schulbücher zu stützen haben, entgegen, ohne sie in jeder Hinsicht zu teilen.

Gegenüber der zweiten Auflage ist die vorliegende Fassung um ein Kapitel erweitert worden. Das gegenwärtige Interesse an der Orthographie des Deutschen, das durch die 1994/96 vereinbarte Neuordnung ausgelöst wurde, lässt es geraten erscheinen, die Prinzipien, die der deutschen Rechtschreibung zu Grunde liegen, anzuführen und zu erläutern. Dies geschieht am Ende des Buches, da die Orthographie auf die unterschiedlichen Ebenen, die in den Kapiteln davor angesprochen werden, Bezug nimmt.

Der Leser wird bereits bemerkt haben, dass im Text die neue Orthographie verwendet wird. Wenn Schreibvarianten vorgesehen sind, wird eher die Neuerung gewählt und nicht die traditionelle Schreibung. Lediglich in den Fällen, in denen *-phon-* oder *-fon-* bzw. *-graph-* oder *-graf-* geschrieben werden kann, bleibt es bei der Schreibung mit *ph*. Damit soll ein einheitliches Schriftbild gewahrt bleiben, es soll also zum Beispiel nicht *Orthografie* neben *Graphem* stehen.

Äußerlich und im Inhalt sind in das Buch abermals viele Anregungen eingeflossen, die Studenten der Universität Vechta beim mehrfachen Durcharbeiten der einzelnen Kapitel in Seminaren und Vorlesungen gemacht haben. Ihrer Kritik, vor allem aber ihrer Ermunterung verdanke ich sehr viel. Besonderen Dank aber schulde ich Christiane Pelka und vor allem Cäcilia Klaus, die die letzten Fassungen der vorliegenden Neuausgabe kritisch durchgesehen haben.

Danken möchte ich schließlich Petra Scheper und Marlies Völker für ihre Unterstützung bei der Erstellung der Druckvorlage. Vechta, im April 1997

Die Abkürzung *Rw.* steht für 'Redeweise', 'Redewendung' und wird vor Angaben über Wortformen grammatischer Termini (z. B. „Rw.: das Genus, des Genus, die Genera") und vor typische Redewendungen der Grammatiker (z. B. „Rw.: Dieses Verb *regiert* den Akkusativ") gesetzt.

1

SEMIOTIK:

LEHRE VOM ZEICHEN

1.1 DAS SPRACHLICHE ZEICHEN

Eine Sprache kann als ein System angesehen werden, in dem mithilfe von Lauten Bedeutungen zum Ausdruck gebracht werden. Das heißt, es werden Zeichen gebraucht:

(1.1/1) Sprachliche Zeichen:
Einheiten, in denen Laute/Lautfolgen bzw. ihre schriftlichen Entsprechungen mit Bedeutungen = Inhalten verknüpft sind.

Als Zeichen können ganze Texte, Sätze, Teile von Sätzen bis hinunter zu Wörtern und Morphemen betrachtet werden. Die kleinsten, minimalen Zeichen sind die Morpheme (s. unten Nr. 5.1/1 und Nr. 5.1/3).

Eigenschaften des sprachlichen Zeichens:

(1.1/2) Bilateralität = Zweiseitigkeit:
Das Vorhandensein zweier Seiten, einer Ausdrucksseite und einer Inhaltsseite, die die konstitutiven Elemente eines Zeichens sind.

(1.1/3) Ausdrucksseite:

Laute/Lautfolgen bzw. deren graphische Entsprechungen (in vielen Sprachen: Buchstaben/Buchstabenfolgen), die zum Ausdruck der entsprechenden Inhaltsseite dienen.

(1.1/4) Inhaltsseite:

Inhalte = Bedeutungen, die mit der Ausdrucksseite eines sprachlichen Zeichens verknüpft sind.

Für die Termini „Ausdrucksseite" und „Inhaltsseite" sind auch die folgenden Alternativen gebräuchlich:

Ausdrucksseite	Inhaltsseite
Signifiant	Signifié
Bezeichnendes	Bezeichnetes
Ausdruck	Inhalt
Form	Bedeutung
Signal	Information

Die Termini „Bedeutung" und „Inhalt" werden im Folgenden gleichbedeutend verwendet, mit „Zeichen" ist stets 'sprachliches Zeichen' gemeint.

(1.1/5) Arbitrarität = Beliebigkeit:

Willkürlichkeit der Zuordnung von Inhalts- und Ausdrucksseite im Zeichen.

Beispiel: Der stets gleiche Inhalt '4' ist im Deutschen mit dem Ausdruck [fiːɐ] bzw. «vier», im Englischen mit dem Ausdruck [fɔː] bzw. «four», im Französischen mit [katʀ] bzw. «quatre» und in anderen Sprachen mit nochmals anderen Ausdrucksseiten verknüpft (zwischen einfachen = halben Anführungszeichen wird die Bedeutung, zwischen eckigen Klammern die Ausdrucksseite in der Lautung, zwischen spitzen Klammern die Ausdrucksseite in der Schreibung wiedergegeben – s. unten bei Nr. 2.2/2, Nr. 3.2/7 und Nr. 4.1/3). Dies zeigt, dass die Zuordnung der beiden Zeichenseiten zueinander zwar konventionell-einzelsprachlich festliegt, nicht aber „naturnotwendig", sondern vielmehr arbiträr = willkürlich ist: Keine Eigenschaft der Inhaltsseite verlangt [fiːɐ] oder [fɔː] als Ausdrucksseite, umgekehrt weist kein Merkmal dieser Ausdrücke darauf hin, dass mit ihnen die Inhaltsseite '4' verknüpft ist. – Ausdrücke aus Kombinationen von Ausdrucksseiten wie [fɪʀtseːn] «vierzehn» bzw. [fɔːtiːn] «fourteen» sind dagegen nicht völlig arbiträr, sondern TEILMOTIVIERT, insofern sie zur Inhaltsseite '14 (= 4 + 10 bzw. 10 + 4)' hin „durchsichtig" sind. Die einzelnen Bestandteile dieser Komplexe sind jedoch für sich genommen arbiträr.

(1.1/6) Linearität:
Zeitliche bzw. räumliche Aufeinanderfolge sprachlicher Zeichen und ihrer Ausdruckselemente im Syntagma (s. unten Nr. 1.1/8).

Im Kommunikationsprozess, in der Parole (s. unten Nr. 1.2/2), werden die sprachlichen Zeichen in gesprochener Sprache zeitlich, in geschriebener Sprache räumlich nacheinander angeordnet, sie folgen einander gewissermaßen (wie die Buchstaben in einer Zeile) auf einer Linie. Dies betrifft sowohl die an der Bildung einer Redekette beteiligten jeweiligen Zeichen als Ganze wie auch die Elemente ihrer Ausdrucksseiten, die Laute bzw. Buchstaben, die nicht zugleich, sondern nacheinander produziert werden.

Beziehungen zwischen sprachlichen Zeichen:

(1.1/7) Syntagmatische Beziehung:
Beziehung, die zwischen mindestens zwei Zeichen herrscht, die miteinander in der Redekette verknüpft werden.

Zwei und mehr Zeichen, die linear (vgl. die vorangehende Nr. 1.1/6) aufeinander folgen, stehen in einer 'UND'-BEZIEHUNG zueinander. Zum Beispiel stehen in der Kette *die Leiter an der Wand* die Zeichen *die* und *Leiter* und *an* und *der* und *Wand* in syntagmatischer Beziehung zueinander. Solche Zeichenverbindungen bilden SYNTAGMEN:

(1.1/8) Syntagma:
Geregelte Verbindung von mindestens zwei Zeichen.

Nicht jede Aneinanderreihung sprachlicher Zeichen stellt ein Syntagma dar, z. B.: **an der die Leiter Wand*. Der Aufbau von Syntagmen gehorcht vielmehr Regeln, die in der SYNTAX (s. dazu unten Kapitel 7) beschrieben werden.

Zur Notation: Ein Stern = Asteriskus: *, der vor sprachliche Formen gesetzt wird, zeigt an, dass diese nicht regelgerecht gebaut, sondern ungrammatisch, unzulässig (in der historischen Sprachwissenschaft: nicht in Texten belegt) sind.

Rw.: das Syntagma, des Syntagmas, die Syntagmen od. Syntagmata (Betonung auf *-tag-*)

> **(1.1/9) Paradigmatische Beziehung:**
> Beziehung, die zwischen mindestens zwei Zeichen herrscht, die gegeneinander ausgetauscht werden können.

Zwei und mehr Zeichen, die gegeneinander austauschbar sind, stehen in einer 'ODER'-BEZIEHUNG zueinander. Zum Beispiel könnte in dem Syntagma *die Leiter an der Wand* statt des Zeichens *die* das Zeichen *eine*, statt *Leiter* das Zeichen *Uhr* oder *Bilderrahmen* usw., statt *an* das Zeichen *auf* oder *hinter* oder *über* usw., statt *der* das Zeichen *einer* oder *mancher* oder *dieser* oder *jener* usw. gewählt werden. Es ergäben sich dann jeweils neue Syntagmen. – Zeichen, die sich gegenseitig ersetzen lassen, bilden ein PARADIGMA:

> **(1.1/10) Paradigma:**
> Menge/Klasse von Zeichen, die gegeneinander ausgetauscht werden können.

Über diesen engeren, nur die Austauschbarkeit von Zeichen als Ganzen betreffenden Paradigmenbegriff hinaus gibt es eine weiter greifende Auffassung von 'Paradigma' sowie die klassische Auffassung (Paradigma = Flexionsformen eines Wortes bzw. Flexionsmuster, s. unten Nr. 6.1/7). Nach der weiteren Auffassung stehen nicht nur Zeichen, wie bei der vorangehenden Nr. 1.1/9 beschrieben, in paradigmatischer Beziehung zueinander, sondern auch die Glieder von WORTFAMILIEN wie *binden, Band, Binde, Gebinde, Bund, bündeln, bündig, Binder*, bei denen keine durchgängige gegenseitige Ersetzbarkeit an einer bestimmten Position eines Syntagmas vorliegt (z. B. können die Verben *binden* und *bündeln* nicht das Adjektiv *bündig*, dieses nicht die Substantive *Band, Binde, Gebinde, Bund, Binder* ersetzen).

Darüber hinaus können auch Elemente von Zeichenaus-
drucksseiten, nämlich Laute (bzw. Buchstaben), in paradigmatischer Beziehung zueinander stehen. So bildet etwa die
Menge aller Laute, die im Anlaut, im Inlaut oder im Auslaut
von Wörtern vorkommen bzw. dort nicht vorkommen können, jeweils ein Paradigma (z. B. können im Anlaut deutscher
Wörter alle Laute stehen, nur nicht die Laute [ŋ] (wie in *eng*)
und [x] (wie in *ach*), im Inlaut können alle Laute stehen, nur
nicht der Laut [h] (wie in *halt*) usw.).

Rw.: das Paradigma, des Paradigmas, die Paradigmen od. Paradigmata (Betonung auf -*dig*-)

1.2 DIFFERENZIERUNG DES SPRACHBEGRIFFS

Der alltagssprachliche Ausdruck *Sprache* ist mehrdeutig. Im
Folgenden werden einige Begriffe zur Erfassung der unterschiedlichen Aspekte, unter denen der Gegenstand Sprache
betrachtet werden kann, aufgeführt.

(1.2/1) Langue = Sprachsystem:
Abstraktes System von Zeichen und Regeln einer Einzel-
sprache.

Rw.: die Langue, der Langue, die Langues (Aussprache: [lãːg])

(1.2/2) Parole = Rede = Sprachverwendung:
Konkretes, individuelles Sprechen auf der Basis des zu
Grunde liegenden Zeichen- und Regelsystems der Langue
= des Sprachsystems.

Rw.: die Parole, der Parole (Plural nicht gebräuchlich, Aussprache: [paˈʀɔl])

(1.2/3) Langage:

Menschliche Sprach- und Sprechfähigkeit und Redetätigkeit überhaupt.

Rw.: die Langage, der Langage (Plural nicht gebräuchlich, Aussprache: [lãˈgaːʒ])

Diese Begriffe (sowie die übrigen oben erwähnten das Zeichen betreffenden Begriffe) gehen auf Ferdinand de Saussure (1857–1913, postum erschienenes Hauptwerk: „Cours de linguistique générale", 1916) zurück. Noam Chomsky (geb. 1928) hat unter Rückgriff auf diese Begriffe die Unterscheidung von KOMPETENZ und PERFORMANZ eingeführt:

(1.2/4) Kompetenz:

Wissen eines „idealen Sprecher-Hörers" von seiner Sprache, dem Inventar ihrer Elemente und ihren Verknüpfungsregeln; Fähigkeit des Sprecher-Hörers, auf dieser Grundlage eine unbegrenzte Zahl von Äußerungen zu bilden und zu verstehen.

(1.2/5) Performanz:

Gebrauch der Sprache, ihre konkrete Realisierung in Äußerungen, die in einer bestimmten Situation von einem bestimmten Sprecher produziert und von einem bestimmten Hörer rezipiert werden.

Ebenfalls auf de Saussure geht die Unterscheidung von SYNCHRONIE und DIACHRONIE zurück:

(1.2/6) Synchronie:
Sprachzustand innerhalb eines bestimmten (kurzen) Zeitraums.

(1.2/7) Diachronie:
Geschichtliche Entwicklung einer Sprache.

Untersuchungen, die einen Sprachzustand (etwa das Althochdeutsche, das Mittelhochdeutsche, das Gegenwartsdeutsche usw.) zum Gegenstand haben, heißen SYNCHRON oder SYNCHRONISCH („Querschnittsuntersuchungen"). Entsprechend heißen auf die geschichtliche Entwicklung einer Sprache gerichtete Untersuchungen DIACHRON oder DIACHRONISCH („Längsschnittuntersuchungen").

2

SEMANTIK:

LEHRE VOM INHALT

2.1 AUSDRUCKS-INHALTS-BEZIEHUNGEN ZWISCHEN ZEICHEN

Die Beziehungen zwischen Ausdrucks- und Inhaltsseite(n) von Zeichen können unterschiedlich beschaffen sein:
- gleiche Inhalte – verschiedene Ausdrücke (SYNONYMIE = BEDEUTUNGSGLEICHHEIT),
- gleiche Ausdrücke – differierende Inhalte (AMBIGUITÄT = MEHRDEUTIGKEIT):

(2.1/1) Synonymie = Bedeutungsgleichheit:
Verhältnis zwischen zwei (oder mehr) Zeichen, deren Inhaltsseiten gleich, deren Ausdrucksseiten aber verschieden sind.

Beispiele:

> *Sonnabend – Samstag*
> *Linguistik – Sprachwissenschaft*
> *Metzger – Fleischer – Fleischhauer – Schlachter*
> *Karls Buch – das Buch von Karl*
> *Adam liebt Eva – Eva wird von Adam geliebt*

Rw.: die Synonymie, der Synonymie, die Synonymien (Trennung: *Syn-ony-mie* oder *Sy-no-ny-mie*)
das Synonym, des Synonyms, die Synonyme (Betonung auf *-ny(m)-*)
Adjektiv: synonym

(Die Zeichen/Wörter) *Sonnabend* und *Samstag* sind Synonyme/sind synonym.

(2.1/2) Ambiguität = Mehrdeutigkeit:
Eigenschaft von Ausdrucksseiten, denen mehr als eine Bedeutung zugeordnet ist.

Bei Mehrdeutigkeit = Ambiguität kann danach unterschieden werden,

- ob die Bedeutungen zwar voneinander verschieden, aber miteinander verwandt sind – es handelt sich dann um e i n Zeichen mit mehreren Bedeutungen, und man spricht von POLYSEMIE (s. die folgende Nr. 2.1/3) –,
- oder aber ob die unterschiedlichen Bedeutungen nicht miteinander verwandt sind – dann handelt es sich um mehrere Zeichen, deren Ausdrucksseiten gleich lautend = homonym sind (s. unten Nr. 2.1/5: HOMONYMIE). Im Einzelfall kann die Unterscheidung zwischen polysemen und homonymen Ausdrücken/Zeichen schwer zu ziehen sein.

Rw.: die Ambiguität, der Ambiguität, die Ambiguitäten
Adjektiv: ambig (Betonung auf -*big*)

(2.1/3) Polysemie:
Eigenschaft eines Zeichens, dessen Ausdrucksseite mit mehreren, miteinander verwandten Bedeutungen verknüpft ist; ein polysemes Zeichen hat mehrere SEMEME (s. unten Nr. 2.2/1).

Beispiele:

Birne 'Frucht' – 'Leuchtkörper'
Pferd 'Tier' – 'Turngerät' – 'Schachfigur'
Feder 'Gefiederteil' – 'Schreibgerät'

Rw.: die Polysemie, der Polysemie, die Polysemien
Adjektive: polysem (Betonung auf *-sem*), polysemantisch (Betonung auf
-man-)

(2.1/4) Monosemie:
Eigenschaft eines Zeichens, dessen Ausdrucksseite mit nur
einer Bedeutung verknüpft ist.

Beispiele:

> *Kugelschreiber*
> *beige*

Rw.: die Monosemie, der Monosemie (Plural nicht gebräuchlich)
Adjektiv: monosem (Betonung auf *-sem*), monosemantisch (Betonung auf
-man-)

(2.1/5) Homonymie:
Beziehung zwischen zwei (oder mehr) Zeichen, deren
Ausdrucksseiten gleich sind, deren Inhaltsseiten aber voneinander unterschieden und miteinander nicht verwandt
sind.

Beispiele:

> *Bank* 'Sitzgelegenheit' – *Bank* 'Geldinstitut'; keine
> Homonymie im Plural: *Bänke – Banken*
> *Bremse* 'Bremsvorrichtung' – *Bremse* 'Stechfliege'
> *kosten* 'wert sein' – *kosten* 'probieren'
> *en* 'Infinitiv' (wie in *leb-en*) – *en* 'Plural' (wie in *Frau-
> en*)
> *alte Männer und Frauen* 'alte Männer und alte Frauen'
> – *alte Männer und Frauen* 'Frauen und alte Männer'
> *Dann wurde der Brief von Klaus verlesen* 'Dann wurde
> der Brief, der von Klaus stammte, verlesen' – *Dann*

wurde der Brief von Klaus verlesen 'Dann verlas Klaus den Brief, der von x stammte'

Rw.: die Homonymie, der Homonymie, die Homonymien (Betonung auf *-mie*, Trennung: *Hom-ony-mie* oder *Ho-mo-ny-mie*)
das Homonym, des Homonyms, die Homonyme (Betonung auf *-ny(m)-*)
Adjektiv: homonym
(Die Zeichen/Wörter) *Bremse* und *Bremse* sind homonym/sind Homonyme.

Hinsichtlich der EXISTENZWEISEN der Sprache (GESPROCHE-NE und GESCHRIEBENE SPRACHE, s. unten Nr. 3.1/1) lässt sich innerhalb der Homonymie folgende Unterscheidung treffen:

(2.1/6) Homophonie:
Beziehung zwischen zwei (oder mehr) homonymen Zeichen mit lautlich gleichen, aber orthographisch unterschiedlichen Ausdrucksseiten.

Beispiele:

> *Moor – Mohr*
> *beten – Beeten*
> *Arm – arm*

Rw.: die Homophonie, der Homophonie, die Homophonien (Trennung: *Ho-mo-pho-nie*)
das Homophon, des Homophons, die Homophone (Betonung auf *-pho(n)-*)
Adjektiv: homophon
(Die Zeichen/Wörter) *Moor* und *Mohr* sind homophon/sind Homophone.

(2.1/7) Homographie:
Beziehung zwischen zwei (oder mehr) homonymen Zeichen mit orthographisch gleichen, aber lautlich unterschiedlichen Ausdrucksseiten.

Beispiele:

> *Montage* 'mehrere erste Tage der Woche' – *Montage* 'das Montieren'
> *Druckerzeugnis* 'gedrucktes Erzeugnis' – *Druckerzeugnis* 'Zeugnis eines Druckers'
> *umfahren* 'zu Fall bringen' – *umfahren* 'um ... herumfahren'

Rw.: die Homographie, der Homographie, die Homographien (Trennung: *Ho-mo-gra-phie*)
das Homograph, des Homographs, die Homographe (Bet. auf *-gra(ph)-*)
Adjektiv: homograph
(Die Zeichen/Wörter) *Montage* und *Montage* sind homograph/sind Homographe.

2.2 ZUR BESCHREIBUNG DER INHALTSSEITE

(2.2/1) Semem:
Bedeutung = Inhalt eines Zeichens; im Fall von Mehrdeutigkeit = Ambiguität (vgl. oben Nr. 2.1/2): eine der Bedeutungen = einer der Inhalte = eine der LESARTEN eines Zeichens.

Beispiel: Mit der Ausdrucksseite *Birne* sind drei Sememe verbunden: 1. 'Frucht des Birnbaums', 2. 'Leuchtkörper', 3. 'Kopf' (umgangssprachlich).

Rw.: das Semem, des Semems, die Sememe (Betonung auf *-me(m)-*)

(2.2/2) Semantisches Merkmal = Sem:
Kleinstes Bedeutungselement, Baustein eines Semems.

Beispiel: Die Bedeutungen = Inhalte = Sememe der Zeichen *Mann, Junge* und *Ochse* haben das semantische Merkmal = das Sem 'männlich' gemeinsam, *Mann* und *Junge* außerdem das semantische Merkmal 'Mensch'. *Mann* und *Junge* unterscheiden sich hinsichtlich des Wertes des semantischen Merkmals 'erwachsen' ('+erwachsen' bzw. '–erwachsen', lies: „plus erwachsen" bzw. „minus erwachsen") voneinander, von beiden unterscheidet sich das Semem von *Ochse* durch das semantische Merkmal 'Rind', das anstelle von 'Mensch' vorhanden ist.

Notation: Angaben über Sememe und semantische Merkmale werden zwischen einfachen = halben Anführungszeichen notiert, semantische Merkmale gelegentlich auch in eckigen Klammern.

(2.2/3) Denotation = denotative Bedeutung:
Konstante begriffliche Grundbedeutung eines Zeichens.

(2.2/4) Konnotation = konnotative Bedeutung:
Zur denotativen Bedeutung eines Zeichens hinzutretende semantische Merkmale, die die Grundbedeutung begleiten, sie überlagern und ihr Emotionalität, Einschätzung und Bewertung verleihen; Begleitvorstellung.

Beispiele:

> *sterben* (konnotationsfrei) – *abkratzen* 'sterben, elend' – *verscheiden* 'sterben, in Würde'
> *Pferd* (konnotationsfrei) – *Gaul* 'Pferd, abwertend'

(2.2/5) Designat:

Klasse von außersprachlichen Objekten (Gegenständen, Verhältnissen, Eigenschaften, Sachverhalten), auf die ein Zeichen oder eine Zeichenverbindung anwendbar ist.

Beispiel: Die Menge der Steine ist das Designat des Zeichens *Stein*.

Rw.: das Designat, des Designats, die Designate (Betonung auf *-na(t)-*)

(2.2/6) Referenz:

In der Parole = in der Rede (vgl. oben Nr. 1.2/2) vorgenommene sprachliche Bezugnahme auf eine Realität, auf die wahrgenommene oder eine vorgestellte Welt, auf ein außersprachliches Objekt (einen Gegenstand, ein Verhältnis, eine Eigenschaft, einen Sachverhalt).

Rw.: die Referenz, der Referenz (Plural nicht gebräuchlich)

(2.2/7) Referent = Denotat:

Das außersprachliche Objekt (ein Gegenstand, ein Verhältnis, eine Eigenschaft, ein Sachverhalt), auf das mithilfe sprachlicher Zeichen Bezug genommen wird; das, was ein Zeichen bei seiner Verwendung in der Parole = in der Rede (vgl. oben Nr. 1.2/2) bezeichnet.

Rw.: der Referent, des Referenten, die Referenten
das Denotat, des Denotats, die Denotate (Betonung auf *-ta(t)-*)

2.3 BEZIEHUNGEN ZWISCHEN ZEICHENINHALTEN

(2.3/1) Hyponym:
Zeichen, das inhaltlich den Unterbegriff eines anderen bildet. Es steht zum Oberbegriff = zum HYPERONYM = zum SUPERNYM (s. die folgende Nr. 2.3/2) im Verhältnis der HYPONYMIE.

Beispiele:

> *schreiten – gehen*
> *Rose – Blume*
> *dunkelrot – rot*

Zeichen, die gemeinsam Hyponyme eines anderen sind, sind KOHYPONYME, z. B.:

> *Rose, Tulpe, Nelke – Blume*
> *schreiten, trippeln, marschieren – gehen*

Rw.: das Hyponym, des Hyponyms, die Hyponyme (Betonung auf *-ny(m-)*, Trennung: *Hyp-onym* oder *Hy-po-nym*)
die Hyponymie, der Hyponymie (Plural ungebräuchlich)
Adjektiv: hyponym
das Kohyponym, des Kohyponyms, die Kohyponyme
Adjektiv: kohyponym
(Der Inhalt des Zeichens/das Zeichen) *spazieren* ist hyponym zu (zum Inhalt des Zeichens/zum Zeichen) *gehen*. (Das Zeichen) *spazieren* ist (ein) Hyponym von/zu (dem Zeichen) *gehen*. (Die Zeichen) *spazieren* und *gehen* stehen im Verhältnis der Hyponymie zueinander.

(2.3/2) Hyperonym = Supernym:
Zeichen, das inhaltlich den Oberbegriff eines anderen bildet. Es steht zum Unterbegriff = zum HYPONYM (vgl. die vorangehende Nr. 2.3/1) im Verhältnis der HYPERONYMIE = der SUPERNYMIE.

Beispiele:

> *gehen – schreiten*
> *Blume – Rose*
> *rot – dunkelrot*

Rw.: das Hyperonym, des Hyperonyms, die Hyperonyme (Betonung auf
-ny(m)-, Trennung: *Hy-per-onym* oder *Hy-pe-ro-nym*)
die Hyperonymie, der Hyperonymie (Plural ungebräuchlich)
Adjektiv: hyperonym
das Supernym, des Supernyms, die Supernyme (Betonung auf *-ny(m)-*,
Trennung: *Su-per-nym*)
die Supernymie, der Supernymie (Plural ungebräuchlich)
Adjektiv: supernym
(Der Inhalt des Zeichens/das Zeichen) *gehen* ist hyperonym/supernym zu
(zum Inhalt des Zeichens/zum Zeichen) *spazieren*. (Das Zeichen) *gehen* ist
(ein) Hyperonym/Supernym von/zu (dem Zeichen) *spazieren*. (Die Zeichen)
gehen und *spazieren* stehen im Verhältnis der Hyperonymie/Supernymie
zueinander.

(2.3/3) Antonym:
Zeichen, das inhaltlich den Gegenbegriff eines anderen
darstellt. Es steht zum Gegenbegriff im Verhältnis der
ANTONYMIE.

Hauptfälle:

- ALLGEMEINER KONTRÄRER GEGENSATZ ('nicht zugleich A
  und B'), z. B.:
  > *Dreieck – Kreis* ('etwas ist nicht zugleich Dreieck und
  > Kreis')
  > *sitzen – stehen*
  > *grün – rot*
- KONTRADIKTORISCH-KONTRÄRER GEGENSATZ ('nicht
  zugleich A und B, nicht-A ist B'), z. B.:
  > *wahr – falsch* ('etwas ist nicht zugleich wahr und falsch,
  > und was nicht wahr ist, ist falsch')
  > *sinnvoll – sinnlos*

    männlich – weiblich
    Leben – Tod

- POLAR-KONTRÄRER GEGENSATZ ('nicht zugleich A und B, A und B als Enden einer Skala'), z. B.:
  jung – alt
  neu – alt
  dick – dünn
  wachen – schlafen
- KONVERSEN, z. B.:
  kaufen – verkaufen
  borgen – leihen
  geben – nehmen

Rw.: das Antonym, des Antonyms, die Antonyme (Betonung auf *-ny(m)-*, Trennung: *Ant-onym* oder *An-to-nym*)
die Antonymie, der Antonymie, die Antonymien
Adjektiv: antonym
die Konverse, der Konverse, die Konversen
(...) *jung* ist antonym zu (...) *alt*. (...) *alt* ist antonym zu (...) *jung*. (...) *jung* ist (ein) Antonym zu/von (...) *alt*. (...) *jung* und *alt* sind Antonyme (voneinander) ...

(2.3/4) Wortfeld:

Menge von inhaltsverwandten Wörtern, die einen bestimmten begrifflichen oder sachlichen Bereich abdecken.

Beispiele:

    Wortfeld 'Pferd': *Schimmel, Rappe, Fuchs, Falbe, Stute, Hengst, Wallach, Fohlen, Füllen, Pferd* usw.
    Wortfeld 'sich fortbewegen': *gehen, laufen, spazieren, stolzieren, kriechen, krabbeln* usw.

2.4 BEDEUTUNGSÜBERTRAGUNG UND BEDEUTUNGSWANDEL

(2.4/1) Metapher:
Übertragung eines Zeichens aus seinem eigentlichen Bedeutungszusammenhang in einen anderen, wobei der Übertragung Ähnlichkeiten der äußeren Gestalt, der Funktion und Verwendung usw. zu Grunde liegen, ohne dass ein direkter Vergleich ausgedrückt wird.

Beispiele:

> *Der Himmel <u>weint</u>.*
> *das <u>Silber</u> seiner Haare*
> *<u>Kopf</u> der Familie*

Die metaphorische Übertragung kann sich im Lauf der Sprachgeschichte verfestigen und zu Bedeutungswandel führen. Man spricht dann von LEXIKALISIERTER METAPHER. Zum Beispiel bedeutete *Kopf* ursprünglich 'gewölbte Schale' (so noch in *Pfeifenkopf*); auf Grund der äußeren Ähnlichkeit wurde das Wort auf 'Haupt' übertragen. Weitere Beispiele:

> *begreifen* 'anfassen, abtasten' > (lies: „wird zu") 'verstehen'
> *Grund* 'Unterlage' > 'Ursache'
> *hell* 'in Bezug auf Farbton' > 'auch in Bezug auf Tonhöhe usw.'

Rw.: die Metapher, der Metapher, die Metaphern (Betonung auf *-ta-*)
Adjektiv: metaphorisch (Betonung auf *-pho-*)

(2.4/2) Metonymie:

Übertragung eines Zeichens aus seinem eigentlichen Bedeutungszusammenhang in einen anderen, wobei die Übertragung auf Dingen und Erscheinungen beruht, die in einem äußeren (ursächlichen, räumlichen, zeitlichen u. ä.) Zusammenhang stehen.

Beispiele:

> *Schiller lesen* ('Schillers Werke')
>
> *Samt tragen* ('Kleidung aus Samt')
>
> *eine Flasche trinken* ('Flüssigkeitsmenge, die in eine Flasche passt')
>
> *eigener Herd* 'eigener Haushalt' (PARS PRO TOTO [ein Teil steht für das Ganze])
>
> *Amerika* 'USA' (TOTUM PRO PARTE [das Ganze steht für einen Teil])

Die metonymische Übertragung kann sich im Lauf der Sprachgeschichte verfestigen und zu Bedeutungswandel führen. Man spricht dann von LEXIKALISIERTER METONYMIE. Zum Beispiel wurde *Kragen* (mit der Bedeutung 'Hals') zur Bezeichnung für das Kleidungsstück, das diesen Körperteil umschließt (die alte Bedeutung ist noch erhalten in *Kopf und Kragen* [*riskieren* o. ä.]).

Rw.: die Metonymie, der Metonymie, die Metonymien (Betonung auf *-mie,* Trennung: *Met-ony-mie* oder *Me-to-ny-mie*)
Adjektiv: metonymisch

(2.4/3) Bedeutungserweiterung:

Ausdehnung des Bedeutungsumfanges eines Zeichens; Generalisierung.

Beispiel:

> mhd. *frouwe* 'Dame von Adel' > nhd. *Frau* 'weibliche Person' (zu den Abkürzungen und zur hier zu Grunde gelegten Einteilung der deutschen Sprachgeschichte s. unten zu Beginn des Abschnitts 4.3)

(2.4/4) Bedeutungsverengung:
Einengung des Bedeutungsumfanges eines Zeichens; Spezialisierung.

Beispiele:

> ahd./mhd. *varn* 'sich fortbewegen' > nhd. *fahren* 'sich auf Rädern fortbewegen'
>
> mhd. *frum* 'tüchtig, nützlich, gottgefällig' > nhd. *fromm* 'gottgefällig'

(2.4/5) Bedeutungsverbesserung:
Bedeutungswandel mit Aufwertung.

Beispiel:

> ahd. *marahscalc* 'Pferdeknecht' > mhd. *marschalc* 'höfischer oder städtischer Beamter mit bestimmten Aufgaben' > nhd. *Marschall* 'Träger des höchsten Militärranges'

(2.4/6) Bedeutungsverschlechterung:
Bedeutungswandel mit Abwertung.

Beispiele:

> mhd. *wîp* 'Frau' > nhd. *Weib* 'abwertende Bezeichnung für Frau'

mhd. *Knecht* 'Knabe, junger Mann' > nhd. *Knecht* 'Diener'

(2.4/7) Bedeutungsverschiebung:
Bedeutungswandel mit Austausch von Bedeutungen.

Hauptfälle (nach Schweikle 1996, S. 248 f.):
* vom Besonderen zum Allgemeinen, z. B.:
  mhd. *hövesch/hübesch* 'hofgemäß, gebildet, gesittet' >
  nhd. *hübsch* 'angenehm, gefällig im Äußeren'
* vom Allgemeinen zum Besonderen, z. B.:
  mhd. *berillus/berille* 'Beryll (Halbedelstein, aus dem
  Brillen hergestellt wurden)' > nhd. *Brille*
* Modusverschiebungen, z. B.:
  ahd. *snel* 'kräftig, tapfer' > nhd. *schnell*
  ahd. *bald* 'kühn' > nhd. *bald* (Adverb)
* vom Konkreten zum Abstrakten (oft metaphorische Verwendung), z. B.:
  mhd. *sweric/swiric* 'voll Schwären, eitrig' > nhd.
  schwierig
  mhd. *zwec* 'Nagel aus Holz oder Eisen', seit dem 15.
  Jh.: 'Nagel, an dem eine Zielscheibe aufgehängt ist',
  dann: 'das Ziel selbst' > nhd. *Zweck*
* vom Abstrakten zum Konkreten, z. B.:
  mhd. *sache* 'Rechtsgegenstand' > nhd. *Sache* (jeder
  konkrete Gegenstand)
* Bedeutungswandel bei Adverbien, z. B.:
  mhd. *aber* 'wieder (temporal)' > nhd. *aber* (adversativ)
  mhd. *wider* 'gegen, entgegen' > nhd. *wieder* (temporal)

3

GRAPHEMIK:

LEHRE VON DER SCHREIBUNG

3.1 EXISTENZWEISEN
DER SPRACHE

> **(3.1/1)** Geschriebene Sprache und gesprochene Sprache
> – Graphie und Phonie – Graphemik und Phonologie:

Sprachen wie das Deutsche werden auf zweierlei Weise verwendet: als GESCHRIEBENE SPRACHE und als GESPROCHENE SPRACHE (= Existenzweisen der Sprache). Der Terminus SCHREIBUNG = GRAPHIE bezieht sich auf die Ausdrucksseite der Zeichen in geschriebener Sprache, der Terminus LAUTUNG = PHONIE auf die Ausdrucksseite der Zeichen in gesprochener Sprache. Mit der Graphie befasst sich die grammatische Teildisziplin GRAPHEMIK, mit der Phonie die grammatische Teildisziplin PHONOLOGIE. Normgerechtes Schreiben (RECHTSCHREIBUNG) ist Gegenstand der ORTHOGRAPHIE.

Wissenschaftsgeschichtlich gesehen älter als die Graphemik ist die Phonologie = Lautlehre. Beim Einsetzen einer eigenen Schreiblehre/Buchstabenlehre war der Terminus „Graphologie" schon vergeben ('Lehre von der Deutung der Handschrift als Ausdruck des Charakters'). Daher steht für die Lehre von der Schreibung = von der Graphie kein Terminus zur Verfügung, der formal parallel zum Terminus „Phonologie" gebaut wäre (der Vorschlag „Grapheologie" hat sich nicht durchgesetzt). Wir verwenden hier „Graphemik" als Allgemeinbegriff ('Lehre von der Verschriftung von Sprache und von den Schreibsystemen'). Der Terminus „Graphemik" wird darüber hinaus auch spezieller verwendet, und zwar als Bezeichnung für die 'Lehre von den Graphemen' (s. unten Nr. 3.2/2). Er entspricht dann der „Phonemik" ('Lehre von den Phonemen', s. unten Nr. 4.1/2; „Phonemik" ist Unterbegriff zu „Phonologie"). Es lassen sich folgende terminologische Entsprechungen feststellen:

Phonie	Graphie
Phonologie	Graphemik i. w. S.
Phonemik	Graphemik i. e. S.
Phonetik	Graphetik

(Statt „Phonemik" ist auch „Phonematik" in Gebrauch, statt „Graphemik" auch „Graphematik".) Die Phonetik beschäftigt sich als naturwissenschaftlich ausgerichtete Disziplin mit der Lautproduktion, mit den akustischen Abläufen und mit der Lautwahrnehmung. Entsprechend behandelt die Graphetik Verschriftungssysteme vor allem unter individuellen, sozialen, historischen und typographischen (die Gestalt der Schriftsymbole betreffenden) Aspekten.

Abweichend von der sonst üblichen Reihenfolge wird hier die Graphemik vor der Phonologie behandelt, und zwar deshalb, weil die Verfahrensweisen und Begriffsbildungen, die auch in der Phonologie zum Tragen kommen (und, wissenschaftshistorisch gesehen, in dieser zuerst entwickelt wurden), erfahrungsgemäß im Bereich der Graphie anschaulicher eingeführt und dargestellt werden können. Die Orthographie umfasst mehr als nur die Ebene der Buchstaben und wird daher in einem eigenen Kapitel (Kap. 8) behandelt.

3.2 ZUR BESCHREIBUNG DER GRAPHIE

Für die Beschäftigung mit der Schreibung (des Deutschen und anderer Sprachen, in denen Alphabetschriften verwendet werden) ist der Begriff BUCHSTABE zentral. 'Buchstabe' wird alltagssprachlich allerdings in (mindestens) zweierlei Sinn gebraucht, wie aus den Antworten auf eine Frage wie: „Aus wie vielen Buchstaben besteht (die graphische Ausdrucksseite des Wortes) *besenrein*?" deutlich wird. Wenn die Antwort „neun" lautet, werden BUCHSTABENVORKOMMEN *(b, e, s, e, n, r, e, i, n)* gezählt, wenn sie „sechs" lautet, BUCHSTABENTYPEN *(b, e, s, n, r, i)*. Buchstabenvorkommen können jeweils unterschiedliche Formen haben, z. B. a, ɑ, *a*, a, a; b, *b*, *b*, b – sie werden dennoch als zum selben Buchstabentyp gehörig betrachtet. Dies deshalb, weil sie jeweils denselben Wert haben: gleichgültig, ob ab, ɑb, *ab*, a*b*, ab, ab, *ab*, **ab** ... geschrieben wird, immer handelt es sich um die graphische Wiedergabe des Zeichens *ab*.

Die Unterscheidung zwischen 'Typ' und 'Vorkommen' wird häufig auch mit den englischen Termini TYPE und TOKEN (sprich: [taɪp], [təʊkən]) benannt. Statt BUCHSTABENTYP ist der Terminus GRAPHEM gebräuchlich, statt BUCHSTABENVORKOMMEN der Terminus GRAPH:

> **(3.2/1) Graph:**
> Buchstabenvorkommen; einzelner konkret realisierter Buchstabe.

Rw.: das Graph, des Graphs, die Graphe

> **(3.2/2) Graphem:**
> Buchstabentyp; Klasse/Menge von Buchstabenvorkommen = Graphen, die denselben Wert haben.

Rw.: das Graphem, des Graphems, die Grapheme (Betonung auf *-phe(m)-*)

Der Vorgang der Zusammenfassung von Graphen zu Graphemen wird KLASSIFIZIERUNG genannt:

> **(3.2/3) Klassifizierung:**
> Zusammenfassung von Elementen, die materiell verschieden sein können, aber denselben Wert haben, zu einer Klasse.

Rw.: Graphe werden zu einem Graphem klassifiziert; Graphe werden einem Graphem zugeordnet.

Voraussetzung für die Operation der Klassifizierung von Elementen ist, dass die Elemente als voneinander unterschiedene, gegeneinander abgegrenzte Einheiten vorliegen. Diese Abgrenzung ergibt sich durch die Operation der Segmentierung:

> **(3.2/4) Segmentierung:**
> Zerlegung einer Äußerungskette in kleinste, gegeneinander abgegrenzte Elemente.

In Texten, die mit Druckbuchstaben geschrieben sind, treten (in der gebräuchlichen Lateinschrift) normalerweise klar segmentierte, das heißt: voneinander unterschiedene, durch Lücken gegeneinander abgegrenzte Einheiten auf. In handschriftlichen Texten bereitet die Segmentierung häufiger Schwierigkeiten, da die Einheiten in den Wörtern meist miteinander verbunden und Anfang und Ende der jeweiligen Einheiten nicht klar zu bestimmen sind.

Kriterium für die Zulässigkeit der Klassifizierung von Elementen zu einer Einheit ist, dass sie denselben Wert haben. Ob dies der Fall ist, lässt sich dadurch feststellen, dass man prüft, ob bei der Ersetzung eines Elementes durch ein anderes Element das ursprüngliche Zeichen mit derselben Bedeutung erhalten bleibt oder ob sich dabei ein Zeichen mit einer anderen Bedeutung bzw. ein Nicht-Zeichen ergibt (verkürzt wird gesagt: „..., ob die Bedeutung gleichbleibt oder ob sie sich ändert"). Im ersten Fall liegt SUBSTITUTION vor, im zweiten Fall OPPOSITION:

(3.2/5) Substitution:
Verhältnis zwischen zwei (oder mehr) Elementen, bei dem der Austausch des einen Elements durch das andere innerhalb derselben Umgebung möglich ist, ohne dass sich dabei ein Zeichen mit anderer Bedeutung oder ein Nicht-Zeichen ergibt.

(3.2/6) Opposition:
Verhältnis zwischen zwei (oder mehr) Elementen, bei dem der Austausch des einen Elements durch das andere innerhalb derselben Umgebung zu einem Zeichen mit anderer Bedeutung oder einem Nicht-Zeichen führt.

Erläuterungen und Beispiele zu Nr. 3.2/1 bis Nr. 3.2/6: Wir gehen aus von der Ausdrucksseite des Zeichens *ab*, mit der Form <ab> (Kombination der Graphe <a> und <b>; zu den spitzen Klammern s. die Bemerkungen zur folgenden Nr. 3.2/7), und betrachten die Austauschbarkeit des ersten Elements = des ersten Graphs, <a>; die gleichbleibende Umgebung bildet das zweite Graph, <b>. Wenn <a> ersetzt wird durch <ɑ> oder <*a*> oder <*a*> oder <a>, ergeben sich <ab>, <ab>, <*ab*>, <ab>, also jeweils Ausdrücke mit derselben Bedeutung = es ergeben sich keine anderen Zeichen. Dies zeigt, dass <a>, <ɑ>, <*a*>, <*a*>, <a> denselben Wert haben = dass sie einander substituieren = dass sie zueinander nicht in Opposition stehen = dass sie zu einer Klasse, d. h. zu einem Graphem klassifiziert werden können = dass sie ALLOGRAPHE (s. die folgende Nr. 3.2/7) dieses Graphems (des Graphems «a») sind. Wird dagegen eines dieser Graphe beispielsweise durch das Graph <o> ersetzt, ergibt sich der Ausdruck <ob> mit einer anderen Bedeutung als <ab>, <ɑb>, <*ab*>, <ab>, <ab>. Dies zeigt, dass <o> einerseits und <a, *a*, a, a> andererseits nicht denselben Wert haben = dass sie einander nicht substituieren = dass sie zueinander in Opposition stehen = dass sie nicht zusammen zu einer Klasse, d. h. einem Graphem, klassifiziert werden können, dass <o> (zusammen mit <O>, <*O*>, <*o*> usw.) vielmehr einem anderen Graphem, nämlich dem Graphem «o», angehört. Entsprechendes gilt für <e> (und <*e*>, <*e*>, <e> usw.), nur dass sich beim Austausch ein Nicht-Zeichen, *eb*, ergibt (*eb* ist ein Nicht-Zeichen, weil mit dem Ausdruck «eb» im Deutschen keine Bedeutung verbunden ist).

(3.2/7) Allographe:
Graphe, die demselben Graphem angehören; Graphe, die untereinander im Verhältnis der Substitution stehen.

Rw.: das Allograph, des Allographs, die Allographe (Beton. auf *-gra(ph)-*)
(Die Graphe) <a>, <*a*>, <a> usw. sind Allographe des Graphems «a».

Notation: Graphe und Allographe (meistens auch Grapheme) werden in (einfachen) spitzen Klammern notiert. Zur Verdeutlichung notieren wir hier Grapheme in spitzen Doppelklammern. Zur Bezeichnung eines Graphems innerhalb der Doppelklammern wird eines der Allographe verwendet, normalerweise das am bequemsten zu schreibende.

Zum Begriff: Der Bestandteil „Allo-" in ALLOGRAPH (und weiter unten in ALLOPHON) geht zurück auf griech. *állos* mit der Bedeutung 'anders'. Er lässt sich gut verstehen, wenn man sich klarmacht, dass die Realisierung eines Graphems (besonders, wenn man an Handgeschriebenes denkt) jedesmal etwas a n d e r s ausfällt – Größe, Form, Linienstärke usw. variieren von Fall zu Fall, dennoch handelt es sich jedesmal um denselben Buchstaben („Buchstabe" im Sinn von GRAPHEM).

Die Unterscheidung GRAPH – ALLOGRAPH bezieht sich nicht auf materiell voneinander unterschiedene Gegenstände, sondern ist eine theoretische Unterscheidung hinsichtlich des Aspekts, unter dem ein Buchstabe (im Sinn von BUCHSTABENVORKOMMEN) gesehen wird: als Buchstabe vor der Zuordnung zu einem Typ: GRAPH – als Buchstabe, dessen Zuordnung zu einem Typ bekannt ist: ALLOGRAPH. Unter einem GRAPHEM wird dagegen nicht ein konkret realisierter Buchstabe verstanden; GRAPHEM steht vielmehr für eine abstrakte Zusammenfassung von vorhandenen und möglichen Realisierungen von Buchstaben, die denselben Wert haben.

Grapheme (und Phoneme als die entsprechenden Einheiten auf der Ebene der Phonie; s. unten Nr. 4.1/2) sind die kleinsten bedeutungs- bzw. zeichenunterscheidenden Einheiten ei-

ner Sprache. Dies lässt sich am besten anhand von Minimal-
paaren demonstrieren:

(3.2/8) Minimalpaar:

Zwei Zeichen (mit unterschiedlichen Bedeutungen = Inhalten), deren Ausdrucksseiten sich nur in e i n e r Einheit
unterscheiden.

Beispiel: Die Ausdrucksseiten der bedeutungsverschiedenen
Zeichen *ab* und *ob* unterscheiden sich darin, dass vor dem
Ausdruckselement «b» im einen Fall «a», im anderen «o»
steht. Der Inhaltsunterschied wird also allein von der Opposition zwischen den Graphemen «a» und «o» getragen.

Minimalpaare und Reihen von ihnen (z. B. *ab – an – in – im
– um*) erlauben es, die INVENTARE kleinster zeichenunter-
scheidender Einheiten (= die Gesamtheit der Grapheme bzw.
der Phoneme) zu ermitteln, und bieten die Möglichkeit, im
Zweifelsfall rasch zu prüfen, ob zwei Elemente zu ein und
derselben Einheit oder aber zu zwei verschiedenen Einheiten
gehören.

(3.2/9) Alphabet:

Das Inventar der in einer Sprache gebräuchlichen Grapheme.

Das deutsche Alphabet umfasst, je nach Betrachtungsweise,
30 oder 59 Grapheme. 30 Grapheme sind es, wenn die Unterscheidung Großbuchstabe (= MAJUSKEL) – Kleinbuchstabe (=
MINUSKEL) außer Acht gelassen wird («a» bis «z» plus «ä»,
«ö», «ü», «ß»); auf 59 kommt man, wenn man die aufgeführten Grapheme (außer «ß», das nur als Minuskel vorliegt)
jeweils als Paare von Minuskel und Majuskel betrachtet («a»,

«A»; «b», «B» usw.), zusammengehörige Minuskeln und Majuskeln also nicht als Allographe ein und desselben Graphems ansieht. Ein Argument für die zweite Betrachtungs- und Zählweise ist, dass es Minimalpaare mit Majuskel und entsprechender Minuskel gibt («Arm» – «arm»; «Biss» – «biss» ... «Zwang» – «zwang»). Dem Gegenargument, die Zahl solcher Minimalpaare sei äußerst beschränkt, kann das methodische Postulat, das in der Phonemtheorie (s. unten) entwickelt wurde, entgegengehalten werden: „Once a phoneme, always a phoneme" (auf die Graphemtheorie übertragen: „Was auf Grund des Vorliegens auch nur e i n e s Minimalpaars als (Allograph eines) Graphem(s) bestimmt worden ist, hat fortan als (Allograph eines) Graphem(s) zu gelten"). Andererseits ist zu bedenken, dass jedes ansonsten mit Anfangsminuskel geschriebene Wort am Satzanfang mit Majuskel geschrieben werden muss und dieser Wechsel keinen Bedeutungsunterschied beinhaltet, sodass es unter diesem Aspekt angebracht erscheint, Minuskeln und entsprechende Majuskeln jeweils als stellungsbedingte Varianten, d. h. als Allographe, zu betrachten.

Rw.: die Majuskel/Minuskel, der Majuskel/Minuskel, die Majuskeln/Minuskeln (Betonung auf *-jus-* bzw. *-nus-*)

Zum besseren Verständnis der Unterscheidung zwischen Graph, Graphem und Allograph sind vielleicht die folgenden Überlegungen hilfreich: Wenn ein Kind, das noch nicht lesen und schreiben gelernt hat, Buchstaben aus ihm vorliegenden Texten abmalt/kopiert, produziert es Graphe; ihm ist die Zuordnung der einzelnen Buchstabenvorkommen zu den unterschiedlichen Buchstabentypen ja noch nicht bekannt. Es kann also durchaus der Fall eintreten, dass <g> und <*g*> wegen ihres Formunterschiedes nicht als „gleich" erkannt werden, <p> und <q> aber wegen ihrer Formverwandtschaft für „dasselbe" erklärt werden. Nachdem es einen Schreib-Lese-

Lehrgang erfolgreich hinter sich gebracht hat und Buchstaben kopiert oder frei produziert, erzeugt das Kind Allographe – ihm ist ja nun die Zugehörigkeit der einzelnen Buchstabenvorkommen zu Buchstabentypen klargemacht worden, es hat gelernt, von den Formunterschieden zwischen einem handschriftlichen < *ḋ* > und einem <ⅾ> in Druckschrift abzusehen usw.

(3.2/10) Graphisch distinktive Merkmale:
Graphische Komponenten, in die sich die Allographe von Graphemen zerlegen lassen.

Aus den konkreten Realisierungen der Grapheme, den Allographen dieser Grapheme, lässt sich eine kleine Zahl (nach Althaus 1980, S. 140: zwölf) von graphischen Elementen ermitteln (senkrechter, waagerechter Strich, Bogen, Kreis usw.):

1 2 3 4 5 6 7 8 9 10 11 12   Tabelle der graphisch distinktiven Merkmale (GDM) aus Althaus (1980, S. 140)

I / \ ⁻ O C Ɔ U J ⌃ ˙ ˙˙

Allographe der einzelnen Grapheme lassen sich verstehen als jeweils spezifische Kombinationen dieser graphischen Elemente in bestimmten Schreibräumen:

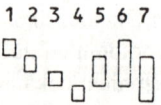

1 2 3 4 5 6 7

Tabelle der Schreibräume (SR) aus Althaus (1980, S. 140)

Das Allograph <**F**> lässt sich wie folgt beschreiben: GDM 1 in SR 6 steht vor GDM 4 in SR 1; Letzteres steht über GDM 4 in SR 2 (in Anlehnung an Althaus 1980, S. 140).

„Distinktiv" heißen die in der ersten Tabelle aufgeführten Merkmale deshalb, weil auf ihnen die zeichenunterscheidende (= zeichen-distinktive) Funktion (vgl. oben vor Nr. 3.2/8) von Graphemen/Allographen beruht. Zum Beispiel stehen <d> und <b> nicht als Ganzgestalten in Opposition zueinander, sondern lediglich auf Grund der Merkmale 6 versus 7 aus der ersten Tabelle. Das Merkmal 1 ('senkrechter Strich') ist ihnen gemeinsam.

Man beachte, dass die bisherigen Ausführungen dieses Abschnitts sich allein auf die Schriftseite beziehen, ohne dass die Beziehung zum Lautlichen, das mit der Schrift/Schreibung verbunden ist, hergestellt wurde. Um diese von der Lautung zunächst absehende Betrachtungsweise auch terminologisch zu betonen, spricht man statt vom GRAPHEM (wie oben Nr. 3.2/2) verdeutlichend vom GRAPHOGRAPHEM:

(3.2/11) Graphographem:
Graphem ohne Berücksichtigung seines Lautwertes.

Dagegen:

(3.2/12) Phonographem:
Graphem oder Graphemkombination als Repräsentant eines Lautes = eines Phonems.

Der Begriff des Phonographems trägt der Tatsache Rechnung, dass Grapheme oder Kombinationen von ihnen Lautwerte haben (wobei es gleichgültig ist, mithilfe welcher Allographe die Grapheme im konkreten Fall realisiert werden – wir können daher im Folgenden von der Ebene der Graphe/ Allographe absehen). Das Graphographem «a» z. B. hat den Lautwert /a/ in Wörtern wie *ab, an, als, bald;* dies wird in phonographemischer Schreibweise so festgehalten: «a /a/» (zwischen den Schrägstrichen werden Phoneme notiert; s. unten Nr. 4.1/2). «a» kann aber auch den langen Vokal /aː/ repräsentieren, z. B. in den Wörtern *aber, baden, Grab, Tal, Wal;* die Notation für dieses Phonographem ist: «a /aː/» („das Graphem «a» als Repräsentant des Lautes = des Phonems /aː/"). Der Vokal /aː/ kann auch wiedergegeben werden durch die Graphemkombinationen «aa» (z. B. *Maar, Aal, Saal*) und «ah» (z. B. *nah, ahnen, Wahl*); Notation: «aa /aː/» bzw. «ah /aː/». – Graphemkombinationen mit zwei Gliedern zur Wiedergabe e i n e s Lautes = Phonems heißen DIGRAMME oder DIGRAPHE(N), solche mit drei Gliedern heißen TRIGRAMME oder TRIGRAPHE(N) («sch» für /ʃ/ wie in *schön, Asche*, «ieh» für /iː/ wie in *empfiehlt, Vieh*). Wenn e i n Graphem für e i n Phonem steht (oben «a /a/», «ß /s/» wie in *Muße, Maß* usw.), liegt ein MONOGRAPH vor. Der Fall, dass e i n Graphem für eine Kombination von Phonemen steht (z. B. «x» immer für die Phonemkombination /ks/ wie in *Axt, Haxe*), scheint terminologisch noch nicht erfasst zu sein.

Rw.: das Digramm/Trigramm, des Digramms/Trigramms, die Digramme/ Trigramme (Betonung auf *-gramm-*)
der od. das Digraph/Trigraph/Monograph, des Digraphs/Trigraphs/Monographs, die Digraphe od. Digraphen/Trigraphe od. Trigraphen/Monographe od. Monographen (Betonung auf *-gra(ph)-*)

4

PHONOLOGIE:

LEHRE VON DER LAUTUNG

4.1 EINZELLAUTE

Die Beschreibung der Lautung = der Phonie erfolgt analog zu
der der Schreibung = der Graphie im vorangegangenen Kapitel. War dort BUCHSTABE der Ausgangsbegriff, so ist es
hier der Begriff LAUT. Und so wie mit BUCHSTABE in der
Alltagssprache unterschiedliche Aspekte der Schreibung
gemeint sein können und es deshalb günstig ist, diese unterschiedlichen Aspekte auch in der Terminologie auseinander
zu halten, so gilt dies auch für den alltagssprachlichen Begriff
LAUT.

Es wird daher (parallel zu GRAPH, GRAPHEM, ALLOGRAPH)
unterschieden zwischen PHON, PHONEM, ALLOPHON:

(4.1/1) Phone:
Laute als kleinste Einheiten, in die sich gesprochene Äußerungen zerlegen = segmentieren lassen; Lautvorkommen,
noch ohne Berücksichtigung der Zugehörigkeit des konkreten Lautes zu einer Klasse gleichwertiger Laute = zu einem Phonem.

(4.1/2) Phonem:
Klasse/Menge von Lauten = Phonen, die denselben Wert
haben; Lauttyp.

(4.1/3) Allophone:
Phone, die demselben Phonem angehören; Phone, die untereinander im Verhältnis der Substitution (vgl. oben Nr. 3.2/5) stehen.

Rw.: das Phon, des Phons, die Phone
das Phonem, des Phonems, die Phoneme (Betonung auf *-ne(m)-*)
das Allophon, des Allophons, die Allophone (Betonung auf *-pho(n)-*)

Notation: Phone und Allophone werden in eckigen Klammern notiert, Phoneme zwischen Schrägstrichen. Zu den dafür verwendeten Symbolen s. unten die Tabellen 1 und 2 (S. 50 und 51).

Ein Phonem besteht aus einer Klasse von Phonen, die zueinander nicht in Opposition stehen (vgl. oben Nr. 3.2/6). Das heißt: Sie können untereinander ausgetauscht werden, ohne dass sich dabei die Bedeutung des Zeichens, in dessen Ausdrucksseite sie vorkommen, verändert, ohne dass sich also ein anderes Zeichen bzw. ein Nicht-Zeichen ergibt: Die Phone eines Phonems stehen untereinander im Verhältnis der Substitution (vgl. oben Nr. 3.2/5). Wenn der Austausch von Phonen dagegen zu Bedeutungsveränderungen = zu anderen Zeichen führt, gehören diese Phone unterschiedlichen Phonemen an. Zum Beispiel: Ersetzung/Austausch eines Zäpfchen-[ʀ] durch ein Hintergaumen-[ʁ] oder ein Zungenspitzen-[r] in einem Wort wie *rot,* also die Ersetzung von [ʀoːt] durch [ʁoːt] bzw. [roːt], führt nicht zu einem Wort [ʁoːt] bzw. [roːt], das eine andere Bedeutung hätte als das Wort [ʀoːt]; also gehören [ʀ], [ʁ] und [r] ein und demselben Phonem an, nämlich dem Phonem /r/ (wir könnten statt /r/ auch /ʀ/ oder /ʁ/ oder /17/ oder /¥/ oder sonst etwas schreiben, halten uns aber an die übliche Symbolisierung, vgl. unten die Tabellen 1 und 2). Ersetzt man dagegen das [ʀ], das [ʁ] oder das [r] von [ʀoːt], [ʁoːt] bzw. [roːt] durch ein [l] oder ein [n], ergeben sich Zeichen mit anderer Bedeutung *(Lot, Not)* bzw. bei der Ersetzung durch ein [m] oder ein [f] Nicht-Zeichen: [moːt], [foːt]: [l], [n], [m] und [f] gehören daher anderen Phonemen an als [ʀ, ʁ, r]. [ʀ] und [r] sind also Allophone des Phonems /r/; [l], [n], [m], [f] sind Allophone jeweils anderer Phoneme.

Zum Verhältnis PHON – ALLOPHON vgl. oben die Bemerkungen zu Nr. 3.2/7.

(4.1/4) Freie Allophone:
Allophone eines Phonems, die in denselben Lautumgebungen vorkommen.

(4.1/5) Kombinatorische Allophone = komplementär distribuierte Allophone:
Allophone eines Phonems, die nicht in denselben Lautumgebungen vorkommen.

Beispiele: Freie Allophone sind das Zungenspitzen-[r], das Hintergaumen-[ʁ] und das Zäpfchen-[ʀ], die sich in allen Lautumgebungen untereinander austauschen lassen. Dagegen sind [ç] (der *ich*-Laut) und [x] (der *ach*-Laut) kombinatorische Allophone = komplementär distribuierte Allophone. Ihr Vorkommen = ihre Verteilung = ihre Distribution richtet sich nach der Lautumgebung: [ç] kommt nach hellen Vokalen (*ich, echt, spräche* usw.) und nach Konsonanten (*Milch, Kirche* usw.) vor, [x] steht dagegen nach dunklen Vokalen (*ach, doch, Tuch* usw.). Die Allophone [ç] und [x] sind also komplementär distribuiert (= sich gegenseitig ergänzend verteilt): In der Umgebung, in der [ç] erscheint, steht [x] nicht, und umgekehrt steht [ç] nicht in der Umgebung, in der [x] erscheint.

(4.1/6) Phonologisch distinktive Merkmale:

Phonetische Komponenten, in die sich die Allophone von Phonemen zerlegen lassen.

So wie oben (Nr. 3.2/10) Allographe als Bündel von isolierbaren graphischen Komponenten betrachtet wurden, lassen sich Allophone als Bündel oder Zusammensetzungen von phonetischen Komponenten verstehen. Diese Komponenten lassen sich isolieren, wenn man die Hervorbringung = die Produktion = die Artikulation von Lauten als Prozess betrachtet, an dem unterschiedliche Faktoren beteiligt sind. Diese Faktoren sind in den beschreibenden Termini und zum Teil in der Symbolik des Transkriptionssystems unten in den Tabellen 1 und 2 (S. 50 und 51) enthalten und werden dort näher erläutert.

Beispiel: Das Allophon [b] lässt sich als Bündel der Merkmale [explosiv, bilabial, stimmhaft] beschreiben. Das Merkmal [konsonantisch] braucht nicht notiert zu werden, da das Merkmal [explosiv] das Merkmal [konsonantisch] impliziert (Explosive = Verschlusslaute gibt es nur im Bereich der Konsonanten, nicht im Bereich der Vokale). Merkmale, die durch das Vorhandensein anderer Merkmale impliziert werden, heißen REDUNDANTE MERKMALE. Merkmale, die zur Beschreibung eines Allophons notwendig sind, da sie sich nicht aus dem Vorhandensein anderer ergeben, sind RELEVANTE MERKMALE. So kommt zum Beispiel allen Vokalen das Merkmal [stimmhaft] zu, doch ist es redundant, da es sich aus dem Merkmal [vokalisch] ergibt.

„Distinktiv" heißen diese Merkmale, weil auf ihnen die zeichenunterscheidende (= zeichen-distinktive) Funktion von Allophonen bzw. Phonemen beruht. Z. B. stehen [p] und [b] nicht als Ganze in Opposition zueinander, sondern lediglich dadurch, dass [p] das Merkmal [stimmlos] = [–stimmhaft], [b] das Merkmal [+stimmhaft] hat, während die übrigen Merkmale, nämlich [explosiv, bilabial], beiden gemeinsam sind.

Notation: Bezeichnungen für phonologisch distinktive Merkmale werden häufig in eckigen Klammern notiert; Plus- bzw. Minuszeichen vor den Merkmalsbezeichnungen geben an, dass das betreffende Merkmal vorhanden bzw. nicht vorhanden ist.

Phonetische/phonemische Transkription = Umschrift:

Transkriptionssymbole finden sich in den folgenden Tabellen 1 und 2. Es wird die Transkription der International Phonetic Association (= IPA) in der revidierten Fassung von 1993 (vgl. Pullum/Ladusaw 1996, S. 293-296, 303-306) verwendet. Die Symbole erscheinen in einer Anordnung, die sich auf die phonetischen Komponenten der Laute = ihre phonologisch distinktiven Merkmale (vgl. oben Nr. 4.1/6) stützt. Die danach folgende Übersicht enthält für die Vokale eine „vereinfachte" Umschrift sowie für die Minimalpaarbildung geeignete Beispielwörter für die einzelnen Vokal- und Konsonantenphoneme. Im Anschluss finden sich zusätzliche IPA-Symbole für Laute im Englischen und Französischen sowie weiteren Sprachen und deutschen „Fremdwörtern".

VOKALE

MONOPHTHONGE		Zungenstellung						
		vorn				neutral	hinten	
Muskelspannung		ge-spannt	unge-spannt	ge-spannt	unge-spannt	ungespannt	ge-spannt	unge-spannt
Zungenhöhe	hoch	iː	I	yː	Y		uː	ʊ
	mittel	eː		øː	œ	ə	oː	ɔ
	gehoben	ɛː	ɛ			ɐ		
	tief					aː a		
		ungerundet		gerundet		ungerundet	gerundet	
		Lippenform						

DIPHTHONGE	Zungenstellung		
	neutral – vorn	hinten – vorn	neutral – hinten
	a͜e	o͜ø	a͜o

Tabelle 1

KONSONANTEN

Artikula-tionsart	Phona-tion	Artikulationsstelle / Artikulationsort							
		bi-labial	labio-dental	den-tal	alveo-lar	pala-tal	ve-lar	uvu-lar	glot-tal
explosiv	sth.	b			d	·	g		
	stl.	p			t		k		ʔ
frikativ	sth.		v	z	ʒ	j	ʁ		
	stl.		f	s	ʃ	ç	x		h
nasal		m			n		ŋ		
lateral					l				
intermittierend					r			R	

WORTAKZENT

ˈ: Hauptakzent (z. B. [ˈʔaltɐ], /ˈaltər/)

ˌ: Nebenakzent (z. B. [ˈmɪtəlˌʔaltɐ], /ˈmɪtəlˌaltər/)

Tabelle 2

Vokale: IPA-Symbole, Symbole einer vereinfachten Transkription, Beispielwörter zur Minimalpaarbildung:

	IPA-Transkription	vereinfachte Transkription	Beispielwort	
Monophthonge:				
	/iː/	/iː/	B*ie*ne	
	/ɪ/	/i/		m*i*ste
	/yː/	/üː/	B*üh*ne	
	/ʏ/	/ü/		m*ü*sste
	/uː/	/uː/	B*uh*ne	
	/ʊ/	/u/		m*u*sste
	/eː/	/eː/	b*e*ten	
	/øː/	/öː/	b*ö*ten	
	/œ/	/ö/		H*ö*lle
	/oː/	/oː/	b*o*ten	
	/ɔ/	/o/		H*o*lle
	/ɛː/	/æː/	b*ä*ten	
	/ɛ/	/e/		h*e*lle
	/ə/	/ə/	Tot*e*	
	[ɐ]	[ɐ]	Tie*r*	
	/aː/	/aː/	b*a*ten	
	/a/	/a/		H*a*lle
Diphthonge:				
	/ae/	/ae/, /ai/	l*ei*ten	
	/oø/	/oö/, /oi/	l*äu*ten	
	/ao/	/ao/, /au/	l*au*ten	

Tabelle 3

Konsonanten: IPA-Symbole, Beispielwörter zur Minimal-paarbildung:

IPA-Transkription	Beispielwort	
/b/	*Bein*	
/p/		*Pein*
/d/	*dir*	
/t/		*Tier*
/g/	*Gier*	
/k/		*kein*
[ʔ]		*_am*
/v/	*Wein*	
/f/		*fein*
/z/	*sein*	
/s/		*Masse*
/ʒ/	*Garage*	
/ʃ/		*Masche*
/j/	*jein*	
/x/	[ç]:	*ich*
	[x]:	*ach*
/h/		*hasche*
/m/	*rammen*	
/n/	*rannen*	
/ŋ/	*rangen*	
/l/	*Land*	
/r/	*Rand*	

[r]: Zungenspitzen-*r*,
[ʁ]: Hintergaumen-*r*,
[ʀ]: Zäpfchen-*r*,
[ɐ]: „verdumpftes" *r* wie in
  Tier, Hammer

Tabelle 4

Zusätzliche IPA-Symbole:

Die hier aufgeführten Symbole dienen vor allem zur Wiedergabe von Lauten des Englischen und Französischen. Sie kommen aber auch in weiteren Sprachen und z. T. in deutschen „Fremdwörtern" vor.

VOKALE:

Monophthonge:

[ɜː]	engl. b*ir*d
[ɔː]	engl. s*aw*
[e]	engl. b*e*d
[ʌ]	engl. b*u*t
[ɛ̃]	frz. bi*en*
[æ]	engl. b*a*d
[ɑː]	engl. f*ar*
[œ̃]	frz. *un*
[ɑ̃]	frz. v*en*t
[ɔ̃]	frz. b*on*

Diphthonge:

[eɪ]	engl. g*a*me
[ɔɪ]	engl. b*oy*
[əʊ]	engl. n*o*
[aɪ]	engl. t*i*me
[aʊ]	engl. *ou*t

KONSONANTEN:

[θ]	engl. *th*in (stimmloses *th*)
[ð]	engl. *th*e (stimmhaftes *th*)
[w]	engl. *w*hite
[ɥ]	frz. n*ui*t [nɥi]
[ɲ]	frz. champa*gn*e

Tabelle 5

Erläuterungen zu den in Tabelle 1 und 2 verwendeten Symbolen:

Zur schriftlichen Fixierung von Phonen/Phonemen/Allophonen sind mehrere Transkriptionssysteme („Umschriften = Lautschriften") in Gebrauch. Das bekannteste ist die IPA-Transkription, auf die wir uns in den Tabellen stützen. Mithilfe der dort verzeichneten Symbole sind nur relativ „weite" Transkriptionen möglich; das heißt, die Symbole sind nicht geeignet, phonetische Feinheiten wiederzugeben, sondern erlauben nur eine grobe Umschrift. Zum Beispiel wird bei der Umschrift von *Tau* und *Stau*, [ta̯o] – [ʃta̯o], nicht vermerkt, dass das [t] in *Tau* behaucht = aspiriert ist (diese Aspiration wäre in einer „engeren" Transkription so zu markieren: [ʰ]), das [t] in *Stau* jedoch nicht. Unsere Umschrift vermerkt also phonetisch recht deutlich voneinander unterschiedene Allophone (wie [t] ohne Aspiration und [tʰ] mit Aspiration) bis auf wenige Ausnahmen nicht eigens. Die Ausnahmen sind: [ç] und [x] als Allophone des Phonems /x/; [r], [ʁ], [ʀ] und [ɐ] als Allophone des Phonems /r/, [ɐ] auch als Allophon der Phonemkombination /ər/.

Das hier verwendete System eignet sich, wie gesagt, zur groben phonetischen (in eckigen Klammern) und zur phonemischen Umschrift (zwischen Schrägstrichen). In den Tabellen 3 und 4 (S. 52 und 53) sind die Phoneme des Deutschen (= das Phoneminventar) zwischen Schrägstrichen jeweils zusammen mit einem Beispielwort in orthographischer Form aufgelistet; für die Vokale erscheint zusätzlich eine „vereinfachte" Umschrift (wie sie etwa im Funk-Kolleg Sprache 1973, S. 145, verwendet wird – für die Konsonanten hat sich keine solche vereinfachte Umschrift herausgebildet). Zusätzlich sind die gerade genannten Allophone notiert (und ebenfalls mit Beispielwörtern veranschaulicht). Die Beispielwörter

sind so gewählt, dass mit ihrer Hilfe leicht MINIMALPAARE
zum Nachweis von OPPOSITIONEN (vgl. oben Nr. 3.2/8 und
3.2/6) gebildet werden können, um den Phonemstatus der
betreffenden Phone nachzuweisen.

Achtung: Anfangs macht es erfahrungsgemäß gelegentlich
Schwierigkeiten, die unterschiedlichen Bereiche, für die
gleichförmige Symbole verwendet werden, zu trennen. Das
Symbol „x" zum Beispiel steht für: 1. das Graph/Allograph
<x> (im Unterschied etwa zu <X> ...), 2. das Graphem «x»
(im Unterschied etwa zu «s» ...), 3. das Phon/Allophon [x]
(im Unterschied zu [ç]), 4. das Phonem /x/ (als Zusammenfassung von [ç] und [x] und im Unterschied etwa zu /h/ ...).

**Erläuterungen zu den in Tabelle 1 und 2 verwendeten
phonetischen Termini:**

Die Menge der Laute wird traditionellerweise in VOKALE und
KONSONANTEN zerlegt. Vokale sind dadurch gekennzeichnet,
dass der in der Lunge erzeugte Luftstrom den Rachen- und
Mundraum unbehindert passiert, während er bei der Artikulation von Konsonanten ein Hindernis zu überwinden hat.

Vokale

Die verschiedenen VOKALE = SELBSTLAUTE ergeben sich
• durch unterschiedliche Position der Wölbung des Zungen-
  rückens im Mund in der horizontalen Dimension:
  ZUNGENSTELLUNG: VORN – NEUTRAL – HINTEN;
• durch unterschiedliche Position der Wölbung des Zungen-
  rückens in der vertikalen Dimension: ZUNGENHÖHE:
  HOCH – MITTEL – GEHOBEN – TIEF;

- dadurch, dass die Lippen bei der Artikulation des Vokals unterschiedlich geformt sind: LIPPENFORM: GERUNDET – UNGERUNDET;
- und dadurch, dass die betreffenden Vokale von unterschiedlicher QUANTITÄT sind: LANG – KURZ (im Transkriptionssystem werden Langvokale durch eine Art Doppelpunkt nach dem Symbol gekennzeichnet).

Den Merkmalen der Zungenhöhe [hoch – mittel – gehoben – tief] entsprechen die Merkmale [geschlossen – halbgeschlossen – halboffen – offen] des Winkels, den Ober- und Unterkiefer bilden (KIEFERWINKEL).

Bei den hohen und den mittleren Vokalen entspricht den beiden unterschiedlichen Quantitäten (LANG – KURZ) ein Unterschied in der MUSKELSPANNUNG, nämlich GESPANNT – UNGESPANNT.

DIPHTHONGE = ZWIELAUTE = DOPPELLAUTE werden in einer einheitlichen Bewegung als Kombination zweier Vokale artikuliert, während Einzelvokale konstant artikuliert werden, also MONOPHTHONGE = EINFACHE VOKALE = EINFACHE SELBSTLAUTE sind.

Konsonanten

Die Merkmale der KONSONANTEN = MITLAUTE, wie sie im Transkriptionssystem notiert sind, beziehen sich auf
- die Artikulationsart,
- die Artikulationsstelle = den Artikulationsort,
- die Phonation.

Es werden fünf ARTIKULATIONSARTEN unterschieden:

- Bei EXPLOSIVEN = VERSCHLUSSLAUTEN wird die Mund-
  oder Rachenhöhle an einer Stelle verschlossen und ruck-
  artig wieder geöffnet.
- FRIKATIVE = SPIRANTEN = REIBELAUTE ergeben sich,
  wenn an einer Stelle der Mund- oder Rachenhöhle der
  Luftweg fast ganz verschlossen wird.
- Bei der Bildung von NASALEN = NASENLAUTEN wird die
  Nasenhöhle als Resonanzraum benutzt, die Mundhöhle an
  einer bestimmten Stelle verschlossen.
- Bei LATERALEN = SEITENLAUTEN wird die Mundhöhle
  durch die Zunge teilweise verschlossen, die Luft ent-
  weicht seitlich (= lateral).
- Bei INTERMITTIERENDEN = SCHWINGLAUTEN wird die
  Mundhöhle durch die Zungenspitze oder durch das Zäpf-
  chen schnell hintereinander geschlossen und wieder ge-
  öffnet (intermittieren = unterbrechen).

Die genannten Hindernisse sind in der Mund- oder Rachenhöhle an unterschiedlichen Stellen lokalisiert, die ARTI-
KULATIONSSTELLEN = ARTIKULATIONSORTE genannt werden.
In der Tabelle werden Laute mit den folgenden Artikulations-
stellen aufgeführt:

- zwei Gruppen von LABIALEN = LIPPENLAUTEN: BILABI-
  ALE = DOPPELLIPPENLAUTE: Lautbildung von Unter- und
  Oberlippe (Labia = Lippen, bi = zwei), LABIODENTALE =
  LIPPENZAHNLAUTE: Lautbildung von Unterlippe und obe-
  ren Schneidezähnen (Dentes = Zähne),
- DENTALE = ZAHNLAUTE: Lautbildung von Zungenspitze
  und oberen Schneidezähnen,
- ALVEOLARE = ZAHNDAMMLAUTE: Lautbildung von Zun-
  ge und Gaumenrand (Alveoli = Zahnfächer),
- PALATALE = VORDERGAUMENLAUTE: Lautbildung von
  Zunge und hartem Gaumen (= Palatum),

- VELARE = HINTERGAUMENLAUTE: Lautbildung von Zunge und weichem Gaumen (= Velum),
- UVULAR = ZÄPFCHENLAUT: Lautbildung durch intermittierende Verschlussbildung des Zäpfchens (= Uvula),
- GLOTTALE = STIMMRITZENLAUTE: Lautbildung an der Stimmritze (= Glottis).

Unter PHONATION versteht man den Vorgang der Schallwellenerzeugung durch Unterbrechung des Luftstroms durch die im Kehlkopf schwingenden Stimmbänder; es ergeben sich

- STIMMHAFTE (in der Tabelle: „sth.") Laute;
- sind die Stimmbänder dagegen weit geöffnet, ergeben sich STIMMLOSE Laute („stl.").

Rw. (Termini in alphabetischer Reihenfolge: Wortformen – zugehöriges Adjektiv – gebräuchliche dt. Entsprechung):
der Alveolar, des -s, die -e (Betonung auf *-la(r)-*) – alveolar – Zahndammlaut
der Bilabial, des -s, die -e (Betonung auf *-a(l)-*) – bilabial – Doppellippenlaut
der Dental, des -s, die -e (Betonung auf *-ta(l)-*) – dental – Zahnlaut
der Diphthong, des -s, die -e (Betonung auf *-thong-*, Trennung: *Di-phthong* oder *Diph-thong*) – diphthongisch – Doppellaut, Zwielaut
der Explosiv, des -s, die -e od. die Explosiva, der Explosiva, die Explosivä (Betonung auf *-si(v)-*) – explosiv – Verschlusslaut
der Frikativ, des -s, die -e od. das Frikativum, des -s, die Frikativa (Betonung auf *-ti(v)-*) – frikativ – Reibelaut
der Glottal, des -s, die -e (Betonung auf *-ta(l)-*) – glottal – Kehlkopflaut, Stimmritzenlaut
der Intermittierende/ein Intermittierender, des/eines Intermittierenden, die Intermittierenden/Intermittierende (Betonung auf *-tie-*) – intermittierend – Schwinglaut
der Konsonant, des -en, die -en (Betonung auf *-nan(t)-*) – konsonantisch – Mitlaut
der Labial, des -s, die -e (Betonung auf *-bia(l)-*) – labial – Lippenlaut
der Labiodental, des -s, die -e od. die Labiodentalis, der Labiodentalis, die Labiodentales (Betonung auf *-ta(l)-*) – labiodental – Lippenzahnlaut
der Lateral, des -s, die -e (Betonung auf *-ra(l)-*) – lateral – Seitenlaut

der Monophthong, des -s, die -e (Betonung auf -*thong*-, Trennung: *Mo-no-phthong* oder *Mo-noph-thong*) – monophthongisch – einfacher Vokal/einfacher Selbstlaut

der Nasal, des -s, die -e (Betonung auf -*sa(l)*-) – nasal – Nasenlaut

der Palatal, des -s, die -e od. die Palatalis, der Palatalis, die Palatales (Betonung auf -*ta(l)*-) – palatal – (Vorder-)Gaumenlaut

der Spirant, des -en, die -en od. die Spirans, der Spirans, die Spiranten (Betonung auf -*ran(t)*-) – spirantisch – Reibelaut

der Uvular, des -s, die -e (Betonung auf -*la(r)*-) - uvular - Halszäpfchenlaut

der Velar, des -s, die -e (Betonung auf -*la(r)*-) – velar – (Hinter-)Gaumenlaut

der Vokal, des -s, die -e (Betonung auf -*ka(l)*-) – vokalisch – Selbstlaut

Akzent

Tabelle 2 enthält über die Konsonantensymbole hinaus zwei Symbole, die den Wortakzent = die Wortbetonung bezeichnen. Der hochgestellte Strich ' steht für den HAUPTAKZENT und wird vor der Silbe, die den Hauptakzent trägt, notiert. Der tiefgestellte Strich ╷ steht für den NEBENAKZENT und steht vor der Silbe, die den Nebenakzent trägt. Unbetonte Silben bleiben unbezeichnet.

Weitere phonetische bzw. phonologische Termini:

Über die gerade genannten Termini hinaus treten in wissenschaftlichen Darstellungen, in Schulgrammatiken, in sprachgeschichtlichen Werken, in fremdsprachlichen Grammatiken und in grammatikgeschichtlichen Darstellungen weitere auf. Sie dienen unter anderem dazu, das Lautinventar unter verschiedenen Gesichtspunkten anders zu gliedern als in Tabelle 1 und 2.

In der Tradition der antiken griechisch-lateinischen Grammatik werden die KONSONANTEN untergliedert in
• Mutä = Stummlaute und
• Halbvokale.

Die MUTÄ entsprechen den Explosiven = Verschlusslauten, die HALBVOKALE den restlichen Konsonanten, d. h. den Frikativen = Spiranten = Reibelauten und den unter der Bezeichnung LIQUIDE = Fließlaute zusammengefassten Nasalen = Nasenlauten, Lateralen = Seitenlauten und Intermittierenden = Schwinglauten.

Achtung: Der Terminus HALBVOKAL bezieht sich in neuerer Zeit abweichend von der älteren Auffassung häufig allein auf die Frikative [j] und [w] („englisches *w*", wie in *white*)!

Die MUTÄ werden unterteilt in
- TENUES (= stimmlose/„harte" Explosive) und
- MEDIÄ (= stimmhafte/„weiche" Explosive).

Dieser auf die Phonation (= Stimmhaftigkeit bzw. Stimmlosigkeit) bezogenen Unterteilung entspricht in etwa die Unterscheidung zwischen
- Fortes = starken Konsonanten und
- Lenes = schwachen Konsonanten

im Bereich sowohl der Explosive = Verschlusslaute als auch der Frikative = Spiranten = Reibelaute. FORTES sind mit stärkerem Atemdruck und größerer Muskelspannung gesprochene Konsonanten, z. B. die stimmlosen Explosive [p, t, k] und stimmlose Frikative wie [f, s, ç], LENES sind mit schwächerem Atemdruck und geringerer Muskelspannung gesprochene Konsonanten, z. B. die stimmhaften Explosive [b, d, g] und stimmhafte Frikative wie [v, z, j]. Allerdings können Fortislaute auch stimmhaft, Lenislaute auch stimmlos artikuliert werden.

Die Merkmale der MUSKELSPANNUNG
- gespannt und
- ungespannt

spielen auch im Bereich der Vokale eine Rolle und korrelieren dort mit den Merkmalspaaren [etwas geschlossener – etwas offener] und [lang – kurz]. Dies betrifft die hohen und die mittleren Vokale. So ist z. B. der Vokal im Wort *Hüte* ([yː]) im Vergleich zu dem Vokal im Wort *Hütte* ([ʏ]) sowohl gespannt (Muskelspannung), hoch (Zungenhöhe) bzw. geschlossener (Kieferwinkel) und lang (Quantität), während [ʏ] ungespannt, ebenfalls hoch, aber etwas tiefer/offener und kurz ist. Um diesen mehrfachen Unterschied auch in der Symbolisierung deutlich zu machen, wird in der IPA-Umschrift unterschieden zwischen dem Symbol [y] für [gespannt] und [geschlossener] und dem Symbol [ʏ] für [ungespannt] und [offener]. Das Merkmal [lang] wird durch eine Art Doppelpunkt ([yː]), das Merkmal [kurz] durch Fehlen des Doppelpunktes ([y]) symbolisiert. Dadurch ist es möglich, ein gespanntes und geschlossenes, aber dennoch kurzes [y] wie in [byˈʁoː] (das Akzentzeichen ˈ steht vor der betonten Silbe) oder in [hypoˈteːzə] zu notieren, während eine vereinfachte Vokalumschrift wie in Tabelle 3 (S. 52) dies nicht zulässt: Dort ist im Symbol [üː] Länge immer mit Gespanntheit und größerer Geschlossenheit, im Symbol [ü] Kürze immer mit Ungespanntheit und größerer Offenheit gekoppelt. Entsprechendes gilt für die übrigen hohen und mittleren Vokale, während die gehobenen und tiefen Vokale ([ɛː] – [ɛ] bzw. [aː] – [a]) in beiden Quantitäten ungespannt sind. In der vereinfachten Transkription wird im Vergleich zur IPA-Transkription von phonetischen Details (wie Gespanntheit bzw. Geschlossenheit) abgesehen. Sie reicht aber für eine phonemische Umschrift aus: Im Deutschen stehen keine zwei Vokale allein auf Grund des Unterschieds [gespannt – ungespannt] bzw. [etwas geschlossener – etwas offener] in Opposition zueinander. Die Opposition ergibt sich auf Grund des Unterschiedes [lang – kurz], und dieser Unterschied wird in der vereinfachten Transkription (durch Setzen bzw. Nichtsetzen des Doppelpunktes) markiert. Mit anderen Worten: Quantität (relative Länge bzw. relative Kürze) ist im Deutschen ein relevantes phonologisch distinktives Merkmal von Vokalen, Muskelspannung (relative Gespanntheit bzw. relative Nichtgespanntheit) und Zungenhöhe bzw. Kieferwinkel (relative Offenheit bzw. relative Geschlossenheit) sind redundante phonologische Merkmale von Vokalen (vgl. oben Nr. 4.1/6).

Weitere Beschreibungstermini für VOKALE:

- Vokale, die mit der Zungenstellung [vorn] artikuliert werden (VORDERZUNGENVOKALE), heißen auch HELLE VOKALE, neutrale und HINTERZUNGENVOKALE heißen auch DUNKLE VOKALE.

- Der Vokal [ə] heißt auch MURMELVOKAL oder SCHWA-LAUT.

- Der Vokal [ɐ] („verdumpftes r") heißt auch REDUKTIONSVOKAL.

- Wenn bei der Artikulation von Vokalen der Nasenraum zusätzlich als Resonanzraum verwendet wird, ergeben sich NASALIERTE = NASALE VOKALE (= NASALVOKALE = NASALE).

Weitere Beschreibungstermini für KONSONANTEN:

- Der vor anlautende Vokale tretende glottale Explosivlaut [ʔ] heißt auch KNACKLAUT = KEHLKOPFLAUT = STIMMRITZENLAUT = GLOTTISVERSCHLUSSLAUT (z. B. [ʔam ʔaːbənt ʔɛsən ʔalə ʔaːl]); zusammen mit dem Knacklaut auftretende Vokale bilden Allophone des betreffenden Vokals: Die Phone [ʔa, a] beispielsweise sind Allophone des Phonems /a/.

- AFFRIKATEN: Konsonantenverbindungen aus einem stimmlosen Explosiv = Verschlusslaut und einem stimm-

losen, an derselben oder einer benachbarten Artikulationsstelle = Artikulationsort gebildeten (= HOMORGANEN) Frikativ = Reibelaut: [pf], [ts], [tʃ].

Rw. (Termini in alphabetischer Reihenfolge: Wortformen – ggf. zugehöriges
Adjektiv – ggf. gebräuchliche dt. Entsprechung):
die Affrikate/der Affrikate/Affrikata, die Affrikaten (Betonung auf -ka(t)-) –
    affriziert
die Fortis, der Fortis, die Fortes (Betonung auf *For*-) – stark
der Halbvokal, des -s, die -e – halbvokalisch
die Lenis, der Lenis, die Lenes (Betonung auf *Le*-) – schwach
der Liquid, des -s, die -e (Betonung auf -*qui(d)*-) od. die Liquida, der Liqui-
    da, die Liquidä (Betonung jeweils auf *Li*-) od. Liquiden (Betonung
    auf -*qui*-) – liquid – Fließlaut
die Media, der Media, die Mediä/Medien (Betonung auf *Me*-)
die Muta, der Muta, die Mutä (Betonung auf *Mu*-) – Stummlaut
die Tenuis, der Tenuis, die Tenues (Betonung auf *Te*-)

4.2 LAUTKOMBINATIONEN UND LAUTPROZESSE

(4.2/1) Offene Silbe:
Silbe, die auf einen Vokal endet.

(4.2/2) Geschlossene Silbe:
Silbe, die auf einen Konsonanten endet.

(4.2/3) Anlaut:
Laut oder Lautgruppe am Anfang einer Silbe, eines Morphems (s. unten Nr. 5.1/3), eines Wortes.

(4.2/4) Auslaut:
Laut oder Lautgruppe am Ende einer Silbe, eines Morphems, eines Wortes.

(4.2/5) Inlaut:
Laut oder Lautgruppe im Inneren einer Silbe, eines Morphems, eines Wortes.

(4.2/6) Sandhi:
Lautliche Veränderungen/Anpassungen beim Zusammentreffen zweier Wortformen oder zweier Morpheme innerhalb einer Wortform.

Eine der bekanntesten Sandhi-Erscheinungen ist die LIAISON im Französischen, bei der statt einer Wortform, die auf einen Vokal auslautet (z. B. [leː]: Pluralform des bestimmten

Artikels, geschrieben «les»), eine konsonantisch auslautende Wortform ([leːz], geschrieben ebenfalls «les») zu wählen ist, wenn das folgende Wort mit einem Vokal anlautet ([leː maʀiː] «les maris», aber [leːz‿amiː] «les amis»). Ziel dieses Prozesses ist die Vermeidung eines HIATUS/HIATS = eines Aufeinandertreffens zweier Vokale. – Die folgenden Termini beschreiben Sandhi-Erscheinungen (die Liaison gehört zum Bereich LAUTZUWACHS, s. unten Nr. 4.2/11).

Rw.: das Sandhi, des Sandhi (keine Pluralform, Betonung auf *San-*)
der Hiat, des Hiats, die Hiate (Betonung auf *-a(t)-*) bzw. der Hiatus, des Hiatus, die Hiatus (letzteres mit langem [uː], Betonung auf *-a-*)

(4.2/7) Elision:
Wegfall eines oder mehrerer Laute.

Je nachdem, ob der Wegfall am Wortanfang, am Wortende oder im Wortinnern geschieht, unterscheidet man zwischen APHÄRESE (s. im Anschluss Nr. 4.2/8), APOKOPE (Nr. 4.2/9) und SYNKOPE (Nr. 4.2/10). Diese Begriffe betreffen sowohl Lautprozesse, die sich in der Gegenwartssprache vollziehen, wie auch solche, die sich im Laufe der Sprachgeschichte abgespielt haben. – Unter ELISION im engeren Sinn wird der Wegfall eines auslautenden Vokals (Apokope) vor dem anlautenden Vokal eines Folgewortes verstanden (z. B. [loːb‿ɪç] bzw. [loːp ʔɪç] «lob ich» statt [loːbə ʔɪç] «lobe ich»).

Rw.: die Elision, der Elision, die Elisionen; Verb: elidieren

---

(4.2/8) Aphärese:
Wegfall eines oder mehrerer Laute am Wortanfang.

Beispiele: Der Vergleich von *rein* mit *herein* zeigt die Aphärese der Lautgruppe [hɛ]. – Beim Übergang vom Althochdeutschen zum Mittelhochdeutschen ist das [h] in *hloufan* 'laufen' aphäriert worden.

Rw.: die Aphärese, der Aphärese, die Aphäresen (*-re-* wird [f] gesprochen, Betonung auf *-re-*, Trennung: *Aph-äre-se* oder *A-phä-re-se*)

(4.2/9) Apokope:

Wegfall eines oder mehrerer Laute (bes. Vokale) am Wort-ende.

Beispiele: In Wörtern wie *(ich) komm, (dem) Haus* ist am Ende ein [ə] apokopiert, nicht aber bei *(ich) muss, (der) Maus*, da letztere keine Parallelform *[mʊsə] (*«musse»)* bzw. *[maozə] (*«Mause»)* haben, erstere aber sehr wohl [kɔmə] («komme») bzw. [haozə] («Hause») als Parallelform neben sich haben. Entsprechendes gilt für den Übergang von z. B. mhd. *herze* zu nhd. *Herz*.

Rw.: die Apokope, der Apokope (Betonung auf *-po-*), die Apokopen (Betonung auf *-ko-*)

(4.2/10) Synkope:

Wegfall eines oder mehrerer Laute (bes. Vokale) im Wort-innern.

Beispiele: Der Vergleich von *drum* mit *darum* zeigt, dass [a] ausgefallen ist: synkopiertes [a]. Beim Übergang vom Mittel-hochdeutschen zum Neuhochdeutschen ist das [ə] in *obest* synkopiert worden (jetzt: *Obst*).

Rw.: die Synkope, der Synkope (Betonung auf *Syn-*), die Synkopen (Betonung auf *-ko-*)

(4.2/11) Lautzuwachs:

Hinzufügung eines zuvor nicht vorhandenen Lautes.

Lautzuwachs ist in der Gegenwartssprache und in der deut-
schen Sprachgeschichte sehr viel seltener anzutreffen als
Elision (vgl. oben Nr. 4.2/7). Je nach der Position, an der der
Zuwachs erfolgt, wird unterschieden zwischen

- EPITHESE (am Wortende, z. B. mhd. *nieman* > nhd. *niemand*),
- EPENTHESE (im Wortinnern, z. B. mhd. *spinnel* > nhd.
  Spindel) und
- PROSTHESE/PROTHESE (am Wortanfang, z. B. im Französischen *e* vor *sp* und *st* in Wörtern lateinischen Ursprungs:
  esprit (entspr. lat. *spiritus*), *état* (entspr. lat. *status*).

Der Spezialfall der Vokaleinfügung im In- oder Auslaut heißt
ANAPTYXE (z. B. die Einfügung des SPROSSVOKALS [ə] in
manchen Dialekten: [fʏnəf] *fünef* gegenüber standardsprachl.
[fʏnf] *fünf;* diese Einfügung wird auch als EPENTHESE bezeichnet).

Rw.: die Epithese/Epenthese/Pro(s)these, der Epithese/Epenthese/Pro(s)-
these, die Epithesen/Epenthesen/Pro(s)thesen (Betonung jeweils auf *-the-*,
Trennung: *Epi-the-se, Ep-en-the-se* oder *E-pen-the-se, Pros-the-se*)
die Anaptyxe, der Anaptyxe, die Anaptyxen (Betonung auf *-pty-*, Trennung:
Ana-ptyxe oder *A-nap-ty-xe*)

(4.2/12) Assimilation:
Ersetzung eines Lautes durch einen anderen, der einem benachbarten Laut ähnlicher ist.

Beispiele: *Senf:* standardsprachl. [zɛnf] – umgangssprachl.
[zɛmf]: Der Laut [n] wird durch [m] ersetzt, einen Laut, der
dem folgenden [f] insofern ähnlicher ist als [n], als er wie [f]
das Merkmal [labial] hat; *Lippen:* standardsprachl. [lɪpən] –
umgangssprachl. [lɪpm̩] ([m̩] bezeichnet ein silbisches [m]);
Amboss: mhd. [anəbɔːs] > nhd. [ambɔs].

Wenn die beteiligten Laute unmittelbar benachbart sind, spricht man von KONTAKTASSIMILATION, sonst von FERN-ASSIMILATION. PROGRESSIVE ASSIMILATION liegt vor, wenn der voranstehende Laut auf einen ihm folgenden Laut Einfluss nimmt, REGRESSIVE ASSIMILATION liegt vor, wenn ein Laut einen vorangehenden Laut beeinflusst.

(4.2/13) Dissimilation:
Ersetzung eines Lautes durch einen anderen, der einem benachbarten Laut unähnlicher ist.

Beispiele: *Maulbeere:* ahd. [mu:r-bɛri] – mhd. [mu:l-bɛrə]; *Knäuel:* mhd. [kly:vəl] – nhd. [knoøəl].

4.3 LAUTENTWICKLUNGEN IN DER DEUTSCHEN SPRACHGESCHICHTE

Die folgenden Termini bezeichnen Lautwandelvorgänge, die sich in der Geschichte der deutschen Sprache seit dem Althochdeutschen abgespielt haben und die nicht nur einzelne Wörter betrafen, sondern regelhaft gewirkt haben. In Anlehnung an Bach (in Schweikle 1996, S. 71) teilen wir die deutsche Sprachgeschichte folgendermaßen ein:

Vorliterarische Zeit:	5. Jh. – Mitte 8. Jh.
Althochdeutsch (Ahd.):	Mitte 8. Jh. – Ausgang 11. Jh.
Mittelhochdeutsch (Mhd.):	Ausgang 11. Jh. – Mitte 14. Jh.
Frühneuhochdeutsch (Frühnhd.):	Mitte 14. Jh. – Anfang 17. Jh.
Neuhochdeutsch (Nhd.):	Anfang 17. Jh. – 2. Viertel 19. Jh.;
	2. Viertel 19. Jh. – Gegenwart

Im Althochdeutschen und beim Übergang zum Mittelhochdeutschen:

> **(4.3/1) Primärumlaut:**
> Ersetzung von [a] durch [ɛ] vor [ɪ], [iː] oder [j] in der unmittelbar folgenden Silbe.

Beispiele: Wortformen wie ahd. *kraft* ('Kraft', Singular) – *krefti* ('Kräfte', Plural), *gast* ('Gast') – *gesti* ('Gäste') und viele weitere zeigen, dass in Allomorphen ein und desselben Morphems (s. unten Nr. 5.1/4) die Kurzvokale [a] und [ɛ] miteinander wechseln. Dabei erscheint [ɛ] als UMLAUT von [a] in einer Wortform immer dann, wenn in der unmittelbar folgenden Silbe der betreffenden Wortform einer der Laute [ɪ], [iː] oder [j] steht. Wenn das [a] vor den Lautverbindungen [xs], [xt], [rw] (geschrieben: «hs», «ht», «rw») steht, findet trotz [ɪ, iː, j] in der Folgesilbe kein Umlaut statt = [a] wird nicht umgelautet, z. B. [maxt] «maht» – [maxtɪ] «mahti» ('Macht', 'Mächte').

(4.3/2) Sekundärumlaut:

Umlaut von [a] zu [ɛ], und zwar 1. auch vor den den Primärumlaut verhindernden Konsonantenverbindungen [xs], [xt], [rw] und 2. in dem Fall, dass [ɪ, iː, j] erst in der zweitfolgenden Silbe stehen. Im weiteren Sinn: Ersetzung des langen Vokals [aː] durch [æː] und der dunklen Vokale = Hinterzungenvokale durch die entsprechenden gerundeten hellen = vorderen Vokale = Vorderzungenvokale vor [ɪ, iː, j].

Beispiele: Sekundärumlaut im engeren Sinn: 1. ahd. *mahtîg* [maxt-] – mhd. *mähtec* [mɛçt-], 2. ahd. *faterlîh* [fatɛr-] – mhd. *veterlich* [fetɛr-]; Sekundärumlaut im weiteren Sinn: Ersetzung von [aː] durch [æː]: ahd. *mâri* – mhd. *mære* 'Erzählung'; von [ʊ] durch [ʏ]: ahd. *turi* – mhd. *türe;* von [uː] durch [yː]: ahd. *sûri* – mhd. *siure* [syːrə] 'Säure'; von [oː] durch [øː]: ahd. *skôni* – mhd. *schœne;* von [uo] durch [yɛ]: ahd. *guoti* – mhd. *güete;* von [ou] durch [øu]: ahd. *loufit* – mhd. *löufet* 'läuft'.

(4.3/3) Abschwächung von unbetonten Endsilben- und Mittelsilbenvokalen:

Ersetzung von „vollen" Vokalen durch [ə] (den Schwa-Laut).

Beispiele: ahd. *geban* [a] – mhd. *geben* [ə], ahd. *lobôn* [oː] – mhd. *loben,* ahd. *wârun* [uː] – mhd. *wâren,* ahd. *enti* [i] – mhd. *ende,* ahd. *lobôta* – mhd. *lobete.*

Im Mittelhochdeutschen:

(4.3/4) Auslautverhärtung:

Ersetzung der stimmhaften Explosive = Verschlusslaute (= Medien) [b], [d], [g] durch die ihnen entsprechenden stimmlosen Explosive = Verschlusslaute (= Tenues) [p], [t], [k] und der Frikative = Spiranten = Reibelaute [h], [v] (Lenes) durch die Fortes-Frikative [x] und [f] im Wortauslaut und vor stimmlosen Konsonanten.

Beispiele: *Leib: lîb-* [liːb] (z. B. in *lîb-es*) – *lîp* [liːp], *Neid: nîd-* [niːd] – *nît* [niːt], *Tag: tag-* [tag] – *tac* [tak]; *sah: sah* [sah] – *sach* [sax].

Beim Übergang vom Mittelhochdeutschen zum Frühneuhochdeutschen/Neuhochdeutschen:

(4.3/5) Neuhochdeutsche Diphthongierung:

Ersetzung der mhd. hohen Langvokale [iː], [yː], [uː] durch die Diphthonge [ae], [oø], [ao].

In den Wörtern des Beispiel-Merkspruchs *mîn niuwez hûs* [miːn nyːvəs huːs] und der nhd. Entsprechung *mein neues Haus* [maen noøəs haos] sind die betroffenen Vokale enthalten.

(4.3/6) Neuhochdeutsche Monophthongierung:

Ersetzung der mhd. Diphthonge [iə], [uɔ], [yə] durch die Monophthonge [iː], [uː], [yː].

Beispiel-Merkspruch: mhd. *l*i*ebe* g*uo*te *brüeder* [li̯əbə gu̯ɔtə bry̯ədər] – nhd. *l*i*ebe* g*u*te *Brüder* [liːbə guːtə ʀyːdɐ].

(4.3/7) Neuhochdeutscher Diphthongwandel:

Ersetzung der mhd. Diphthonge [ei̯], [ou̯], [øu̯] durch die Diphthonge [ae̯], [ao̯], [oø̯].

Beispiele: mhd. *bein* [bein] mit [ei̯] etwa wie in engl. *game* – nhd. *Bein* [bae̯n]; mhd. *boum* [boum] mit [ou̯] etwa wie in engl. *home* – nhd. *Baum* [bao̯m]; mhd. *böume* [bøu̯mə] – nhd. *Bäume* [boø̯mə].

(4.3/8) Neuhochdeutsche Dehnung in offener Tonsilbe:

Ersetzung mhd. Kurzvokale durch die ihnen jeweils entsprechenden Langvokale, wenn sie am Ende einer betonten offenen Silbe (vgl. oben Nr. 4.2/1) stehen.

Beispiele: mhd. *leben* [lɛ|bən] (der Strich kennzeichnet die Silbengrenze) – nhd. *leben* [leː|bən]; mhd. *tages* [ta|gəs] – nhd. *Tages* [taː|gəs]. Die Dehnung unterbleibt in einigen Umgebungen.

5

MORPHOLOGIE:

LEHRE VOM BAU DER WÖRTER

5.1 ALLGEMEINES

In den vorangehenden Kapiteln wurden die beiden Seiten sprachlicher Zeichen getrennt voneinander betrachtet. In der Morphologie = Morphemik wird das Zeichen wieder als Ganzes, als Kombination von Ausdrucks- und Inhaltsseite (vgl. oben Nr. 1.1/1 bis 1.1/4), in den Blick genommen.

Im Folgenden wird zunächst das MINIMALZEICHEN, das als Grundbegriff in der Morphologie eine ähnliche Rolle spielt wie BUCHSTABE und LAUT in der Graphemik bzw. Phonologie (vgl. die Vorbemerkungen oben zu Nr. 3.2/1 und 4.1/1), analog zu den dort verwendeten Begriffen als MORPH, MORPHEM, ALLOMORPH bestimmt:

(5.1/1) Minimalzeichen:
Zeichen, das nicht weiter in Zeichen zerlegt werden kann.

Beispiel: Das Wort *Geister* ist im Gegensatz zum Wort *Kleister* kein Minimalzeichen, da es sich seinerseits in Zeichen zerlegen lässt: *Geist* (Ausdrucksseite: «geist» bzw. /gaest/ – Inhaltsseite: 'Gespenst etc.') und *er* «er» bzw. /ər/ – 'Mehrzahl'). Dagegen ist das Wort *Kleister* ein Minimalzeichen: Zwar ist seine Ausdrucksseite in kleinere Abschnitte wie «klei» bzw. /klae/ und «ster» bzw. /stər/ zerlegbar, doch haben diese keinen Zeichencharakter, da ihnen keine Bedeutungen zugeordnet sind. Eine andere Zerlegung der Ausdrucksseite von *Kleister* führt zwar zu Ausdrücken wie «kleist» bzw. /klaest/ und «er» bzw. /ər/, denen Bedeutungen zugeordnet werden können; diese stehen aber in keinem Zusammenhang mit der Bedeutung des Ausgangswortes, *Kleister*. Eine solche bloß formale Zerlegung führt zu Gebilden, die gelegentlich PSEUDOMORPHEME genannt werden.

(5.1/2) Morphe:
Minimalzeichen, noch ohne Berücksichtigung ihrer Zugehörigkeit zu einer Klasse gleichwertiger Minimalzeichen = zu einem Morphem; kleinste Ausdrucks-Inhalts-Einheiten, in die sich Äußerungen zerlegen = segmentieren lassen.

(5.1/3) Morphem:
Klasse/Menge von Morphen, die denselben Wert, das heißt: dieselbe Bedeutung bei identischer oder ähnlicher Ausdrucksseite, haben.

(5.1/4) Allomorphe:
Morphe, die demselben Morphem angehören.

Rw.: das Morph, des Morphs, die Morphe
das Morphem, des Morphems, die Morpheme (Betonung auf *-phe(m)-*)
das Allomorph, des Allomorphs, die Allomorphe (Betonung auf *-mor(ph)-*)

Notation: Bei Morphen und Allomorphen wird meist nur die Ausdrucksseite in graphemischer oder phonemischer Form (also in spitzen [Doppel-]Klammern bzw. zwischen Schrägstrichen) notiert; von allographischer und allophonischer Variation auf der Ausdrucksseite wird also abgesehen. Die Inhaltsseite = Bedeutung wird in der Regel nicht angegeben. Für Morpheme wird meist die (graphemisch-orthographische)

Ausdrucksseite eines der zugehörigen Morphe = des Allomorphs bzw. eines der Allomorphe in geschweiften Klammern notiert (Beispiele s. u.) – häufig werden die geschweiften Klammern weggelassen und man notiert die Ausdrucksseite in graphemisch-orthographischer Form, die durch
Unterstreichung hervorgehoben wird (die Unterstreichung
wird im Druck, wie im vorliegenden Buch, durch *Kursiv-
schrift* wiedergegeben). Bei grammatischen und anderen
gebundenen Morphemen (s. unten Nr. 5.3/2 und Nr. 5.3/4)
wird häufig der Kategorienname (also nicht die Ausdrucksseite eines der Allomorphe) notiert, z. B. {Pl(ural)} für
die Allomorphe «er, s, e ...» bzw. /ər, s, ə .../.

Morphemgrenzen innerhalb von Wörtern werden durch Bin-
destriche markiert.

Beispiele, vor allem zu Nr. 5.1/4: Das Morphem {Arbeit} hat
ein phonisches Allomorph, dem ein graphisches Allomorph
entspricht: /arbaet/, «Arbeit». Das Morphem {Rad} hat vier
phonische Allomorphe: /raːd/ (in *Rades, Rade*), /raːt/ (in *Rad,
Radfahrer* usw.), /ræːd/ (in *Räder*), /ræːt/ (in *Rädchen*), denen
zwei graphische Allomorphe, «Rad» und «Räd», entsprechen.
(Aus Einfachheitsgründen betrachten wir Majuskeln und
Minuskeln hier als Allographe des jeweiligen Graphems; vgl.
die Erläuterungen oben zu Nr. 3.2/9.)

5.2 ZUR BESCHREIBUNG
DER ALLOMORPHIK IM DEUTSCHEN

(5.2/1) Phonologisch determinierte = phonologisch konditionierte Allomorphe:

Phonemisch unterschiedene Allomorphe eines Morphems, deren Vorkommen und Form von der lautlichen = phonologischen Umgebung abhängig ist.

Beispiel: Das Morphem {2. Person Plural} als Verb-Endung hat zwei (phonische) Allomorphe, nämlich /ət/ und /t/. Welches dieser Allomorphe im konkreten Fall zu wählen ist, hängt ab vom Auslaut des Verbstamms, an den es tritt:

- Das Allomorph /ət/ wird gewählt, wenn der Verbstamm auslautet auf einen der alveolaren Explosive = Verschlusslaute /t/ und /d/ (z. B. /raet-ət/ «reitet» bzw. /reːd-ət/ «redet»), oder wenn der Verbstamm auslautet auf eine der Konsonantenverbindungen (nasalische Doppelkonsonanz) /tm/ (/aːtm-ət/ «atmet», /vɪtm-ət/ «widmet»), /gn/ (/zeːgn-ət/ «segnet»), /pn/ (/vapn-ət/ «wappnet»), /xn/ (/tsaexn-ət/ «zeichnet»).

- Bei allen anderen Gestaltungen des Auslauts des Verbstamms wird das Allomorph /t/ gewählt (z. B. /blaep-t/ «bleibt», /baes-t/ «beißt», /raets-t/ «reizt», /hao-t/ «haut» usw.).

Die Auswahl aus den zwei Allomorphen des Morphems {2. Person Plural} (und des homonymen Morphems {Imperativ Plural}) ist also lautlich = phonologisch vom Auslaut des Verbstamms bestimmt = determiniert = konditioniert.

(5.2/2) Morphologisch determinierte = morphologisch konditionierte Allomorphe:

Phonemisch unterschiedene Allomorphe eines Morphems, deren Vorkommen und Form von der Gegenwart eines anderen Morphems bzw. dessen Allomorph gesteuert wird.

Beispiel: Das Morphem {Hut} hat zwei phonische Allomorphe, /hu:t/ und /hy:t/ (und entsprechend zwei graphische Allomorphe, «Hut» und «Hüt»). Das Allomorph /hy:t/ (entsprechend «Hüt») erscheint, wenn dem Morphem {Hut} das Morphem {Plural} (hier in Gestalt des Allomorphs /ə/) folgt: /hy:t-ə/ (entsprechend «Hüt-e»). /hy:t/ erscheint auch, wenn das Morphem {Diminutivum} mit seinen Allomorphen /xən/ oder /laen/ folgt: /hy:t-xən/, /hy:t-laen/ («Hüt-chen», «Hüt-lein»). In allen anderen Umgebungen erscheint {Hut} in Gestalt des Allomorphs /hu:t/.

Die Wahl von /hu:t/ oder /hy:t/ hängt also von der morphologischen Umgebung ab; die Wahl ist nicht phonologisch determiniert, wie auch daran deutlich wird, dass sowohl /hu:t/ als auch /hy:t/ vor phonologisch identischem /ə/ stehen können: /hu:t-ə/, /hy:t-ə/ (im ersten Fall ist /ə/ Allomorph des Morphems {Dativ Singular}, im zweiten Fall ist /ə/ Allomorph des Morphems {Plural}).

(5.2/3) Morphophonem:

Klasse derjenigen Phoneme, die innerhalb der Allomorphe eines Morphems miteinander wechseln.

Notation: Morphophoneme werden mit dem in Großbuchstaben geschriebenen Symbol eines der beteiligten Phoneme notiert. Zusätzlich setzen wir diese Symbole bzw. Allo-

morphe, in denen sie vorkommen, zwischen doppelte Schräg-
striche (z. B.: //D//, //rɪnD// «Rind»).

Die wichtigsten Fälle morphophonemischen Wechsels sind:
AUSLAUTVERHÄRTUNG, UMLAUT, *E/I*-WECHSEL, ABLAUT:

(5.2/4) Auslautverhärtung:

Morphophonemischer Wechsel zwischen stimmhaften und
stimmlosen Explosiven = Verschlusslauten bzw. zwischen
stimmhaften und stimmlosen Frikativen = Spiranten = Reibelauten; auch: Erscheinen des stimmlosen Phonems eines
Morphophonems im Auslaut von Allomorphen eines Morphems.

Beispiel: Das Morphem {Rind} hat zwei phonische Allomorphe, /rɪnd/ (z. B. in *(dem) Rinde*) und /rɪnt/ (z. B. in *Rind,
Rindlein*). Ihr Vorkommen richtet sich nach der phonologischen und morphologischen Umgebung: Folgt auf {Rind} im
selben Wort ein vokalisch anlautendes Allomorph einer Endung und steht das letzte Phonem von {Rind} somit hinter
der Silbengrenze, wird das Allomorph mit /d/ gewählt (/rɪnd-
ə/ mit der Silbengrenze zwischen /rɪn/ und /də/); folgt kein
solches Allomorph, wird das Allomorph mit /t/ gewählt (/rɪnt/
oder /rɪnt-laen/). Die Phoneme /d/ und /t/ wechseln in diesen
Allomorphen also miteinander = sie alternieren; sie können in
Bezug auf das Morphem {Rind} (und viele andere) zum
Morphophonem //D// zusammengefasst werden. //D// wird
definiert als Klasse der Phoneme /d/ und /t/. Die Allomorphe
/rɪnd/ und /rɪnt/ werden unter morphophonemischen Gesichtspunkten zusammengefasst als //rɪnD//, wobei mit Klein-
buchstaben diejenigen Elemente symbolisiert werden, die in
allen Allomorphen gleich bleiben, hier: /r/, /ɪ/ und /n/ (dabei
hat /r/ weiterhin die freien Allophone [ʀ], [ʁ] und [r]; von der
Allophonik wird ja im Bereich der Allomorphik abgesehen,

vgl. oben die Bemerkungen zu Nr. 5.1/4). Mit Großbuchstaben werden die Elemente zusammenfassend symbolisiert, die als Phoneme in Allomorphen eines Morphems miteinander wechseln, hier also //D//.

Unter „Auslautverhärtung" versteht man, strikt gesprochen, die Tatsache, dass (um beim Beispiel //D// zu bleiben) im Auslaut eines Allomorphs das sog. „harte" Phonem /t/ erscheint. Zu Grunde liegt die Vorstellung, dass aus dem „nicht-harten" = „weichen" = stimmhaften Phonem /d/ im Auslaut das „harte" = stimmlose Phonem /t/ „wird".

Zum Phänomen der Auslautverhärtung gehören im Bereich der Explosive = Verschlusslaute die folgenden Morphophoneme:

- //D// = /d/ und /t/ (z. B. {Rind}, vgl. oben),
- //G// = /g/, /k/ und /x/ (z. B. {König}: Allomorphe /køːnɪg/ *(König-e)*, /køːnɪk/ *(könig-lich)*, /køːnɪx/ *(König)*, morphophonemisch //køːnɪG//),
- //B// = /b/ und /p/ (z. B. {Dieb}: Allomorphe /diːb/ *(Diebes)*, /diːp/ *(Dieb)*, morphophonemisch //diːB//).

Neben den genannten Explosiven = Verschlusslauten gehören hierher aus dem Bereich der Frikative = Spiranten = Reibelaute:

- //V// = /v/ und /f/ (z. B. {brav}: Allomorphe /braːv/ *(braves)*, /braːf/ *(brav)*, morphophonemisch //braːV//),
- //Z// = /z/ und /s/ (z. B. {Eis}: Allomorphe /aez/ *(eis-ig)*, /aes/ *(Eis)*, morphophonemisch //aeZ//).

Zur Auslautverhärtung als Lautwandelerscheinung in der deutschen Sprachgeschichte vgl. oben Nr. 4.3/4.

(5.2/5) Umlaut:

Morphophonemischer Wechsel:

/a/	—	/ɛ/
/aː/	—	/ɛː/
/ɔ/	—	/œ/
/oː/	—	/øː/
/ʊ/	—	/ɣ/
/uː/	—	/yː/
/ao/	—	/oø/;

auch: Erscheinen des jeweils zweitgenannten Phonems in Allomorphen eines Morphems.

Beispiel: Das Morphem {Hut} hat zwei Allomorphe: /huːt/ und /hyːt/ (vgl. oben Nr. 5.2/2). Ihr Vorkommen richtet sich nach der morphologischen Umgebung: Vor den Morphemen {Plural} und {Diminutivum} erscheint /hyːt/ mit dem Umlaut /yː/, sonst /huːt/ mit nicht umgelautetem /uː/. Wenn man /uː/ und /yː/ als Morphophonem //U:// zusammenfasst, ergibt sich in morphophonemischer Schreibweise: //hU:t//.

Das in der Zusammenstellung oben jeweils an zweiter Stelle genannte Glied eines Paares wird selbst auch UMLAUT genannt. Die jeweils an erster Stelle genannten Vokale sind UMLAUTFÄHIGE VOKALE.

Umlaut tritt auch in der 2. und 3.Pers. Sg. Präs. Ind. Akt. einiger starker Verben auf, z. B. *rätst, rät* (zu *rat(en)*), *lädst, lädt* (zu *lad(en)*).

Zum Umlaut als Lautwandelerscheinung in der deutschen Sprachgeschichte vgl. oben Nr. 4.3/1 und Nr. 4.3/2.

(5.2/6) *e*/*i*-**Wechsel:**

Morphophonemischer Wechsel:

$\qquad$ /ɛ/ $\quad$ — $\quad$ /ɪ/

$\qquad$ /eː/ $\quad$ — $\quad$ /ɪ/

$\qquad$ /eː/ $\quad$ — $\quad$ /iː/

$\qquad$ /ɛː/ $\quad$ — $\quad$ /iː/.

---

e/*i*-Wechsel tritt bei der Bildung von Verbformen auf, und zwar erscheinen Allomorphe mit /ɪ/ bzw. /iː/ in der 2. und 3. Person Singular Präsens Indikativ Aktiv und im Imperativ Singular; Allomorphe mit /ɛ, eː, ɛː/ erscheinen im Infinitiv und weiteren Formen solcher Verben (s. auch unten Nr. 6.2/16). Beispiele: *helfen – hilfst* (/ɛ/ – /ɪ/), *treten – tritt* (/eː/ – /ɪ/), *geben – gib* (/eː/ – /iː/), *gebären – gebierst* (/ɛː/ – /iː/).

(5.2/7) Ablaut:

Morphophonemischer Wechsel zwischen Vokalen, besonders bei Allomorphen von (starken) Verben.

Beispiel: In Allomorphen des Verbmorphems {sing(en)} stehen die Vokale /ɪ/, /a/ und /ʊ/ zueinander im Verhältnis des Ablauts. Die drei durch Ablaut der Vokale miteinander verbundenen Allomorphe sind: /zɪŋ/, /zaŋ/, /zʊŋ/.

Verben, deren Allomorphe durch Ablaut der Vokale miteinander verbunden sind, heißen STARKE VERBEN. Sie unterscheiden sich von den SCHWACHEN VERBEN auch dadurch, dass sie ihre Präterital- = Imperfektformen und ihre Partizip-Perfekt- = Partizip-II-Formen nicht mit *t* bilden: *(wir) sang-en, ge-sung-en* im Gegensatz zu *(wir) lach-t̲-en, ge-lach-t̲* (s. auch unten Nr. 6.2/16).

5.3 TYPEN VON MORPHEMEN

Morpheme lassen sich unter mehreren Gesichtspunkten in unterschiedliche Typen differenzieren und klassifizieren: Hinsichtlich ihrer Bedeutungsfunktion wird zwischen LEXIKALISCHEN und GRAMMATISCHEN MORPHEMEN (Nr. 5.3/1, Nr. 5.3/2) unterschieden; hinsichtlich ihres Vorkommens bzw. ihrer Selbstständigkeit unterscheidet man zwischen FREIEN und GEBUNDENEN MORPHEMEN (Nr. 5.3/3, Nr. 5.3/4) mit dem Spezialfall der UNIKALEN bzw. BLOCKIERTEN MORPHEME (Nr. 5.3/5, Nr. 5.3/6). Spezialfälle in anderer Hinsicht bilden DISKONTINUIERLICHE MORPHEME (Nr. 5.3/7) und PORTMANTEAU-ALLOMORPHE (Nr. 5.3/8).

(5.3/1) Lexikalisches Morphem:
Morphem mit eigener lexikalischer oder Sachbedeutung. Kombinationen von lexikalischen Morphemen ergeben (neue) Wörter bzw. Wortstämme (vgl. unten Nr. 5.4/1).

(5.3/2) Grammatisches Morphem:
Morphem mit grammatischer oder struktureller Bedeutung. Kombinationen von lexikalischen Morphemen mit grammatischen Morphemen ergeben Wortformen, nicht neue Wörter.

(5.3/3) Freies Morphem:
Morphem, dessen Allomorph(e) allein für sich (ohne direkte Bindung an ein anderes Morphem) in einem Satz als Wort auftreten kann (können).

(5.3/4) Gebundenes Morphem:

Morphem, dessen Allomorph(e) in einem Satz nicht selbstständig als Wort auftreten kann (können), sondern immer
an ein anderes Morphem gebunden ist (sind).

Beispiel zu Nr. 5.3/1 bis Nr. 5.3/4: In dem folgenden Satz
sind die Morphemtypen der Allomorphe gekennzeichnet:

$Auf_{lex,fr}$ $d_{gr,geb}$-$em_{gr,geb}$ $Schreib_{lex,fr}$-$tisch_{lex,fr}$ $lieg_{lex,fr}$-$t_{gr,geb}$

$ein_{gr,fr}$ $grün_{lex,fr}$-$lich_{lex,geb}$-$es_{gr,geb}$ $Büch_{lex,fr}$-$lein_{lex,geb}$

(5.3/5) Unikales Morphem:

Morphem, das nicht allein, sondern nur in Verbindung mit
einem einzigen anderen Morphem auftritt.

Beispiele: Das Morphem {Him} kommt nur in Verbindung
mit dem Morphem {Beere} vor, ebenso {Brom} und
{Preisel}; {mutterseelen} nur mit {allein}; {Kegel} (in dieser
Bedeutung!) nur nach {Kind und}.

(5.3/6) Blockiertes Morphem:

Morphem, dessen Kombinationsfähigkeit stark eingeschränkt ist.

Beispiel: Das Morphem {Schwieger} kommt nur in Verbindung mit {Eltern, Mutter, Sohn, Tochter, Vater} vor.

(5.3/7) Diskontinuierliches Morphem:

Morphem mit einem Allomorph, das aus mehreren Teilen
besteht, die nicht unmittelbar aufeinander folgen, sondern
durch andere Elemente getrennt sind.

Beispiele: Die Verbform _ge-sung-en_ weist das diskontinuierliche Allomorph /ɡə- ... -ən/ des Morphems {Partizip II = Partizip Perfekt} auf; entsprechend /ɡə- ... -ə/ in _Ge-birg-e,_ _Ge-jammer-e_ usw. (ZIRKUMFIX, s. unten Nr. 5.4/9).

(5.3/8) Portmanteau-Allomorph:
Nicht zerlegbarer Ausdruck, dem die Inhaltsseiten mehrerer Morpheme zugeordnet sind.

Beispiele: In der französ. Form «au» (gesprochen: [oː]) sind die beiden Morpheme _à_ und _le_ „verschmolzen". – In Formen wie _im, am_ sind die Präpositionen _in_ und _an_ mit der Artikelform _dem_ verschmolzen (Verschmelzungsform, s. auch unten Nr. 6.9/7). – Formen des Verbs _sein_ wie _bin, bist, sind_ lassen sich nicht wie die entsprechenden Formen anderer Verben – z. B. _(ich) sing-e / (du) sing-st / (wir) sing-en_ – in Stamm und Endung zerlegen, sodass _bin, bist, sind_ als Ganze zu betrachten sind, in denen Stamm- und Endungsbedeutung unsegmentierbar präsent sind.

Rw.: Die Aussprache kann sich an das Französische ([pɔʀtmãˈtoː]) oder ans Englische ([pɔːtˈmæntəʊ]) anlehnen.

5.4 ZUR BESCHREIBUNG VON WORTFORMEN

WORTFORMEN (s. auch unten Nr. 6.1/1) sind die konkreten Gestalten, in denen Wörter (im Sinn von LEXEMEN bzw. VOKABELN, s. unten Nr. 6.1/2 bzw. 6.1/3) im Satz erscheinen.

(5.4/1) Wortstamm:

Wortform ohne Flexionsmorpheme; Teil einer Wortform, der übrig bleibt, wenn Flexionsmorpheme (s. unten Nr. 5.4/3) abgetrennt werden.

(5.4/2) Grundmorphem = Wurzel:

Wortform ohne Wortbildungsmorpheme; Teil eines Wortstammes, der übrig bleibt, wenn Wortbildungsmorpheme (s. unten Nr. 5.4/4) abgetrennt werden.

Beispiel: Eine der Wortformen des Lexems *Begründung* ist *Begründungen*. Nach Abtrennung des Flexionsmorphems {Plural} (Allomorph /ən/) bleibt {be-Grund-ung} als Wortstamm übrig. Nach Abtrennung der Wortbildungsmorpheme {be} und {ung} bleibt {Grund} als Grundmorphem = Wurzel übrig. Bei einer Wortform wie *Gründ-e* sind Wortstamm und Grundmorphem identisch: {Grund} (hier als Allomorph /grʏnd/).

(5.4/3) Flexionsmorphem = Flexiv:

Gebundenes grammatisches Morphem, das an Wortstämme tritt und zur Bildung von Wortformen dient.

Rw.: das Flexiv, des Flexivs, die Flexive (Betonung auf *-xi(v)-*)

(5.4/4) Wortbildungsmorphem:

Gebundenes lexikalisches Morphem, das in Verbindung mit einem Grundmorphem einen KOMPLEXEN WORTSTAMM ergibt; an einen solchen komplexen Wortstamm können weitere Wortbildungsmorpheme treten.

Beispiel: Aus der Kombination des Wortbildungsmorphems *vor* mit dem Grundmorphem = mit der Wurzel *tanz* entsteht der komplexe Wortstamm *vor-tanz*. An diesen komplexen Wortstamm kann das Wortbildungsmorphem *er* antreten, sodass sich der neue Wortstamm *Vor-tänz-er* ergibt, an den nochmals ein Wortbildungsmorphem, z. B. *in*, angefügt werden kann. Es ergibt sich dann der mehrfach komplexe Wortstamm *Vor-tänz-er-in*.

(5.4/5) Affix:
Zu einem Wortstamm/Grundmorphem hinzutretendes gebundenes grammatisches Morphem (= FLEXIONSMORPHEM = FLEXIV) oder gebundenes lexikalisches Morphem (= WORTBILDUNGSMORPHEM).

(5.4/6) Präfix:
Vor einen Wortstamm/ein Grundmorphem tretendes Affix.

(5.4/7) Suffix:
An das Ende eines Wortstammes/Grundmorphems tretendes Affix.

(5.4/8) Infix:
Zwischen die Bestandteile eines Wortstammes/Grundmorphems tretendes Affix.

(5.4/9) Zirkumfix:
Kombination aus Präfix bzw. Infix und Suffix.

Beispiele zu Nr. 5.4/6 bis Nr. 5.4/9: Präfixe treten fast ausschließlich als Wortbildungsmorpheme wie *un-* (z. B. *un-*
schön), *miss-* (z. B. *miss-trauen*), *ver-* (z. B. *ver-sinken*), *Ur-*
(z. B. *Ur-großvater*) auf. Suffixe treten sowohl als Flexionsmorpheme wie in *lach-t*, *lach-en*, *Haus-es*, *schön-en* wie auch
als Wortbildungsmorpheme wie in *Lach-er*, *häus-lich*, *Schön-*
heit auf. Ebenso verhält es sich bei Zirkumfixen: *ge-lach-t*
(*ge-* ... *-t* als Flexionsmorphem), *Ge-birg-e* (*Ge-* ... *-e* als
Wortbildungsmorphem). Infixe sind die Flexionsmorpheme
ge und *zu* bei trennbaren Verben (s. unten Nr. 6.2/17): *auf-ge-*
hör-t, *auf-zu-hör-en*, wobei sie gleichzeitig als erster Bestandteil eines Zirkumfixes anzusehen sind.

Rw.: das Affix/Präfix/Suffix/Infix/Zirkumfix, des Affixes etc., die Affixe
etc. (Betonung jeweils auf *-fix-*)

(5.4/10) Halbpräfix = Präfixoid:

Präfixartiges Wortbildungsmorphem, das reihenbildend
auftritt und mit einem gleich lautenden freien Morphem
bedeutungsverwandt ist.

Beispiele: Elemente wie *sau-*, *super-*, *auf-* erscheinen als
gebundene Morpheme in Wortbildungen wie *saublöd*, *Sau-*
wetter; superschnell, *Superathlet; aufblühen*, *aufstehen* und
vielen weiteren. Daneben stehen *Sau* ('weibliches Schwein'),
super ('hervorragend'), *auf* (lokale Präposition) als freie
Morpheme, mit deren Bedeutungen die der entsprechenden
Halbpräfixe = Präfixoide im Sinne einer Entkonkretisierung
verwandt, aber nicht identisch sind.

Rw.: das Präfixoid, des Präfixoid(e)s, die Präfixoide (*-oi-* wird [o-i:] gesprochen, Betonung auf *-i(d)-*).

(5.4/11) Halbsuffix = Suffixoid:
Suffixartiges Wortbildungsmorphem, das Reihen bildend auftritt und mit einem gleich lautenden freien Morphem bedeutungsverwandt ist.

Beispiele: *-muffel* in *Sexmuffel, Krawattenmuffel, -papst* in *Literaturpapst, -geil* in *erfolgsgeil, -verdächtig* in *olympiaverdächtig* (aber nicht in *tatverdächtig:* Kompositum).

Rw.: das Suffixoid, des Suffixoid(e)s, die Suffixoide (*-oi-* wird [o-iː] gesprochen, Betonung auf *-i(d)-*)

(5.4/12) Suppletivallomorphe:
Allomorphe eines Morphems, deren Ausdrucksseiten untereinander in keinem regelhaften Zusammenhang stehen.

Beispiele: Die Ausdrucksseiten der Allomorphe des Morphems {viel} – /fiːl/, /meː/ *(meh-r)*, /mae/ *(mei-st(en))* – sind anders als phonologisch oder morphologisch determinierte = konditionierte Allomorphe (vgl. oben Nr. 5.2/1 und Nr. 5.2/2) lautlich nicht regelhaft aufeinander beziehbar. Ebenso treten in der Steigerung = Komparation (s. unten Nr. 6.6/3) des Morphems {gern} die ausdrucksseitig voneinander völlig verschiedenen Allomorphe *gern* und *lieb- (lieb-er, liebst(en))* auf. – Beim Morphem {geh(en)} sind die Allomorphe /geː/ einerseits und /gɪŋ, gaŋ/ andererseits lautlich nicht aufeinander beziehbar; letztere sind aber regulär durch Ablaut (vgl. oben Nr. 5.2/7) miteinander verbunden.

(5.4/13) Nullallomorph:
Allomorph eines Morphems, das keine materielle (phonische oder graphische) Ausdrucksseite hat.

Beispiel: Bei Morphemen wie {Auto, Geist, Flut} hat das Morphem {Plural} die Allomorphe /s, ər, ən/ mit jeweils materiell fassbarer Ausdrucksseite. Bei Morphemen wie {Meister, Löffel} wird das Morphem {Plural} dagegen materiell nicht ausgedrückt, ist aber in Kombinationen wie *die Meister, die Löffel* inhaltsseitig in gleicher Weise vorhanden wie in *die Autos, die Geister, die Fluten.* Es wird daher aus Symmetriegründen häufig die Anwesenheit eines Allomorphs mit einer Ausdrucksseite postuliert, deren materieller Wert Null ist. – Ein weiteres Beispiel unten bei Nr. 5.5/9.

Notation: Nullallomorphe werden mithilfe des durchstrichenen Nullsymbols, Ø, notiert: /maestər-Ø/, /lœfəl-Ø/.

5.5 MORPHOLOGISCHE WORTBILDUNGSLEHRE

Den Gegenstand der Wortbildungslehre bilden komplexe Wortstämme (vgl. oben Nr. 5.4/4), die entweder aus Wortstämmen (z. B. *Haus-tür*) oder aus Kombinationen aus Wortstamm und Wortbildungsmorphem (z. B. *Häus-chen*) bestehen und sich in diese Bestandteile zerlegen lassen. Dabei können die bei der Zerlegung sich ergebenden Wortstämme ihrerseits komplex oder aber einfach = Grundmorpheme sein.

- Beispiele für die Zerlegbarkeit in Wortstämme: *Haustür: Haus + Tür*; *Glatteiswarndienst: Glatteis + Warndienst*; diese (komplexen) Wortstämme sind ihrerseits zerlegbar in *glatt + Eis* und *warn + Dienst*.
- Beispiele für die Zerlegbarkeit in Wortstamm und Wortbildungsmorphem: *sonnig: sonn + ig; Häus-chen: Haus + chen; unschön: un + schön; Begründung: begründ + ung;* ersteres weiter zerlegbar in *be + Grund* (vgl. dazu oben bei Nr. 5.4/1 und 5.4/4).

Wortstämme der ersten Art heißen KOMPOSITA = ZUSAM-
MENGESETZTE WÖRTER = ZUSAMMENSETZUNGEN (s. unten
Nr. 5.5/2); Wortstämme der zweiten Art heißen DERIVATIVA
= DERIVATIONEN = ABGELEITETE WÖRTER = ABLEITUNGEN
(Nr. 5.5/5). Zusammenfassend spricht man von WORT-
BILDUNGEN. Einfache Wortstämme heißen SIMPLIZIA:

(5.5/1) Simplex:
Wortstamm, der lediglich aus einem Grundmorphem besteht.

Rw.: das Simplex, des Simplex, die Simplexe (Betonung jeweils auf *Sim-*)
od. die Simplizia (Betonung auf *-pli-*)

**(5.5/2) Kompositum = zusammengesetztes Wort = Zu-
sammensetzung:**
Wortstamm, der sich in zwei weitere Wortstämme zerlegen
lässt.

Hauptfälle:
- SUBSTANTIVKOMPOSITA (= NOMINALKOMPOSITA)
  Haustür: einfacher Wortstamm = Grundmorphem *Haus*
  + einfacher Wortstamm = Grundmorphem *Tür*
  Glatteiswarndienst: komplexer Wortstamm *Glatteis* +
  komplexer Wortstamm *Warndienst*
- ADJEKTIVKOMPOSITA
  dunkelblau, schwarz-rot-golden, dauerarbeitslos
- VERBKOMPOSITA
  staubsaugen/Staub saugen, mähdreschen, kaltschweißen

Nach den Verhältnissen, in denen die Glieder eines Kompositums inhaltlich zueinander stehen, werden folgende Unter-
scheidungen getroffen:

- KOPULATIVKOMPOSITUM: Die Glieder sind inhaltlich gleichgeordnet; z. B.:
  Hemdbluse ('Hemd und Bluse'), *Dichterkomponist* ('Dichter und Komponist'), *mähdreschen* ('mähen und dreschen')
- DETERMINATIVKOMPOSITUM: Das zweite Glied = das GRUNDWORT wird vom ersten Glied = dem BESTIMMUNGSWORT inhaltlich spezifiziert; z. B.:
  Milchkanne, Drehtür, dunkelblau, kaltpressen
- ENDOZENTRISCHES KOMPOSITUM: Das Kompositum, AB, bezeichnet die im zweiten Glied benannte Größe, B (Formel: 'AB ist B'); das zweite Glied kann das Kompositum insgesamt ersetzen („eine Milchkanne ist eine Kanne", „mähdreschen ist dreschen")
- EXOZENTRISCHES KOMPOSITUM: Das Kompositum bezeichnet nicht die im zweiten Glied benannte Größe, sondern eine explizit nicht genannte Größe, die vom Kompositum insgesamt beschrieben wird; das zweite Glied kann das Kompositum nicht ersetzen („ein Dummkopf ist kein Kopf"):
  Grünschnabel, Milchgesicht, Dummkopf

Der Terminus ZUSAMMENSETZUNG = KOMPOSITION dient auch zur Bezeichnung des grammatischen Prozesses, der zur Bildung von Komposita = zusammengesetzten Wörtern = Zusammensetzungen führt.

Rw.: das Kompositum, des Kompositums, die Komposita (Betonung auf *-po-*)

(5.5/3) Kompositionsfuge:
Nahtstelle zwischen den Wortstämmen, die die Glieder eines Kompositums bilden.

Die Kompositionsfuge kann durch spezielle FUGENELEMENTE gekennzeichnet sein, z. B. *-s-* in *Geburt-s-datum, -er-* in *Hühn-er-ei, -n-* in *Ente-n-ei, -e-* in *Schwein-e-fleisch.* Keine Fugenelemente treten auf in *Haus-tür, Rind-fleisch, Speise-karte* usw.

> **(5.5/4) Dekompositum:**
> Kompositum, das als Ganzes aus mehr als zwei Gliedern besteht.

Erläuterung: Komposita wie *Glatteiswarndienst* oder *Lampenschirmfabrik* bestehen im ersten Analyseschritt jeweils aus zwei Gliedern: *Glatteis* und *Warndienst, Lampenschirm* und *Fabrik.* Beide Glieder bzw. eines von ihnen lassen sich ihrerseits in zwei Glieder zerlegen: *glatt* und *Eis, warn* und *Dienst* sowie *Lampe* und *Schirm.* Die Komposita bestehen also, insgesamt gesehen, aus vier bzw. drei Gliedern.

Rw.: das Dekompositum, des Dekompositums, die Dekomposita (Betonung auf *-po-*).

> **(5.5/5) Ableitung = Derivativum = Derivativ = Derivat = Derivation = abgeleitetes Wort:**
> Wortstamm, der sich in einen Wortstamm und ein Wortbildungsmorphem zerlegen lässt. Der bei der Zerlegung zu ermittelnde Wortstamm kann seinerseits komplex oder aber ein Grundmorphem sein.

Die Termini ABLEITUNG/DERIVATION dienen auch zur Bezeichnung des grammatischen Prozesses, der zur Bildung von Ableitungen = Derivativa ... führt. – Je nachdem, ob an der Bildung Suffixe bzw. Halbsuffixe = Suffixoide (vgl. oben Nr. 5.4/7 bzw. Nr. 5.4/11) oder Präfixe bzw. Halbpräfixe = Präfixoide (oben Nr. 5.4/6 bzw. Nr. 5.4/10) beteiligt sind, wer-

den SUFFIGIERUNGEN = SUFFIXBILDUNGEN und PRÄFIGIERUN-
GEN = PRÄFIXBILDUNGEN unterschieden.

Rw.: das Derivat, des Derivat(e)s, die Derivate (Betonung auf *-va(t)-*)
das Derivativ/Derivativum, des Derivativs/Derivativums, die Derivative/
Derivativa (Betonung auf *-ti(v)-*)
die Derivation, der Derivation, die Derivationen

(5.5/6) Suffigierung = Suffixbildung = Suffixableitung:
Derivativum, das aus einem Wortstamm und einem Suffix
oder einem Halbsuffix = einem Suffixoid besteht.

Dienst: einfacher Wortstamm = Grundmorphem *dien* +
Suffix *-st*
sonnig: einfacher Wortstamm = Grundmorphem *Son-
n(e)* + Suffix *-ig*
Begründung: komplexer Wortstamm *begründ* + Suffix
-ung
Krawattenmuffel: einfacher Wortstamm *Krawatte* +
Halbsuffix = Suffixoid *-muffel*
olympiaverdächtig: einfacher Wortstamm *Olympia* +
Halbsuffix = Suffixoid *-verdächtig*

Achtung: Manchmal werden die Termini DERIVATION/ABLEI-
TUNG im engeren Sinn allein zur Bezeichnung der Suffigierung = Suffixbildung und nicht auch der Präfigierung = Präfixbildung verwendet.

(5.5/7) Präfigierung = Präfixbildung = Präfixableitung:
Derivativum, das aus einem Präfix oder einem Halbpräfix
= einem Präfixoid und einem Wortstamm besteht.

---

un-schön: Präfix *un-* + einfacher Wortstamm = Grundmorphem *schön*

unbegründet: Präfix *un-* + komplexer Wortstamm *begründet*

aufblüh(en): Halbpräfix = Präfixoid *auf-* + Grundmorphem *blüh(en)*

saublöd: Halbpräfix = Präfixoid *sau-* + Grundmorphem *blöd*

Superathlet: Halbpräfix = Präfixoid *super-* + Grundmorphem *Athlet*

(5.5/8) Kombinierte Präfix- und Suffixbildung = Zirkumfigierung:

Derivativum, das aus einem Zirkumfix (vgl. oben Nr. 5.4/9) und einem Wortstamm besteht.

Ge-plärr-e: Präfix *ge-* + Suffix *-e* = Zirkumfix *ge- ... -e* + Grundmorphem *plärr*

be-rein-ig(en): Präfix *be-* + Suffix *-ig* = Zirkumfix *be- ... -ig* + Grundmorphem *rein.*

(5.5/9) Nullableitung:

Derivativum, das aus einem Wortstamm und einem Affix (Suffix oder Präfix) in Form eines Nullallomorphs (vgl. oben Nr. 5.4/13) besteht.

Beispiel: Der Vergleich von *Lehrer* und *Koch* zeigt, dass *Lehr-er* mithilfe des Suffixes *-er* vom Verb *lehr(en)* abgeleitet ist, während die Bildung *Koch* (von *koch(en)*) kein offenes Suffix aufweist. Wegen der inhaltlichen Parallelität beider Bildungen wird für *Koch* die Anwesenheit eines mit /ər/ zusammengehörigen Allomorphs mit einer Ausdrucksseite postuliert, deren materieller Wert Null ist. Das Morphem {Nomen Agentis} (s. unten bei Nr. 5.5/11) hat also die Allomorphe /ər/ und Ø: /leːr-ər/, /kɔx-Ø/.

Nach anderer Auffassung liegt hier KONVERSION vor –
nämlich der Übertritt von *Koch* aus der Wortart Verb
(koch(en)) in die Wortart Substantiv *(Koch)* –, ohne dass
dieser Übertritt morphemisch gekennzeichnet wird. Statt von
„Konversion" spricht man auch von IMPLIZITER DERIVATION.

(5.5/10) Basis:

Wortstamm als Ausgangspunkt einer Ableitung = einer Derivation; bei dem Wortstamm kann es sich um ein Grundmorphem oder einen schon komplexen Wortstamm handeln. Bei Zusammenbildungen ist eine Wortgruppe die Basis der Ableitung.

Zur Erläuterung vgl. die Bemerkungen oben zu Nr. 5.4/4, zu
Zusammenbildungen s. unten Nr. 5.5/12. – Je nach der Wortartzugehörigkeit der Basis von Ableitungen = von Derivationen spricht man von

- DEVERBALEN BILDUNGEN (z. B. *Lehr*-er, *zisch*-el(n)),
- DESUBSTANTIVISCHEN (= DENOMINALEN) BILDUNGEN
  (z. B. *kellner(n)*, *Gärtner*-in),
- DEADJEKTIVISCHEN BILDUNGEN (z. B. ver-*edel(n)*, *grün*-
  lich),
- DEADVERBIALEN BILDUNGEN (z. B. *hies*-ig, *gestr*-ig).

Rw.: die Basis, der Basis, die Basen

(5.5/11) Substantivierung (= Nominalisierung):

Ableitung = Derivation eines Substantivs.

Beispiele: *Lehr-er* ist eine Substantivierung = Nominalisierung des Verbs *lehr(en)*, *Röte* ist eine Substantivierung =
Nominalisierung des Adjektivs *rot*.

„Substantivierung im engeren Sinn" meint die Ableitung von Substantiven aus Basen anderer Wortartzugehörigkeit; „Substantivierung im weiteren Sinn" umfasst auch die Ableitung von Substantiven aus Substantiven, z. B. *Autor-in, Schrifttum.*

Hauptfälle:
- NOMINA ACTIONIS = handlungsbezeichnende Substantive
  Grab-ung, Lauf-erei, Such-e, Rast-Ø
- NOMINA AGENTIS = täterbezeichnende Substantive
  Lehr-er, Koch-Ø, Liefer-ant, Eindring-ling, Fris-eur, Kompon-ist
- NOMINA INSTRUMENTI = werkzeugbezeichnende Substantive
  Bohr-er, Entsaft-er, Öffn-er, (Bremskraft-)Regl-er
- PRÄDIKATIVSUBSTANTIVE
  Bläu-e, Größ-e, Klug-heit

Rw.: das Nomen Actionis/Agentis/Instrumenti, des Nomen Actionis/Agentis/Instrumenti, die Nomina Actionis/Agentis/Instrumenti (Betonung auf *-tio-, -gen-, -men-*)

5.5/12 Zusammenbildung:
Ableitung = Derivation mit einer Wortgruppe als Basis.

Beispiele: Bildungen wie *Krachmacher, Gesetzgebung, 52-jährig* usw. lassen sich nicht wie Komposita = Zusammensetzungen auflösen in *Krach + Macher, Gesetz + Gebung, 52 + jährig*; vielmehr stellen sie Ableitungen aus den Wortgruppen *Krach mach(en), Gesetz(e) geb(en)* bzw. *52 Jahr(e)* dar.

(5.5/13) Lexikalisierte Bildungen:

Lexeme, die in ihrer Form Ähnlichkeiten zu Wortbildungen (Komposita oder Derivativa) aufweisen, die sich aber inhaltlich nicht (mehr) als Wortbildungen erweisen.

Beispiele: *auf-hör(en)* im Gegensatz z. B. zu *zu-hör(en)*: *zuhör(en)* enthält das Morphem *hör(en)* – Zuhören ist eine Art des Hörens; *aufhör(en)* enthält das Morphem *hör(en)* nicht – Aufhören hat mit Hören bedeutungsmäßig nichts zu tun. Weitere Beispiele: *be-komm(en)*, *ge-ling(en)*, *vergess(en)*; *Hoch-zeit, Schorn-stein, Bundes-tag.*

6
WORTARTENLEHRE

Die Wortartenlehre umfasst üblicherweise die folgenden
Bereiche:
1. Einteilung von Wörtern mit bestimmten gemeinsamen
   Merkmalen in Wortklassen = Wortarten;
2. Subklassifizierung der Wörter innerhalb der einzelnen
   Wortarten
   - nach inhaltlichen Gesichtspunkten (Angabe von Bedeutungsklassen),
   - nach morphologischen Gesichtspunkten (Aufstellung
     von Wortbildungs- und anderen Klassen, vgl. oben
     Abschnitt 5.5),
   - nach syntaktischen (Aufstellung von Valenz- und anderen Klassen) und nötigenfalls weiterer Gesichtspunkten;
3. Beschreibung der Wortformen der zu einer flektierenden
   = veränderlichen Wortart gehörenden Wörter.

Über Art, Anzahl, Umfang und Definition der für das Deutsche anzusetzenden Wortarten bestehen unterschiedliche Auffassungen. Je nach den angelegten Kriterien, die sich auf die
Bedeutung und die Form der Wörter und ihr Verhalten im
Satz beziehen, kommt man zu verschiedenen Wortartengliederungen. Wir legen folgende Gliederung in ZEHN WORTARTEN zugrunde:

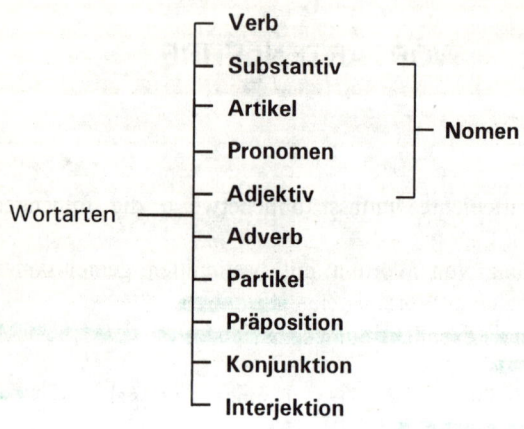

6.1 ALLGEMEINES

Zum Wortbegriff:

Mit dem Ausdruck „Wort" kann Unterschiedliches gemeint
sein:

(6.1/1) Realisierungsform = Wortform:

Konkrete Form, in der ein Wort im Satz auftritt. Diese
Form ist einem Lexem (s. folgende Nr. 6.1/2) zugeordnet.

(6.1/2) Lexem = lexikalisches Wort:
Wort als Einheit des Lexikons/Wörterbuchs als Repräsentant aller Realisierungsformen = Wortformen, in denen es im Satz erscheinen kann.

(6.1/3) Vokabel = semantisches Wort:
Wort als kleinste, relativ selbstständige bedeutungstragende Einheit. Sie kann aus einem oder mehreren Lexemen bestehen. Bei der Bildung der Realisierungsformen können zusätzliche Lexeme beteiligt sein.

Lexeme sind abstrakte Einheiten, die, falls sie sich nicht immer in derselben Form realisieren, im konkreten Satz in unterschiedlichen Formen, den Realisierungsformen = den Wortformen, auftreten.

Nur e i n e Realisierungsform haben zur Wortart Adverb gehörende Lexeme wie *gestern, hier, deshalb* (das Adverb *gern* bildet allerdings die Komparationsformen *lieber, am liebsten*), zur Wortart Partikel gehörende Lexeme wie *vielleicht, leider, sicherlich, sogar, nur,* zur Wortart Präposition gehörende Lexeme wie *wegen, trotz, unter* (Präpositionen wie *an, in* kommen allerdings als Bestandteile von Verschmelzungsformen in der Form *ans, im* usw. vor), zur Wortart Konjunktion gehörende Lexeme wie *wenn, weil, und,* zur Wortart Interjektion gehörende Lexeme wie *au, aua, hatschi.* Diese Wortarten werden UNVERÄNDERLICHE = NICHTFLEKTIERENDE genannt.

Im Gegensatz dazu können Lexeme aus den VERÄNDERLICHEN = FLEKTIERENDEN Wortarten Verb, Substantiv, Artikel, Pronomen, Adjektiv durch mehrere Wortformen repräsentiert werden. Zum Beispiel wird das eine Lexem *Haus* durch die

Wortformen *Häuser, Hauses, Haus, Häusern, Hause* repräsentiert. Die NENNFORM = ZITIERFORM des Lexems *Haus,*
nämlich *Haus,* ist dabei nicht als identisch zu betrachten mit
der Wortform *Haus* (Nominativ, Dativ oder Akkusativ Singular [des Lexems *Haus*]).

Rw.: das Lexem, des Lexems, die Lexeme (Betonung auf *-xe(m)-*)

Vokabeln sind nochmals abstraktere Einheiten. Sie stellen
Wörter als bedeutungsmäßige = semantische Größen dar.
Diese Bedeutungseinheiten können aus e i n e m Lexem be-
stehen (z. B. *Haus, bringen*) oder aus mehreren (z. B. *Eisen-
tür, vollschlank, um die Ecke bringen* 'töten', *mit Pauken und
Trompeten* 'ganz und gar; ehrenvoll'). Im letzten Fall spricht
man von WORTBILDUNGEN (vgl. oben vor Nr. 5.5/1) bzw.
LEXEMGRUPPEN O. Ä.:

**(6.1/4) Lexemgruppe = Phraseolexem = Phrasem =
Phraseologismus = Idiom = idiomatische Wendung:**
Feste, aus mehreren Lexemen bestehende Gruppe, deren
Gesamtbedeutung nicht aus der Bedeutung der Einzelele-
mente abgeleitet werden kann.

---

   drauf und dran sein
   um die Ecke bringen ('umbringen')
   mit Haut und Haaren

Rw.: das Phraseolexem, des Phraseolexems, die Phraseolexeme
der Phraseologismus, des Phraseologismus, die Phraseologismen (Betonung
auf *-gis-*)
das Idiom, des Idioms, die Idiome (Betonung auf *-o(m)-*)

Je nachdem, ob Realisierungsformen = Wortformen in der ge-
sprochenen oder in der geschriebenen Sprache (vgl. oben Nr.
3.1/1) betrachtet werden, unterscheidet man zwischen phonologischen und orthographischen Formen:

> **(6.1/5) Phonologische Realisierungsform = phonologische Wortform = phonologisches Wort:**
> Kleinstes, durch Pausen isolierbares Element des Satzes in der gesprochenen Sprache.

> **(6.1/6) Orthographische Realisierungsform = orthographische Wortform = orthographisches Wort:**
> Kleinstes, durch Leerstellen (Spatien = Abstände, ohne Berücksichtigung von Satzzeichen) isolierbares Element des Satzes in der geschriebenen Sprache (vgl. oben Nr. 3.1/1).

Je nachdem, in welchem der genannten Sinne der Ausdruck „Wort" verwendet wird, kommt es zu unterschiedlichen Angaben über Art und Zahl der Wörter in einem Satz. So besteht ein Satz wie

Endlich gab er auf

aus vier GRAMMATISCHEN WÖRTERN (vier phonologischen und vier orthographischen Wörtern). Die Zahl der lexikalischen Wörter = der Lexeme und der Vokabeln = der semantischen Wörter beträgt dagegen drei (*gab ... auf* ist e i n e der Realisierungsformen des Verbs *aufgeben* und es ist e i n e Bedeutungseinheit). Die Sätze

Sie wird es ernst nehmen
Sie wird es jetzt nehmen

bestehen aus jeweils fünf orthographischen, aber aus vier bzw. fünf phonologischen Wörtern: ⁱernst nehmen wird mit e i n e m Hauptakzent gesprochen, ⁱjetzt ⁱnehmen mit zwei Hauptakzenten. Der erste Satz enthält drei Vokabeln *(sie, es, ernst nehmen)*, der zweite vier *(sie, es, jetzt, nehmen)*. Der erste Satz enthält fünf Lexeme (*sie, es,* das Tempushilfsverb *werden,* das Adjektiv *ernst* und das Hauptverb *nehmen*); der zweite Satz enthält ebenfalls fünf Lexeme. Ebenso besteht ein Satz wie

Er ist mit Pauken und Trompeten durchgefallen

aus sieben phonologischen bzw. orthographischen, d. h. sieben grammatischen Wörtern, dagegen nur aus drei Vokabeln: *ist durchgefallen* und *mit Pauken und Trompeten* stellen jeweils nur e i n e Bedeutungseinheit = e i n e Vokabel dar; *ist durchgefallen* ist Wortform e i n e r Vokabel (des Verbs *durchfallen*); diese Wortform besteht ihrerseits aus zwei Wortformen, nämlich *ist* und *durchgefallen*, die den Lexemen *sein* (Tempus-Hilfsverb, s. unten Nr. 6.2/13) bzw. *durchfallen* (Hauptverb, s. unten Nr. 6.2/1) zugeordnet sind; die Vokabel = das semantische Wort *mit Pauken und Trompeten* besteht aus vier Lexemen *(mit, Pauke, und, Trompete),* die in den Wortformen *mit, Pauken, und, Trompeten* erscheinen. Es handelt sich um eine LEXEMGRUPPE aus vier Lexemen.

Veränderliche Wortarten:

(6.1/7) Paradigma:
Die Gesamtheit der Realisierungsformen = der Wortformen, in denen ein Lexem erscheinen kann. Auch: Flexionsmuster, dem die Wortformen eines Lexems folgen.

Rw.: das Paradigma, des Paradigmas, die Paradigmen od. Paradigmata (Betonung jeweils auf *-dig-*)

Beispiel: Das Paradigma des Lexems *Jahr* wird gebildet durch die Formen *Jahr-Ø* (Nom. Sg. – zu den Abkürzungen s. unten die Tabelle auf Seite 105), *Jahr-es* (Gen. Sg.), *Jahr(-e)* (Dat. Sg.), *Jahr-Ø* (Akk. Sg.), *Jahr-e* (Nom. Pl.), *Jahr-e* (Gen. Pl.), *Jahr-en* (Dat. Pl.), *Jahr-e* (Akk. Pl.).

Das Paradigma im Sinn von „Flexionsmuster" bildet für die Formen des Lexems *Jahr* und für eine Vielzahl weiterer Lexeme der folgende (wie eben geordnete) Satz von Endungen: *-Ø, -es, -e/-Ø, -Ø, -e, -e, -en, -e*. Dies wird gewöhnlich in Tabellenform dargestellt:

	Singular (Sg.)	Plural (Pl.)
Nominativ (Nom.)	*-Ø*	*-e*
Genitiv (Gen.)	*-es*	*-e*
Dativ (Dat.)	*-e, -Ø*	*-en*
Akkusativ (Akk.)	*-Ø*	*-e*

Sowohl die Bildung wie auch die Bestimmung von Wortformen richtet sich nach den wortartspezifischen GRAMMATISCHEN KATEGORIEN. – So sind für die Bildung und Bestimmung der Wortformen des bestimmten Artikels die Kategorien GENUS, NUMERUS und KASUS bestimmend. Je nachdem, welchen WERT diese Kategorien annehmen (Wert im Genus: Maskulinum, Femininum oder Neutrum, Wert im Numerus: Singular oder Plural, Wert im Kasus: Nominativ, Genitiv, Dativ oder Akkusativ), ergeben sich unterschiedliche Artikelformen, wie aus der folgenden Tabelle ersichtlich ist:

	Sg.			Pl.
	Mask.	Fem.	Neutr.	alle Genera
Nom.	*der*	*die*	*das*	*die*
Gen.	*des*	*der*	*des*	*der*
Dat.	*dem*	*der*	*dem*	*den*
Akk.	*den*	*die*	*das*	*die*

(6.1/8) Flexion:

Bildung der Realisierungsformen = der Wortformen von Lexemen, die durch wortartspezifische grammatische Kategorien bestimmt wird.

(6.1/9) Konjugation:

Bildung der Realisierungsformen = der Wortformen von Verben gemäß den verbspezifischen grammatischen Kategorien.

(6.1/10) Deklination:

Bildung der Realisierungsformen = der Wortformen von Nomina (= Substantiven, Adjektiven, Pronomina, Artikeln sowie von Partizipien des Verbs in attributivem Gebrauch). Die Bildung erfolgt gemäß den allen Nomina gemeinsamen sowie ggf. weiteren wortartspezifischen grammatischen Kategorien.

Rw.: die Flexion, der Flexion, die Flexionen (Betonung auf *-xio(n)-*)
die Konjugation, der Konjugation, die Konjugationen (Bet. auf *-tio(n)-*)
die Deklination, der Deklination, die Deklinationen (Bet. auf *-tio(n)-*)

Wortartenübergreifende Erscheinungen:

(6.1/11) Rektion:
Fähigkeit eines Lexems, seine syntaktischen Umgebungen vorzustrukturieren, indem es anderen Satzteilen Bedingungen bezüglich ihres Vorkommens und ihrer grammatischen Eigenschaften auferlegt.

Hauptfälle:
• Valenz von Verben, Adjektiven und Substantiven
• Festlegung des Kasus von Nominalphrasen durch Präpositionen (z. B. *von* mit dem Dativ: *von dir, durch* mit dem Akkusativ: *durch dich,* s. unten Nr. 6.9/1 bis Nr. 6.9/3)

Rw.: die Rektion, der Rektion (Betonung auf *-tion-*); Verb: *regieren;* Die Präposition *durch* regiert den Akkusativ.

(6.1/12) Valenz = Wertigkeit:
Fähigkeit eines Verbs, eines Adjektivs oder eines Substantivs, seine syntaktischen Umgebungen vorzustrukturieren, indem es Satzgliedern bzw. Attributen Bedingungen bezüglich ihres Vorkommens und ihrer grammatischen Eigenschaften auferlegt.

Rw.: die Valenz, der Valenz, die Valenzen (Betonung auf *-len(z)-*)

(6.1/13) Ergänzung:

Von der Valenz eines Wortes geforderter Satzteil, der entweder OBLIGATORISCH (notwendig) stehen muss oder, wenn es der Kontext zulässt, FAKULTATIV stehen oder ausfallen kann.

(6.1/14) Angabe:

Von der Valenz eines Wortes nicht geforderter, aber zugelassener Satzteil.

Beispiel: Am Vorgang des Überreichens sind drei Größen beteiligt: zum einen die Größe, die die Handlung ausführt, zum anderen die Größe, die Nutznießer der Handlung ist, zum dritten die Größe, die Gegenstand der Handlung ist (LOGISCH-SEMANTISCHE VALENZ). Das Verb *überreichen* fordert also drei Ergänzungen (QUANTITATIVE VALENZ). Wenn *überreichen* in einem Satz das Prädikat bildet, wird die erstgenannte Größe als Satzglied Subjekt, die zweite als Dativobjekt, die dritte als Akkusativobjekt „versprachlicht" (QUALITATIVE VALENZ), zum Beispiel:

Ihr könntet ihm die Schachtel überreichen.

Je nach (sprachlichem oder situativem) Kontext kann die Ergänzung Dativobjekt ausfallen (fakultative Ergänzung):

Ihr könntet die Schachtel überreichen,

oder es können die Ergänzungen Dativobjekt und Akkusativobjekt ausfallen:

Wer überreicht?

Die Ergänzung Akkusativobjekt kann jedoch nicht allein ausfallen:

*Ihr könntet ihm überreichen.

Nur elliptisch (nämlich bei Imperativformen) ausfallen kann die Ergänzung Subjekt (zur ELLIPSE s. unten Nr. 7.6/17):
Überreicht ihm die Schachtel!

Zur Valenzstruktur von *überreichen* gehört nicht, dass das von diesem Verb bezeichnete Geschehen zu einer bestimmten Zeit und an einem bestimmten Ort stattfindet:
Ihr könntet ihm morgen vor dem Schultor die Schachtel überreichen.

Die unterstrichenen Satzteile stellen ANGABEN dar, die jederzeit ausgelassen werden können, ohne dass spezielle Bedingungen erfüllt sein müssten. Sie sind für die grammatische Richtigkeit und Vollständigkeit des Satzes nicht konstitutiv (natürlich aber für seine Bedeutung).

Valenzbeschreibungen wie die gerade gegebene beziehen sich in aller Regel auf Aktivsätze. Passivsätze gelten als Abwandlungen, für die die Valenzverhältnisse von Aktivsätzen weiterhin Gültigkeit haben, aber anders realisiert werden:
Die Schachtel könnte ihm (von euch) überreicht werden.

Die Ergänzung Akkusativobjekt erscheint im Passivsatz als Subjekt, die im Aktivsatz obligatorische Ergänzung Subjekt ist im Passivsatz fakultativ und erscheint, wenn sie erscheint, als Präpositionalobjekt (als sog. AGENSKONSTRUKT, s. unten Nr. 7.2/13), die Ergänzung Dativobjekt bleibt im Passivsatz Dativobjekt.

Beispiele für Ergänzungen bei Adjektiven und Substantiven sowie genauere Ausführungen zur Valenz von Verben, Adjektiven und Substantiven finden sich in den folgenden Abschnitten und im nächsten Kapitel, wo auch die gerade verwendeten syntaktischen Begriffe wie Subjekt, Objekt usw. genauer erläutert werden.

6.2 VERB

Verben sind konjugierbare Wörter, die ein Geschehen, das heißt: eine Tätigkeit, einen Vorgang oder einen Zustand, bezeichnen:

- TÄTIGKEITSVERBEN = HANDLUNGSVERBEN
  lachen, spielen, gehen, unterstützen, spotten ...
- VORGANGSVERBEN
  fiebern, fallen, wachsen, verblühen, erfrieren ...
- ZUSTANDSVERBEN
  stehen, liegen, wohnen, leben, bleiben ...

Das bezeichnete Geschehen kann als zeitlich begrenzt (PERFEKTIV = TERMINATIV) oder als ohne zeitliche Beschränkung ablaufend (IMPERFEKTIV = DURATIV) gesehen werden (AKTIONSART):

- IMPERFEKTIVE VERBEN
  blühen, schlafen, frieren, wohnen, bleiben, andauern ...
- PERFEKTIVE VERBEN, mit denen der Beginn eines Geschehens bezeichnet wird: INGRESSIVE VERBEN = INCHOATIVE VERBEN
  erblühen, aufbrechen, erblassen, entbrennen, losrennen, abmarschieren ...
- PERFEKTIVE VERBEN, mit denen das Ende eines Geschehens bezeichnet wird: EGRESSIVE VERBEN = RESULTATIVE VERBEN
  verblühen, aufessen, ausklingen ...
- PERFEKTIVE VERBEN, mit denen ein Geschehen als sich ohne zeitliche Ausdehnung vollziehend bezeichnet wird: PUNKTUELLE VERBEN = MOMENTANE VERBEN
  erblicken, finden, ergreifen, fassen, treffen ...

Rw.: das Verb, des Verbs, die Verben

6.2.1 FUNKTIONSKLASSEN

Hinsichtlich ihrer Bedeutungen, ihres Anteils am Aufbau von Verbphrasen (s. unten Nr. 7.1/1 bis Nr. 7.1/7) und ihrer Kombinierbarkeit sind die folgenden Funktionsklassen von Verben zu unterscheiden:

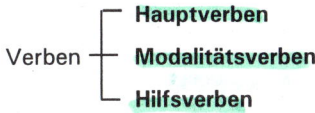

Verben
- **Hauptverben**
- **Modalitätsverben**
- **Hilfsverben**

6.2.1.1 Hauptverben

(6.2/1) Hauptverben:
Verben, die im Satz allein vorkommen können, das heißt nicht auf die Anwesenheit weiterer Verben (Hilfsverben, Modalitätsverben) angewiesen sind (diese können freilich hinzutreten).

Subklassen:

Hauptverben
- **Vollverben**
- **Kopulaverben**
- **Gefügeverben**

(6.2/2) Vollverben:

Verben mit fest umrissener Bedeutung, die für sich allein Valenzträger sind und in einem Satz allein das Prädikat bilden können.

> *Er leidet.*
> *Sie mauert.*
> *Er stellt die neuen Mitarbeiter ein.*

(6.2/3) Kopulaverben = Kopulae:

Verben wie *sein, werden, bleiben*, die im Satz mit einem Prädikativum verbunden werden (s. unten Nr. 7.2/2). Sie bilden zusammen mit dem Prädikativum das Prädikat.

> *Er ist krank.*
> *Sie wird Maurer.*
> *Er bleibt Angestellter.*

Rw.: die Kopula, der Kopula, die Kopulae od. Kopulas (Betonung auf *Ko-*)

(6.2/4) Gefügeverben:

Verben, die im Satz nicht allein stehen können, sondern mit einer ERWEITERUNG kombiniert werden müssen. Die Kombination aus Gefügeverb und Erweiterung bildet ein VERBGEFÜGE. Das Verbgefüge als Ganzes ist Bedeutungs- und Valenzträger und kann in einem Satz das Prädikat bilden.

Hierher gehören neben den unten genannten besonderen Subklassen alle solche Kombinationen, deren Bedeutung sich nicht aus der Bedeutung ihrer Teile ergibt (z. B. *auf die Palme* [einteilige Erweiterung] *bringen* [Gefügeverb], *den Kopf in den Sand* [zweiteilige Erweiterung] *stecken* [Gefügeverb]) und bei denen die nichtverbalen Teile nicht als Satzglieder angesehen werden können. So ist z. B. in dem Satz

Er hat ihn um die Ecke gebracht

die Konstituente *um die Ecke* kein Satzglied, denn sie ist nicht erfragbar *(*Wohin hat er ihn gebracht?)* und nicht anaphorisierbar *(*Er hat ihn dorthin gebracht)* – s. unten zu Nr. 7.2/7. Bei Verbgefügen handelt es sich um Lexemgruppen (vgl. oben Nr. 6.1/6).

Besondere Subklassen der Gefügeverben:

(6.2/5) Unpersönliche Verben = Impersonalia:
Nur in Kombination mit dem Pronomen *es* (Erweiterung) verwendbare Gefügeverben.

Rw.: das Impersonale, des Impersonales, die Impersonalia od. Impersonalien (Betonung auf *-na-*)

Hierher gehören vor allem Natur- und Witterungserscheinungen bezeichnende Verben (WITTERUNGSVERBEN):

Es regnet.
Morgen soll es schneien.
Es hat getaut.
Stürmte es?

So verhalten sich auch Verben wie *mangeln, (sich) handeln, geben:*

Hat es euch nicht an allem gemangelt?
Es handelt sich um einen Unfall.
Heute gibt es rote Grütze.

Bei *es* (und seiner in der Umgangssprache möglichen Alternative *das*) handelt es sich nach unserer Bestimmung des Subjekts (s. unten Nr. 7.2/8) nicht um das Satzglied Subjekt,

sondern um einen Teil des Prädikats (man könnte von einem
PSEUDOSUBJEKT sprechen): *es* ist nicht erfragbar *(*Wer regnet?* oder **Was regnet? – *Es; *Wer gibt heute rote Grütze?*
oder **Was gibt heute rote Grütze? – *Es)* und nicht durch
andere Elemente (bis auf die Variante *das*) ersetzbar. In manchen Grammatiken wird *es* als Subjekt gewertet, und zwar als
formales Subjekt = FORMSUBJEKT.

(6.2/6) Reflexive Verben:

Gefügeverben, die Reflexivpronomina (s. unten Nr. 6.5/2)
als notwendige Erweiterungen haben.

> *Hat er sich geschämt?*
> *Du wirst dich noch wundern.*
> *Ich habe mir das nur so ausgedacht.*

Die Pronomina sind mit dem Gefügeverb fest verbunden (sie
sind nicht weglassbar – **Hat er geschämt?*). Sie beziehen
sich auf das Subjekt, sind aber keine Satzglieder (keine Objekte), denn sie sind nicht erfragbar *(*Wen hat er geschämt?)*
und nicht ersetzbar *(*Er hat die Frau/mich geschämt)*. Die
Reflexivpronomina sind Prädikatsteile (Prädikatserweiterungen, s. unten Nr. 7.2/3).

Anders verhält es sich in den folgenden Sätzen:

> *Ich kämme mir die Haare.*
> *Er wäscht sich.*

Hier sind die Pronomina Satzglieder (Objekte, s. unten Nr.
7.2/9), denn sie sind erfragbar *(Wem kämme ich die Haare?)*
und ersetzbar *(Ich kämme dir/dem Kind die Haare)*. Man
sagt, in solchen Sätzen würden die Verben lediglich REFLEXIV
GEBRAUCHT. Im Gegensatz dazu werden Gefügeverben, die
stets ein Reflexivpronomen fordern, als ECHT REFLEXIVE
VERBEN bezeichnet.

Nochmals anders verhält es sich in den folgenden Sätzen:

Der Roman verkauft <u>sich</u> gut.
Seide wäscht <u>sich</u> nicht leicht.
Hier feiert es <u>sich</u> super.

Hier auftretende Verben wie *verkaufen, waschen, feiern* sind „normale" Vollverben, keine Gefügeverben. Es handelt sich dabei um passivfähige Verben (s. unten Nr. 6.2/35), die in Sätzen wie den genannten mit passivischer Bedeutung ('Der Roman wird gut verkauft'), in passivischer Konstruktion (*der Roman* ist Subjekt und nicht wie im Aktivsatz [*Jemand verkauft den Roman*] Akkusativobjekt) und mit hinzugesetztem Reflexivpronomen als Erweiterung verwendet werden. Man könnte von MEDIOREFLEXIVEN VERBEN oder von Verben in medioreflexivem Gebrauch sprechen. In solchen Konstruktionen tritt häufig das modifizierende Verb *lassen* hinzu (s. unten Nr. 6.2/10).

(6.2/7) Funktionsverben:
Gefügeverben wie *bringen, kommen, finden, stehen, nehmen*, die mit Substantivphrasen oder Präpositionalphrasen als Erweiterungen kombiniert sind. Im Vergleich mit den gleich lautenden = homonymen Vollverben *bringen, kommen* usw. haben sie nahezu keine eigene lexikalische Bedeutung.

Man vergleiche die folgenden Sätze

Das Buch wurde beachtet
Er führt die Oper auf
Über den Gesetzentwurf wird abgestimmt

mit ihren FUNKTIONSVERBGEFÜGE enthaltenden Gegenstücken:

Das Buch <u>fand Beachtung</u>.
Er <u>bringt</u> die Oper <u>zur Aufführung</u>.
Der Gesetzentwurf <u>kommt zur Abstimmung</u>.

In diesen Funktionsverbgefügen erscheinen die **Vollverben** *beachten, aufführen* und *abstimmen* **als Substantivierungen** (= Nominalisierungen, vgl. oben Nr. 5.5/11). Die **verbale Rolle** übernehmen die Funktionsverben *finden, bringen, kommen*.

Über die drei genannten, in der Grammatik ausführlicher behandelten Klassen von Gefügeverben hinaus gibt es unterschiedlich gebaute Lexemgruppen aus Gefügeverb + Erweiterung(en), die sich nur schwer zu Unterklassen zusammenfassen lassen:

> *auf die Palme bringen*
> *sich unter den Nagel reißen*
> *noch alle Tassen im Schrank haben*
> *drauf und dran sein*

6.2.1.2 *Modalitätsverben*

(6.2/8) Modalitätsverben:
Verben, die (in dieser Bedeutung) nicht allein, sondern **nur in Verbindung mit Hauptverben** auftreten.

Subklassen:

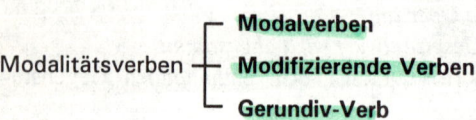

Modalitätsverben
- **Modalverben**
- **Modifizierende Verben**
- **Gerundiv-Verb**

(6.2/9) **Modalverben:**

Die Verben *brauchen, dürfen, können, möchte* (ohne Infinitiv), *mögen, müssen, sollen, wollen,* sofern sie in Kombination mit einem Hauptverb (im Infinitiv) auftreten.

Er muss nach Paris fahren (im Gegensatz zu: *Er muss* [Hauptverb] *mal*)
Er muss ziemlich dumm sein.
Frauen brauchen nicht in der Bundeswehr zu dienen (im Gegensatz zu: *Frauen brauchen* [Hauptverb] *nicht zur Bundeswehr*)
Er soll sie sehen können.

(6.2/10) **Modifizierende Verben:**

Verben wie *drohen, haben, lassen, pflegen, scheinen, vermögen, versprechen,* sofern sie in Kombination mit einem Hauptverb (im Infinitiv) auftreten.

Er drohte zu ersticken (vs. *Er drohte* [Hauptverb], *mich zu ersticken*)
Du hast zu schweigen.
Du hast mir nichts zu befehlen.
Er versprach ein guter Schüler zu werden (vs. *Er versprach* [Hauptverb], *ein guter Schüler zu werden*)
Der Roman lässt sich gut verkaufen (bei medioreflexiv gebrauchten Verben, vgl. oben zu Nr. 6.2/6)

(6.2/11) **Gerundiv-Verb:**

Das Verb *sein,* sofern es in Kombination mit einem Hauptverb (im *zu*-Infinitiv) auftritt.

Du bist zu beneiden.
Er war nicht zu bremsen.

Bedeutung und Konstruktion sind passivisch ('Du musst/
kannst beneidet werden'), die Verbform ist aktivisch (ohne
Passiv-Hilfsverb, s. unten Nr. 6.2/15).

6.2.1.3 Hilfsverben

(6.2/12) Hilfsverben:
Verben, die zur Bildung von zusammengesetzten Verbformen dienen.

Subklassen:

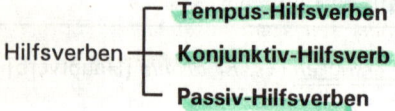

Hilfsverben ⎯⎡ **Tempus-Hilfsverben**
          ⎢ **Konjunktiv-Hilfsverb**
          ⎣ **Passiv-Hilfsverben**

(6.2/13) Tempus-Hilfsverben:
Die Verben *haben, sein* in Verbindung mit dem Partizip II
= Partizip Perfekt und das Verb *werden* in Verbindung mit
dem Infinitiv eines Haupt- bzw. Modalitätsverbs zur Bildung von Tempusformen (das heißt: ANALYTISCHEN Tempusformen) dieses Verbs.

Alle haben gelacht.
Einige wären gekommen.

Keinem <u>wird</u> es schlechter <u>gehen</u>.
Niemand <u>ist</u> <u>belästigt worden</u>.

Weitere Beispiele und Erläuterungen unten bei Nr. 6.2/24.

(6.2/14) Konjunktiv-Hilfsverb:

Das Verb *werden* in der Form des Konjunktivs Imperfekt = Konjunktivs Präteritum *(würde, würdest, würden, würdet)* in Verbindung mit dem Infinitiv eines Verbs, u. a. zur Bildung von ERSATZFORMEN des Konjunktivs II.

Ich <u>würde</u> kommen (statt *Ich käme*)
Ich <u>würde</u> meinen, dass ...
<u>Würden</u> Sie mir bitte das Salz reichen?

Weitere Beispiele und Erläuterungen unten bei Nr. 6.2/24.

(6.2/15) Passiv-Hilfsverben:

Die Verben *werden, sein* (und *bekommen, erhalten, kriegen, gehören*) in Verbindung mit dem Partizip II = Partizip Perfekt eines Verbs zur Bildung von Passivformen dieses Verbs.

Alle Plätze <u>wurden</u> besetzt.
Alle Plätze <u>sind</u> besetzt.
Niemand ist belästigt <u>worden</u>.
Er <u>bekam</u> den Kuchen gebracht.
Er <u>erhält</u>/<u>kriegt</u> die Zeitung geschenkt.
So ein Lehrbuch <u>gehört</u> verboten.

In ANALYTISCHEN = ZUSAMMENGESETZTEN TEMPORA (Perfekt usw., s. unten Nr. 6.2/23) steht statt der Vollform *geworden* des Partizips II von *werden* die präfixlose Form *worden:*
Alle Plätze sind besetzt worden.

6.2.2 WORTFORMEN

Ein Verb kann im Satz in unterschiedlichen Formen auftreten. Diese Formen sind seine Realisierungsformen = seine KONJUGATIONSFORMEN. Ihre Bildung hängt ab zum einen von den dem betreffenden Verb INHÄRENTEN EIGENSCHAFTEN oder INHÄRENTEN MERKMALEN, die ihm „von Haus aus" zukommen (Zugehörigkeit zu einer bestimmten Konjugationsklasse usw.), zum anderen erfolgt sie gemäß den GRAMMATISCHEN KATEGORIEN, die im jeweiligen Satz relevant werden.

6.2.2.1 Inhärente Merkmale von Verben

(6.2/16) Konjugationsklasse:

Inhärentes Merkmal von Verben: Verben gehören einer der folgenden Konjugationsklassen an: SCHWACH, STARK, GEMISCHT, ANOMAL, PRÄTERITOPRÄSENS.

Kennzeichen SCHWACHER VERBEN ist, dass sie ihre Imperfektformen = Präteritalformen und das Partizip II = Partizip Perfekt durch Anfügung des Suffixes *-t* bzw. *-et* (je nach Stammauslaut) bilden (vgl. oben Nr. 5.2/1):

> *lachen: lach-t(-e), (ge-)lach-t*
> *reden: red-et(-e), (ge-)red-et*

STARKE VERBEN sind dadurch gekennzeichnet, dass sie ihre Imperfektformen = Präteritalformen ohne Anfügung eines Suffixes und das Partizip II = Partizip Perfekt durch Anfügung des Suffixes *-en* bilden; die Allomorphe des Stammes weisen ABLAUT auf (vgl. oben Nr. 5.2/7):

> *binden: bind(-en) – band- – (ge-)bund-en*
> (Ablaut *i – a – u*)

kommen: k<u>o</u>mm(-en) – k<u>a</u>m- – (ge-)k<u>o</u>mm-<u>en</u>
(Ablaut *o – a – o*)

GEMISCHTE VERBEN verwenden beide Prinzipien, z. B.
mahlen: mahl-<u>t</u>(-e) (schwach) *– (ge-)mahl-<u>en</u>* (stark)
spalten: spalt-e<u>t</u>(-e) – (ge-)spalt-<u>en</u>

Schwache und starke Verben können REGULÄR oder IRREGU-
LÄR gebildet werden:

Schwach regulär:
trenn(en) – trenn-t-(e) – (ge-)trenn-t
lenk(en) – lenk-t(-e) – (ge-)lenk-t

Schwach irregulär:
n<u>e</u>nn(en) – n<u>a</u>nn-t(-e) – (ge-)n<u>a</u>nn-t
d<u>e</u>nk(en) – d<u>ach</u>-t(-e) – (ge-)d<u>ach</u>-t

Stark regulär:
fress(en) – fraß – (ge-)fress-en

Stark irregulär:
ess(en) – aß – (ge-)gess-en
si<u>tz</u>(en) – saß – (ge-)se<u>ss</u>-en

Bei ANOMALEN VERBEN treten in vielen Formen Irregularitäten auf, z. B.:
haben: h<u>a</u>st – h<u>a</u>t – h<u>a</u>tte
sein: b<u>in</u> – b<u>ist</u> – <u>ist</u> – s<u>ind</u> – s<u>eid</u> – w<u>ar</u> – (ge-)w<u>es</u>(-en)
tun: tu<u>n</u> - ta<u>t</u> - (ge-)ta(-<u>n</u>)
werden: w<u>ir</u>st – w<u>ird</u> – wurd-<u>e</u> – geworden/Ø-worden

PRÄTERITOPRÄSENTIA sind Verben, deren Präsens-(Indikativ)-Formen wie Präteritalformen (= Imperfektformen) starker
Verben gebildet werden. Hierher gehören die (Modal-)Ver-
ben *dürfen, können, mögen, müssen, sollen, wollen* und das
Verb *wissen*. Zum Beispiel sind die Endungen der Präsens-

Indikativ-Formen des Verbs *können* dieselben wie die der Imperfekt-Indikativ-Formen des starken Verbs *singen: (ich) kann-Ø – sang-Ø* (aber: *sing-e*), *(du) kann-st – sang-st, (er) kann-Ø – sang-Ø* (aber: *sing-t*) usw. Im Imperfekt = Präteritum und im Partizip II = Partizip Perfekt der Präteritopräsentia treten schwache Formen auf, z. B. *konn-t(-e) – (ge-) konn-t.*

Rw.: das Präteritopräsens, des Präteritopräsens (Betonung auf *-prä(sens)*), die Präteritopräsentia od. Präteritopräsenzien (Betonung auf *-sen-*)

Zusammenfassend als UNREGELMÄSSIG werden folgende Verben bezeichnet:

* starke reguläre Verben (z. B. *sehen, fressen, singen, halten*)
* starke irreguläre Verben (z. B. *gehen, essen*)
* schwache irreguläre Verben (z. B. *bringen*)
* gemischte Verben (z. B. *spalten, mahlen*)
* anomale Verben *(sein, haben, werden, tun)*
* Präteritopräsentia (z. B. *müssen*)

REGELMÄSSIG sind demnach allein die regulären schwachen Verben (z. B. *flehen, pressen, bedingen, walten, zahlen, laben, erden, küssen*).

Die Zugehörigkeit eines Verbs zu einer Konjugationsklasse sowie ggf. auftretende Irregularitäten drücken sich in den STAMMFORMEN = LEITFORMEN aus. Stammformen sind Allomorphe eines Verbs, die bei der Bildung bestimmter (einfacher) Verbformen eingesetzt werden.

Die ERSTE STAMMFORM ist die im Infinitiv vorkommende (z. B. *bind-* im Infinitiv *bind-en*). Mit ihr werden gebildet:

* der Infinitiv Präsens Aktiv
  bind-en

- das Partizip I = Partizip Präsens
  bind-end
- die Formen des Präsens Indikativ
  (ich) bind e, (du) bind-est, (er, sie, es) bind-et ...
- die Formen des Präsens Konjunktiv
  (ich) bind-e, (du) bind-est, (er, sie, es) bind-e ...
- die Imperativformen
  bind-e, bind-et ... (Ausnahmen s. unten)

Die ZWEITE STAMMFORM ist die des Imperfekts = Präteritums (z. B. *band-* in der 1.Pers. und 3.Pers. Sg. Imperf. Ind. *band*).
- Mit ihr werden die Formen des Imperfekts Indikativ = Präteritums Indikativ gebildet:
  (ich) band-Ø, (du) band-est, (er, sie, es) band-Ø...
- Zugleich ist sie Grundlage für die Bildung der Formen des Konjunktivs Imperfekt = Konjunktivs Präteritum:
  (ich) bänd-e, (du) bänd-est, (er, sie, es) bänd-e ...
  Die Bildung dieser Konjunktivformen geschieht bei den meisten starken Verben und bei einigen Präteritopräsentia durch UMLAUT des Stammvokals (vgl. oben Nr. 5.2/5), wenn er UMLAUTFÄHIG ist *(band- – bänd-e, muss(te) – müss-t-e);* sonst bleibt der Stammvokal erhalten *(ritt- – ritt-e).* Bei schwachen Verben sind die Formen des Indikativs Imperfekt und die des Konjunktivs Imperfekt identisch (Ausnahmen: *brächte, dächte ...*).

Die DRITTE STAMMFORM ist die des Partizips II = Partizips Perfekt *(bund-* in *gebunden).*
- Mit ihr wird das Partizip II = Partizip Perfekt gebildet:
  ge-bund-en

Bei bestimmten Verben kommt eine VIERTE STAMMFORM zum Einsatz, gelegentlich sogar eine FÜNFTE.
- Entweder weist diese Stammform gegenüber der ersten Stammform *E/I*-WECHSEL (vgl. oben Nr. 5.2/6) auf (z. B.

empfiehl- in *empfiehlst*) und wird zur Bildung der 2.Pers.
und 3.Pers. Sg. Präs. Ind. und des Imperativs Singular benutzt:

> *(du) empfiehl-st, (er, sie, es) empfiehl-t, empfiehl-Ø*
> *(du) hilf-st, (er, sie, es) hilf-t, hilf-Ø*

- Oder sie steht zur ersten Stammform in UMLAUT-
  Beziehung (z. B. *träg-* in *trägst*) und wird zur Bildung der
  2.Pers. und 3.Pers. Sg. Präs. Ind., nicht aber zur Impera-
  tivbildung verwendet:

  > *(du) träg-st, (er, sie, es) träg-t,* aber: *trag-Ø*

- Zusätzlich kann der Fall eintreten, dass der Konjunktiv
  Imperfekt = Konjunktiv Präteritum nicht nur von der
  zweiten Stammform gebildet wird, sondern zusätzlich eine eigene Stammform aufweist, z. B. *hälfe* und *hülfe, rän-
  ne* und *rönne.*

Bei einer Anzahl von starken Verben fallen zweite und dritte
(z. B. *reiten: ritt-, (ge-)ritt(-en; biegen: bog-, (ge-)bog(-en)*)
oder erste und dritte Stammform (z. B. *geben: geb-,
(ge-)geb(-en); heißen: heiß-, (ge-)heiß(-en)*) zusammen. Bei
regulären schwachen Verben (z. B. *kochen, lieben, arbeiten,
reden*) fallen alle Stammformen zusammen, das heißt, für die
Bildung aller Formen wird ein und dasselbe Allomorph
(abgesehen von Erscheinungen wie Auslautverhärtung – vgl.
oben Nr. 5.2/4) eingesetzt.

(6.2/17) Trennbarkeit:

Inhärentes Merkmal von Verben: TRENNBARE VERBEN bestehen aus einem betonten VERBZUSATZ und einem verbalen STAMM, wobei diese Bestandteile unter bestimmten
Bedingungen im Satz voneinander getrennt erscheinen. Die
übrigen Verben sind nicht trennbar.

_ab_wickeln: wickele ... ab; _auf_essen: isst ... auf; _auf_hö-
ren: hör ... auf; _ein_schlafen: schliefen ... ein; _unterbut_-
tern: buttert ... unter; _über_setzen: setz ... über — _kennen_
lernen: kennen _gelernt_, _ernst_ nehmen: nahmst ... ernst;
leicht nehmen: nähmest ... leicht

Ein Verb wie *einschlafen* hat Formen wie beispielsweise
schläft ... ein und *einschläft;* Letztere kommt in Sätzen mit
Verb-Letzt-Stellung (s. unten Nr. 7.4/3) vor:

> *Ob sie gleich einschläft?*
> *Er freut sich, wenn sie abends einschläft.*

TRENNUNG = DISKONTINUIERLICHE STELLUNG = TMESIS liegt
vor bei einfachen Verbformen (s. unten Nr. 6.2/26) in Sätzen
mit Verb-Erst- und Verb-Zweit-Stellung (s. unten Nr. 7.4/1
und Nr. 7.4/2):

> *Schlaf nicht ein.*
> *Der Junge schläft spät ein.*

Die beiden Verbbestandteile werden auch bei der Bildung des
Infinitivs Präsens Aktiv mit *zu (ein-zu-schlafen)* und des
Partizips II = Partizips Perfekt mit *ge- (ein-ge-schlafen)* ge-
trennt.

Rw.: die Tmesis, der Tmesis, die Tmesen (Betonung auf *Tme-*)

Trennbare Verben sind entweder Wortbildungen, und zwar
Verbkomposita (vgl. oben Nr. 5.5/2) oder Präfigierungen =
Präfixbildungen (vgl. oben Nr. 5.5/7); oder es handelt sich
um lexikalisierte Bildungen (vgl. oben Nr. 5.5/13).

Beispiele:
- Verbkomposita
  ernst nehmen, leicht nehmen
- Präfigierungen mit Halbpräfixen = Präfixoiden
  zuhören, auffangen, abnehmen, übersetzen

- lexikalisierte Bildungen
  aufhören, anfangen, zunehmen, absetzen

Trennbare Verben bilden das Partizip II = Partizip Perfekt mithilfe des Präfixes bzw. Infixes *ge* (s. die folgende Nr. 6.2/18).

(6.2/18) Partizipbildung:

Inhärentes Merkmal von Verben: PRÄFIX-PARTIZIP-VERBEN bilden ihr Partizip II = Partizip Perfekt mit dem Präfix bzw. Infix (s. oben Nr. 5.4/6 und Nr. 5.4/8) *ge*. Die übrigen Verben bilden dieses Partizip ohne *ge:* NULL-PARTIZIP-VERBEN.

Präfix-Partizip-Verben haben folgende Kennzeichen:
- einsilbiger (betonter) Wortstamm oder mehrsilbiger Wortstamm mit Anfangsbetonung (ˈ kennzeichnet die betonte Silbe); *ge* als Präfix:
  ˈ*lieb-: geliebt;* ˈ*kriech-: gekrochen* — ˈ*klecker-: gekleckert;* ˈ*sammel-: gesammelt* ...
- betonter Verbzusatz + einsilbiger (betonter) Wortstamm oder mehrsilbiger Wortstamm mit Anfangsbetonung; *ge* als Infix:
  ˈ*auf* + ˈ*hör-: aufgehört;* ˈ*unter* + ˈ*butter-: untergebuttert;* ˈ*ab* + ˈ*wickel-: abgewickelt* ...

Diese Verben sind zugleich trennbar (vgl. die vorangehende Nr. 6.2/17).

In allen anderen Fällen wird das Partizip II ohne *ge* gebildet. Solche Null-Partizip-Verben haben folgende Kennzeichen:
- (mehrsilbiger) Wortstamm, der nicht anfangsbetont ist:
  *mar*ˈ*schier-: marschiert; com*ˈ*puter-: computert; re*ˈ*cycel-: recycelt; ge*ˈ*ling-: gelungen; ver*ˈ*lier-: verloren*

- betonter Verbzusatz + mehrsilbiger Wortstamm, der nicht anfangsbetont ist:

   ¹*über + rea*¹*gier-: überreagiert;* ¹*ab + mar*¹*schier-: abmarschiert —* ¹*um* ı *be*¹*sinn-: umbesonnen;* ¹*an + ver-*¹*trau-: anvertraut*

Diese Verben sind zugleich nicht trennbar (vgl. die vorangehende Nr. 6.2/17).

(6.2/19) Perfektbildung:

Inhärentes Merkmal von Verben: SEIN-PERFEKT-VERBEN bilden ihre Perfekt-, Plusquamperfekt- und Futur-II-Formen mit dem Tempus-Hilfsverb *sein,* HABEN-PERFEKT-VERBEN bilden diese Formen mit dem Tempus-Hilfsverb *haben.*

Sein-Perfekt-Verben sind vor allem

- nicht passivfähige, perfektive (einen Vorgang als abgeschlossen kennzeichnende) Verben, z. B.:

   aufwachen: ist aufgewacht; zusammenfallen: wird zusammengefallen sein ...

- nicht passivfähige Bewegungsverben, z. B.:

   fahren: ist gefahren; fliegen: war geflogen; schwimmen: wird geschwommen sein ...

- die Verben *sein, bleiben, werden:*

   ist gewesen; war geblieben; wird geworden sein

Die übrigen Verben bilden ihre Perfekt-, Plusquamperfekt- und Futur-II-Formen mit dem Hilfsverb *haben.*

6.2.2.2 Grammatische Kategorien des Verbs

(6.2/20) Finitheit:
Grammatische Kategorie mit den Werten FINIT, INFINIT.

Finite Verbformen sind hinsichtlich Person und Numerus (und auch hinsichtlich Tempus, Modus und Diathese) bestimmt (Beispiele: s. unten die Bemerkungen zu Nr. 6.2/21 bis 6.2/25 und die Tabelle auf Seite 145). Infinite Verbformen sind in dieser Hinsicht nicht bestimmt; es gibt zwei Klassen infiniter Verbformen, Partizipien und Infinitive (Beispiele anhand der Verben *binden* und *sein*):

Partizipien:
* PARTIZIP I = PARTIZIP PRÄSENS
    bindend / seiend
* PARTIZIP II = PARTIZIP PERFEKT
    gebunden / gewesen

Das Partizip I liegt in zwei Formen vor:
* PURES PARTIZIP
    bindend / seiend
* PARTIZIP MIT ZU = ZU-PARTIZIP
    zu binden (z. B. *ein zu bindendes Seil*) / – (die entsprechende Form von *sein* existiert nicht)

Infinitive:
* INFINITIV PRÄSENS AKTIV (häufig einfach als „Infinitiv" bezeichnet)
    binden / sein
* INFINITIV PERFEKT AKTIV
    gebunden haben / gewesen sein

- INFINITIV PRÄSENS VORGANGSPASSIV
  gebunden werden / – (die entsprechende Form von *sein*
  existiert nicht: *sein* ist nicht passivfähig, s. unten Nr.
  6.2/35)
- INFINITIV PRÄSENS ZUSTANDSPASSIV
  gebunden sein / –
- INFINITIV PERFEKT VORGANGSPASSIV
  gebunden worden sein / –
- INFINITIV PERFEKT ZUSTANDSPASSIV
  gebunden gewesen sein / –

Infinitive liegen jeweils in zwei Formen vor:
- PURE INFINITIVE
  binden, gebunden haben, gebunden gewesen sein ...
- INFINITIVE MIT *zu* = *zu*-INFINITIVE
  zu binden, gebunden zu haben, gebunden zu sein ...

Das Partizip II eines Verbs wird durch den Infinitiv Präsens
Aktiv ersetzt (ERSATZINFINITIV), wenn es in zusammengesetzten Verbformen (s. unten Nr. 6.2/27) mit infiniten Formen
anderer Verben kombiniert wird:

> *Er hat nach Paris <u>gewollt</u>* (Partizip II), aber: *Er hat
> nach Paris fahren <u>wollen</u>* (Ersatzinfinitiv).
> *Er hat sie <u>gehört</u>,* aber: *Er hat sie singen <u>hören</u>.*

Als Infinitive werden hier diejenigen Formen eines Verbs betrachtet, die mit einem Modalitätsverb kombiniert werden
können, also die Formen, die in einer Konstruktion wie *Er
soll/kann/muss* ___ oder *Er scheint zu* ___ / ___ *zu* ___ an der
unterstrichenen Stelle erscheinen können.

Rw.: das Partizip (I/II [eins/zwei]), des Partizips, die Partizipien (Betonung
auf *-zi(p)-*); der Infinitiv, des Infinitivs, die Infinitive (Betonung auf *In-*)

Abk.: Part., Inf.

***Übersicht über die weiteren grammatischen Kategorien und
ihre Werte:***

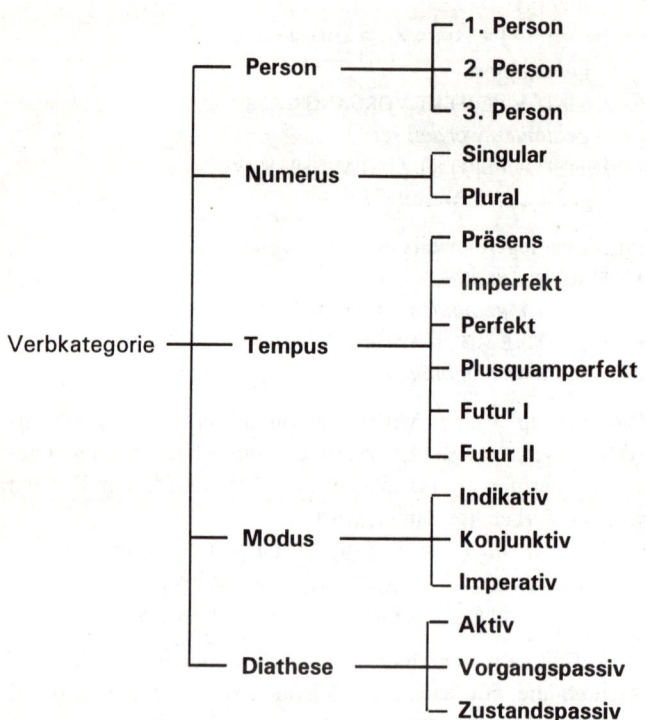

(6.2/21) Person:

Grammatische Kategorie des Verbs (und anderer Wortarten) mit den Werten ERSTE PERSON, ZWEITE PERSON, DRITTE PERSON.

Abk.: 1.Pers., 2.Pers., 3.Pers.

(6.2/22) Numerus:

Grammatische Kategorie des Verbs (und anderer Wortarten) mit den Werten SINGULAR, PLURAL.

Die Kategorien Person und Numerus treten immer gekoppelt auf (Beispiele für die Verben *binden* und *sein*):
- 1.Pers. + Sg.: *binde / bin*
- 2.Pers. + Sg.: *bindest / bist*
- 3.Pers. + Sg.: *bindet / ist*
- 1.Pers. + Pl.: *binden / sind*
- 2.Pers. + Pl.: *bindet / seid*
- 3.Pers. + Pl.: *binden / sind*

Rw.: der Numerus, des Numerus, die Numeri (Betonung auf *Nu-*)
der Singular, des Singulars, die Singulare (Betonung auf *Sing-*)
der Plural, des Plurals, die Plurale (Betonung auf *Plu-*)

Abk.: Sg./Sing., Pl./Plur.

(6.2/23) Tempus:

Grammatische Kategorie des Verbs mit den Werten PRÄSENS, IMPERFEKT = PRÄTERITUM, PERFEKT, PLUSQUAMPERFEKT, FUTUR I, FUTUR II.

Je nachdem, ob die Tempusformen ohne Tempus-Hilfsverb oder mit Tempus-Hilfsverb gebildet werden (vgl. oben Nr. 6.2/13), wird unterschieden zwischen SYNTHETISCHEN = EINFACHEN und ANALYTISCHEN = ZUSAMMENGESETZTEN = UMSCHRIEBENEN = PERIPHRASTISCHEN TEMPORA.

SYNTHETISCHE = EINFACHE TEMPORA sind (Beispiele jeweils für 1.Pers. Sing. Ind. Akt. und 2.Pers. Sing. Konj. Akt.):

- Präsens
  binde / bin
  bindest / seiest
- Imperfekt = Präteritum
  band / war
  bändest / wärest

ANALYTISCHE = ZUSAMMENGESETZTE TEMPORA sind:

- Perfekt (finites Hilfsverb *haben* oder *sein* [vgl. oben Nr. 6.2/20] im Präsens + Partizip II = Partizip Perfekt)
  habe gebunden / bin gewesen
  habest gebunden / seiest gewesen
- Plusquamperfekt (finites Hilfsverb *haben* oder *sein* im Imperfekt = Präteritum + Partizip II)
  hatte gebunden / war gewesen
  hättest gebunden / wärest gewesen
- Futur I (finites Hilfsverb *werden* im Präsens + Infinitiv Präsens Aktiv)
  werde binden / werde sein
  werdest binden / werdest sein
- Futur II (finites Hilfsverb *werden* im Präsens + Infinitiv Perfekt Aktiv)
  werde gebunden haben / werde gewesen sein
  werdest gebunden haben / werdest gewesen sein

Rw.: das Tempus, des Tempus, die Tempora (Betonung auf *Tem*-)
das Präsens, des Präsens (Betonung auf *Prä*-), die Präsentia od. Präsenzien (Betonung auf -*sen*-)
das Präteritum, des Präteritums, die Präterita (Betonung auf -*te*-, Trennung: *Prä-ter-itum* oder *Prä-te-ri-tum*)
das Imperfekt, des Imperfekts, die Imperfekte (Betonung auf *Im*-)
das Perfekt, des Perfekts, die Perfekte (Betonung auf *Per*-)
das Plusquamperfekt, des Plusquamperfekts, die Plusquamperfekte (Betonung auf *Plus*-)
das Futur (I/II [eins/zwei]), des Futurs, die Future (Betonung auf -*tu(r)*-)

Abk.: Präs., Prät., Imperf., Perf./Pf., Plquperf./Plqu., Fut.I, Fut.II

(6.2/24) Modus:

Grammatische Kategorie des Verbs mit den Werten INDI-
KATIV, KONJUNKTIV, IMPERATIV.

Bei den Konjunktivformen wird häufig eine zusätzliche
Gruppierung nach KONJUNKTIV I und KONJUNKTIV II vorge-
nommen:

- KONJUNKTIV I: Konjunktive der Tempora Präsens, Perfekt, Futur I und Futur II (Beispiele jeweils für die 2.Pers.
  Sg.):

  bindest / seiest (Konj. Präs. Akt.)

  werdest gebunden / – (Konj. Präs. Vorg.-Pass.)

  seiest gebunden / – (Konj. Präs. Zust.-Pass.)

  habest gebunden / seiest gewesen (Konj. Perf. Akt.)

  seiest gebunden worden / – (Konj. Perf. Vorg.-Pass.)

  seiest gebunden gewesen / – (Konj. Perf. Zust.-Pass.)

  werdest binden / werdest sein (Konj. Fut.I Akt.)

  werdest gebunden werden / – (Konj. Fut.I Vorg.-Pass.)

  werdest gebunden sein / – (Konj. Fut.I Zust.-Pass.)

  werdest gebunden haben / werdest gewesen sein (Konj.
  Fut.II Akt.)

  werdest gebunden worden sein / – (Konj. Fut.II Vorg.-
  Pass.)

  werdest gebunden gewesen sein (Konj. Fut.II Zust.-
  Pass.)

- KONJUNKTIV II: Konjunktive der Tempora Imperfekt =
  Präteritum und Plusquamperfekt:

  bändest / wärest (Konj. Imperf./Prät. Akt.)

  würdest gebunden / – (Konj. Imperf./Prät. Vorg.-Pass.)

  wärest gebunden / – (Konj. Imperf./Prät. Zust.-Pass.)

  hättest gebunden / wärest gewesen (Konj. Plquperf.
  Akt.)

> *wärest gebunden worden* / – (Konj. Plquperf. Vorg.-
> Pass.)
>
> *wärest gebunden gewesen* / – (Konj. Plquperf. Zust.-
> Pass.)

Für die Konjunktive II stehen als Ersatzformen die sog. *WÜR-
DE*-KONJUNKTIVE zur Verfügung, die aber auch eigene Funk-
tionen (z. B. Distanzierungs- oder Höflichkeitssignal, s. unten
S. 140) ausfüllen können:

> *würdest binden / w. sein* (*w.*-Konj. Imperf./Prät. Akt.)
>
> *würdest gebunden werden* / – (*würde*-Konj. Imperf./
> Prät. Vorg.-Pass.)
>
> *würdest gebunden sein* / – (*würde*-Konj. Imperf./Prät.
> Zust.-Pass.)
>
> *würdest gebunden haben / würdest gewesen sein* (*wür-
> de*-Konj. Plquperf. Akt.)
>
> *würdest gebunden worden sein* / – (*würde*-Konj. Plqu-
> perf. Vorg.-Pass.)
>
> *würdest gebunden gewesen sein* / – (*würde*-Konj. Plqu-
> perf. Zust.-Pass.)

Formen im Modus IMPERATIV gibt es nur im Tempus Präsens
und in der Diathese = im Genus Verbi Aktiv. Hinsichtlich
Person und Numerus lassen sich die folgenden Formen unterscheiden:

- 2.Pers. Sg.
   trag / binde / sei
- 1.Pers. Pl.
   tragen / binden / seien (z. B. in *Tragen wir (es mit Fassung)*)
- 2.Pers. Pl.
   tragt / bindet / seid
- 3.Pers. Pl.
   tragen / binden / seien (*Tragen Sie (es mit Fassung)*)

Rw.: der Modus, des Modus, die Modi (Betonung auf *Mo-*)
der Indikativ, des Indikativs, die Indikative (Betonung auf *In-*)
der Konjunktiv, des Konjunktivs, die Konjunktive (Betonung auf *Kon-*)
der Imperativ, des Imperativs, die Imperative (Betonung auf *Im-*)

Abk.: Ind./Indik., Kj./Konj., Imp./Imper.

(6.2/25) Diathese = Genus Verbi:

Grammatische Kategorie des Verbs mit den Werten AKTIV,
VORGANGSPASSIV und ZUSTANDSPASSIV.

Alle Passivformen sind zusammengesetzt (z. B. *werde gebunden*), in analytischen Tempora (Perfekt usw., vgl. oben
Nr. 6.2/23) sind sie mehrfach zusammengesetzt *(bin gebunden worden, werde gebunden worden sein)*.

Formen des Vorgangspassivs werden mithilfe des Passiv-
Hilfsverbs *werden* gebildet, solche des Zustandspassivs mithilfe des Passiv-Hilfsverbs *sein*, die jeweils mit dem Partizip
II = Partizip Perfekt des Hauptverbs verbunden werden. Beispiele für finite Passivformen (Passivinfinitive vgl. oben Nr.
6.2/20):

> *werde gebunden / wurde gebunden*
> *bin gebunden worden / war gebunden worden / werde*
> *gebunden werden / werde gebunden worden sein*
> *bin gebunden / war gebunden*
> *bin gebunden gewesen / war gebunden gewesen / werde*
> *gebunden sein / werde gebunden gewesen sein*

Weniger gebräuchlich und auf bestimmte Verben beschränkt
sind die Formen, die mit den Passiv-Hilfsverben *bekommen,
erhalten, kriegen, gehören* gebildet werden:

> *bekomme geschenkt / kriege geschenkt*
> *erhalte geliefert*
> *gehört angeprangert*

Rw.: die Diathese, der Diathese, die Diathesen (Betonung auf *-the-*)
das Genus Verbi, des Genus Verbi, die Genera Verbi (Betonung auf *Ge-*)
das Aktiv, des Aktivs, die Aktive (Betonung auf *Ak-*)
das Passiv, des Passivs, die Passive (Betonung auf *Pass-*)

Abk.: Akt., Pass.: Vorg.-Pass., Zust.-Pass.

Bemerkungen zu einzelnen Kategorien und Kategorienkombinationen:

INFINITE FORMEN nehmen nur die Kategorien Tempus (mit den Werten Präsens, Perfekt) und Diathese = Genus Verbi (mit allen drei Werten) an (vgl. oben Nr. 6.2/20).

FINITE Formen nehmen alle fünf Kategorien, jedoch nicht unbedingt alle Werte dieser Kategorien an:

- Auf Grund ihrer Bedeutung können die unpersönlichen Verben (vgl. oben Nr. 6.2/5) sowie andere Verben, die ein Geschehen ohne menschlichen Träger bezeichnen (z. B. *wehen, dauern, geschehen, stimmen*), nicht im Modus Imperativ und nicht in der 1. oder 2. Person stehen.
- Nur passivfähige Verben (s. unten Nr. 6.2/35) können in der Diathese Vorgangspassiv oder Zustandspassiv stehen.
- Einige Verben können in bestimmten Tempora nicht gebraucht werden, z. B. *gebrechen (es gebricht)* und *münden* nicht im Tempus Perfekt usw., *zudenken (habe zugedacht)* nicht im Tempus Präsens oder Imperfekt.

Verben, die nicht den ganzen Umfang der verbalen Kategorien mit den dazugehörigen Werten annehmen können, sind DEFEKTIV.

Zum Inhalt finiter Verbformen:

Der Inhalt = die Bedeutung von INDIKATIVFORMEN lässt sich mithilfe der folgenden Merkmale grob beschreiben:
- AKTZEIT: Zeit, in der sich das Verbalgeschehen abspielt
- SPRECHZEIT: Zeit, in der der Satz geäußert wird
- BETRACHTZEIT: Zeit, aus der auf das Verbalgeschehen geblickt wird
- MODALFAKTOR DER VERMUTUNG (nach Helbig/Buscha 1991, S. 142-158)

PRÄSENS INDIKATIV:
1. Aktzeit gleich Sprechzeit gleich Betrachtzeit (sog. AKTUELLES PRÄSENS)
   Er sitzt am Computer und dichtet.
   Unser Sohn studiert in Neuendettelsau.
2. Aktzeit und Betrachtzeit nach Sprechzeit, Aktzeit gleich Betrachtzeit (Bezeichnung eines zukünftigen Geschehens, sog. FUTURISCHES PRÄSENS)
   Nächsten Monat ist Weihnachten.
   Die Gäste kommen (bald) zurück.
3. Aktzeit und Betrachtzeit vor Sprechzeit, Aktzeit gleich Betrachtzeit, mit Temporalbestimmung (sog. HISTO-RISCHES PRÄSENS)
   1989 fällt die Mauer.
   Kürzlich treffe ich einen Kommilitonen.
4. Aktzeit vor, während und nach Sprechzeit und Betracht-zeit, Sprechzeit gleich Betrachtzeit (sog. GENERELLES oder ATEMPORALES PRÄSENS)
   Der Mond dreht sich um die Erde.
   Wer einmal lügt, dem glaubt man nicht, und wenn er auch die Wahrheit spricht.

IMPERFEKT INDIKATIV = PRÄTERITUM INDIKATIV:
Aktzeit und Betrachtzeit vor Sprechzeit, Aktzeit gleich Betrachtzeit (Bezeichnung eines vergangenen Geschehens)
> *Er fuhr in die Stadt.*

PERFEKT INDIKATIV:
1. Aktzeit und Betrachtzeit vor Sprechzeit, Aktzeit gleich Betrachtzeit (Bezeichnung eines vergangenen Geschehens)
   > *Wir haben uns gestern getroffen.*
2. Aktzeit vor Betrachtzeit und Sprechzeit, Sprechzeit gleich Betrachtzeit (Bezeichnung eines vergangenen Geschehens mit resultativem Charakter)
   > *Die Gäste sind eingetroffen* ('Jetzt sind sie da').
3. Aktzeit und Betrachtzeit nach Sprechzeit, Aktzeit vor Betrachtzeit, mit Temporalbestimmung (Bezeichnung eines zukünftigen Geschehens, sog. FUTURISCHES PERFEKT)
   > *Bis nächsten Monat habe ich das Buch abgeschlossen.*
4. Aktzeit vor, während und nach Sprechzeit und Betrachtzeit, Sprechzeit gleich Betrachtzeit (sog. GENERELLES oder ATEMPORALES PERFEKT)
   > *Ein Unglück ist schnell geschehen.*

PLUSQUAMPERFEKT INDIKATIV:
Aktzeit vor Betrachtzeit, Betrachtzeit vor Sprechzeit (Bezeichnung eines in der Vergangenheit abgeschlossenen Geschehens)
> *Wir hatten schon zu Abend gegessen.*

FUTUR I INDIKATIV:
1. Aktzeit und Betrachtzeit nach Sprechzeit, Aktzeit gleich Betrachtzeit (Bezeichnung zukünftigen Geschehens)
   > *Wir werden den Brief einstecken.*

2. Aktzeit gleich Betrachtzeit gleich Sprechzeit, Modalfaktor der Vermutung (Bezeichnung eines vermuteten Geschehens in der Gegenwart)
   Er wird (jetzt) eintreffen.

FUTUR II INDIKATIV:

1. Aktzeit und Betrachtzeit nach Sprechzeit, Aktzeit vor Betrachtzeit (Bezeichnung eines in der Zukunft abgeschlossenen Geschehens)
   Nächste Woche wird er die Arbeit beendet haben.

2. Aktzeit und Betrachtzeit vor Sprechzeit, Aktzeit gleich Betrachtzeit, Modalfaktor der Vermutung (Bezeichnung eines vermuteten Geschehens in der Vergangenheit)
   Sie wird (letzte Woche) in Paris gewesen sein.

3. Aktzeit vor Betrachtzeit und Sprechzeit, Sprechzeit gleich Betrachtzeit, Modalfaktor der Vermutung (Bezeichnung eines vermuteten Geschehens in der Vergangenheit mit resultativem Charakter)
   Er wird eingeschlafen sein ('Jetzt schläft er')

Der Inhalt von KONJUNKTIVFORMEN ist global wie folgt zu beschreiben:

KONJUNKTIV I:
Wiedergabe von Äußerungen anderer (sog. INDIREKTE REDE)
   Er sagte, sie sei krank (KONJUNKTIV PRÄSENS: Gleichzeitigkeit)
   Er sagte, sie sei krank gewesen (KONJUNKTIV PERFEKT: Vorzeitigkeit)
   Er sagte, sie werde krank sein (KONJUNKTIV FUTUR I: Nachzeitigkeit oder vermutetes gleichzeitiges Geschehen)
   Er sagte, sie werde krank gewesen sein (KONJUNKTIV

FUTUR II: Nachzeitigkeit eines abgeschlossenen Geschehens oder vermutetes vorzeitiges Geschehen)

KONJUNKTIV II:

1. Markierung von Sachverhaltsbeschreibungen als „irreal"
   (besonders in KONDITIONALSATZGEFÜGEN, s. unten Nr.
   7.6/8)
   Wenn er hier wäre, wäre alles gut (KONJUNKTIV IM-
   PERFEKT = KONJUNKTIV PRÄTERITUM: Gegenwart ['Er
   ist nicht hier', 'Es ist nicht alles gut'])
   Wenn er hier gewesen wäre, wäre das nicht geschehen
   (KONJUNKTIV PLUSQUAMPERFEKT: Vergangenheit ['Er
   war nicht hier', 'Es ist geschehen'])
2. Ersatz für nichteindeutige Konjunktiv-I-Formen in indirekter Rede
   Ich sagte, wir kämen bald (statt: ... *kommen bald, kommen* ist gleich lautend = homonym mit der entsprechenden Indikativform)

WÜRDE-KONJUNKTIV:

1. Ersatz für nichteindeutige Konjunktiv-II-Formen, insbesondere bei indirekter Rede
   Sie sagte, sie würden arbeiten (statt: ... *sie arbeiteten;
   arbeiteten* ist gleich lautend mit der entsprechenden Indikativform)
2. Distanzierungs- und Höflichkeitssignal
   Ich würde sagen, das stimmt nicht.
   Würden Sie mir bitte das Salz herüberreichen?

6.2.2.3 Bau der Konjugationsformen

(6.2/26) Einfache Hauptverb-Form:
Form eines Hauptverb-Lexems, die ohne ein Hilfsverb gebildet ist. Es tritt lediglich das Hauptverb-Lexem auf.

(6.2/27) Zusammengesetzte Hauptverb-Form:
Form eines Hauptverb-Lexems, die mit einem oder mehreren Hilfsverben gebildet ist. Zusätzlich zum Hauptverb-Lexem tritt mindestens ein Hilfsverb-Lexem auf. Eine zusammengesetzte Hauptverb-Form besteht aus mehreren KOMPONENTEN.

Beispiele (anhand der Verben *binden, sein* und *aufhören*):
- einfach infinite Formen:
  binden / sein / aufhören (Infinitiv Präsens Aktiv)
  bindend / seiend / aufhörend (pures Partizip I = Partizip Präsens)
  zu bindend / – / – (Partizip I = Partizip Präsens mit *zu*)
  gebunden / gewesen / aufgehört (Partizip II = Partizip Perfekt)
- einfache finite Formen:
  bindest / bist / hörst auf / aufhörst (2.Pers. Sg. Präs. Ind. Akt.)
  bindet / hört auf / aufhört (3.Pers. Sg. oder 2.Pers. Pl. Präs. Ind. Akt.) / *seid* (2.Pers. Pl. Präs. Ind. od. Imp.)
  bände / wäre / hörte auf / aufhörte (1.Pers. oder 3.Pers. Sg. Prät. Konj. Akt.)
- zusammengesetzte infinite Formen:
  gebunden haben / gewesen sein / aufgehört haben (Infinitiv Perfekt Aktiv)

Zu den übrigen Formen vgl. oben Nr. 6.2/20.

- zusammengesetzte finite Formen:

   hat gebunden / ist gewesen / hat aufgehört (3.Pers. Sg. Perf. Ind. Akt.)

   wirst gebunden haben / wirst gewesen sein / wirst aufgehört haben (2.Pers. Sg. Fut. II Ind. Akt.)

   werden gebunden worden sein (1.Pers. oder 3.Pers. Pl. Fut. II Vorg.-Pass.) / – / –

(6.2/28) Modalisierte Hauptverb-Form:

Form eines Hauptverbs, die mit einem oder mehreren Modalitätsverben (vgl. oben Nr. 6.2/8) gebildet ist. Zusätzlich zum Hauptverb-Lexem tritt mindestens ein Modalitätsverb-Lexem, ggf. auch ein oder mehrere Hilfsverb-Lexeme auf. Wie die zusammengesetzte Verbform besteht die modalisierte Verbform aus mehreren Komponenten.

Beispiel:

   Er durfte (Modalitätsverb) *kommen* (Hauptverb)

   Er hat (Hilfsverb) *kommen* (Hauptverb) *dürfen* (Modalitätsverb)

   Er schien (Modalitätsverb) *kommen* (Hauptverb) *zu dürfen* (Modalitätsverb)

   Er schien (Modalitätsverb) *geschlagen* (Hauptverb) *werden* (Hilfsverb) *zu wollen* (Modalitätsverb)

(6.2/29) Verbum finitum = Finitum = Personalform:

Einfache finite Verbform oder die finite Komponente in zusammengesetzten oder modalisierten finiten Verbformen (s. auch unten Nr. 7.2/6).

Die Bildung von Personalformen folgt der Formel „Stamm + Endung". Zur Auswahl der im Einzelfall heranzuziehenden Stammform = Leitform vgl. oben die Ausführungen vor Nr. 6.2/17. Zur Form der Endung s. unten die Tabelle „Verbformen: Personalendungen" vor Abschnitt 6.2.3. Dort findet sich auch eine Übersicht über finite Verbformen.

Rw.: das Verbum finitum, des Verbum finitum, die Verba finita (Betonung auf -*ni*-)
das Finitum, des Finitums, die Finita

Zur Technik der Bestimmung von Konjugationsformen:

Für eine im Satz vorkommende Form eines Hauptverbs wird zunächst bestimmt,

- ob es sich um eine finite oder infinite Verbform handelt, und
- ob sie einfach, zusammengesetzt oder modalisiert ist.
- Wenn es sich um eine finite Verbform handelt, wird sie nach den grammatischen Kategorien gemäß Nr. 6.2/21 bis Nr. 6.2/25 oben bestimmt.
- Wenn es sich um eine infinite Verbform handelt, wird angegeben, um welche es sich handelt (gemäß Nr. 6.2/20 oben).
- Wenn die Verbform zusammengesetzt ist, werden sodann die Komponenten nach diesem Schema bestimmt; wenn Komponenten ihrerseits zusammengesetzt sind, wird das Verfahren so lange wiederholt, bis nur noch einfache Komponenten übrig sind.

Beispiele: Die Form *wirst gebunden haben* ist eine zusammengesetzte, finite Hauptverb-Form, und zwar die 2. Person Singular Futur II Indikativ Aktiv des Hauptverbs *binden*. Sie besteht aus den Komponenten *wirst* (einfach, finit, 2.Pers. Sg. Präs. Ind. Akt. des Tempus-Hilfsverbs *werden*) und *gebunden*

haben (zusammengesetzt, infinit, Inf. Perf. Akt. des Hauptverbs *binden*). *gebunden haben* besteht aus den Komponenten
gebunden (einfach, infinit, Part.II des Hauptverbs *binden*)
und *haben* (einfach, infinit, Inf. Präs. Akt. des Tempus-
Hilfsverbs *haben*).

Die Form *gebunden worden wäret* ist eine zusammengesetzte,
finite Hauptverb-Form, und zwar die 2. Person Plural Plusquamperfekt Konjunktiv Vorgangspassiv des Hauptverbs
binden. Sie besteht aus den Komponenten *gebunden* (einfach,
infinit, Part.II des Hauptverbs *binden*) und der zusammengesetzten Form *worden wäret*. Diese ist die 2. Person Plural
Plusquamperfekt Konjunktiv des Passiv-Hilfsverbs *werden*
und besteht aus den Komponenten *worden* (Partizip II des
Passiv-Hilfsverbs *werden*) und *wäret* (2.Pers. Imperf. Konj.
Akt. des Tempus-Hilfsverbs *sein*).

Bei einer modalisierten Hauptverb-Form wie *hättet kommen
sollen* werden die Bestandteile, der Modalitätsverb-Teil und
der Hauptverb-Teil, gesondert nach dem obigen Schema
bestimmt: Komponente *hättet sollen*: zusammengesetzt, finit,
2.Pers. Pl. Plquperf. Konj. Akt. des Modal(itäts)verbs *sollen;*
Komponente *hättet*: einfach, finit, 2.Pers. Pl. Imperf. Konj.
Akt., Komponente *sollen*: einfach, infinit, Part.II (Ersatzinfinitiv) des Modal(itäts)verbs *sollen; kommen*: einfach, infinit, Inf. Präs. Akt. des Hauptverbs *kommen*.

PERSON	NUMERUS	TEMPUS	MODUS	DIATHESE	*WORTFORMEN*
	Singular	Präsens	Indikativ	Aktiv	
1.PERS.					*binde, bin*
2.PERS.					*bindest, bist*
3.PERS.					*bindet, ist*
2.Pers.		Präsens	Indikativ	Aktiv	
	SINGULAR				*bindest, bist*
	PLURAL				*bindet, seid*
2.Pers.	Singular		Indikativ	Aktiv	
		PRÄSENS			*bindest, bist*
		PRÄTER-ITUM			*bandest, warst*
		PERFEKT			*hast gebunden, bist gewesen*
		PLUSQU.-PERFEKT			*hattest gebunden, warst gewesen*
		FUTUR I			*wirst binden, wirst sein*
		FUTUR II			*wirst gebunden haben, wirst gewesen sein*
2.Pers.	Singular	Präsens		Aktiv	
			INDIKATIV		*bindest, bist*
			KONJUNK-TIV		*bindest, seiest*
			IMPERATIV		*binde, sei*
2.Pers.	Singular	Präsens	Indikativ		
				AKTIV	*bindest, bist*
				VORG.-PASS	*wirst gebunden, –*
				ZUST.-PASS.	*bist gebunden, –*

Übersicht über finite Verbformen

Modus:	Indikativ						Konjunktiv	Imperativ
Tempus:	Präsens				Imperfekt		Präs. und Imperf.	
Konjugationsklasse:	schwache Verben	starke Verben		Präterito-präsentia	starke Verben	schwache Verben	alle Konjugationsklassen	
		ohne *e/i*-W. oder Umlaut	mit *e/i*-W. oder Umlaut					
1.Pers. Sg.	*-e*	*-e*	*-e*	*-Ø*	*-Ø*	*[-(e)t]-e*	*-e*	
2.Pers. Sg.	*-(e)st/-t*	*-(e)st/-t*	*-st/-t/-Ø*	*-st/-t*	*-(e)st*	*[-(e)t]-est*	*-est*	*-e/-Ø*
3.Pers. Sg.	*-(e)t*	*-(e)t*	*-t/-Ø*	*-Ø*	*-Ø*	*[-(e)t]-e*	*-e*	
1.Pers. Pl.	*-en*	*-en*	*-en*	*-en*	*-en*	*[-(e)t]-en*	*-en*	*-en*
2.Pers. Pl.	*-(e)t*	*-(e)t*	*-(e)t*	*-t*	*-(e)t*	*[-(e)t]-et*	*-et*	*-(e)t*
3.Pers. Pl.	*-en*	*-en*	*-en*	*-en*	*-en*	*[-(e)t]-en*	*-en*	*-en*
Bemerkungen	(1)	(2)		(3)	(5)	(6)		(7)
		(4)						

Verbformen: Personalendungen

Bemerkungen zur Tabelle auf Seite 146:

(1) *e*-haltige Formen erscheinen, wenn der Verbstamm auslautet auf einen der alveolaren Explosive = Verschlusslaute:
/t/ (z. B. *arbeit- – reit-*)
/d/ (z. B. *red- – leid-*)
oder auf eine der folgenden Konsonantenverbindungen
(nasalische Doppelkonsonanz):
/tm/ (z. B. *atm-, widm-*)
/gn/ (z. B. *segn-*)
/pn/ (z. B. *wappn-*)
/xn/ (z. B. *zeichn-*).
(Vgl. oben die Ausführungen zu Nr. 5.2/1).

(2) Zu *e/i*-Wechsel und Umlaut in der 2. und 3.Pers. Sg. vgl.
oben Nr. 5.2/5 und 5.2/6.
2.Pers. Sg. *-st:* z. B. *rät-st;* *-Ø:* z. B. *birst-Ø*
3.Pers. Sg. *-t:* z. B. *läuf-t;* *-Ø:* z. B. *rät-Ø, birst-Ø*

(3) Das Verb *möchte* wird wie eine Konjunktivform gebildet.

(4) 2.Pers. Sg. mit Endung *-t* bei Stammausgang auf /s/, z. B.
reis-t, heiß-t, bläs-t, muss-t

(5) *e*-haltige Formen erscheinen bei Stammausgang auf /t/
(ritt-) oder /d/ *(mied-).*

(6) Vor die Personalendung tritt das Imperfektzeichen *-t,* je
nach Stammausgang mit oder ohne *-e* (vgl. oben die Bemerkung 1).

(7) Ob in der 2.Pers. Sg. die Endung *-e* oder *-Ø* erscheint,
hängt vom Stammausgang ab. Bei Verben mit *e/i*-Wechsel
erscheint stets die Endung *-Ø:* z. B. *hilf-Ø, gib-Ø.*

6.2.3 SYNTAKTISCHE KLASSEN

1. Subklassen nach der Valenz:

Die Valenz eines Verbs bestimmt sich nach Zahl und Art der Ergänzungen (vgl. oben Nr. 6.1/13), die es im Satz fordert. Als Ergänzungen können SATZGLIEDER (SUBJEKT, OBJEKT, UMSTANDSBESTIMMUNG, s. unten Nr. 7.2/7 bis Nr. 7.2/14) und das INFINITIVKOMPLEMENT (s. unten Nr. 7.2/15) fungieren. – Vollverben sind für sich allein Valenzträger (vgl. oben Nr. 6.2/2). Bei der Bestimmung der Valenz von Kopulaverben ist das Prädikativum (vgl. oben Nr. 6.2/3) miteinzubeziehen, bei Gefügeverben ist die Erweiterung (vgl. oben Nr. 6.2/4) miteinzubeziehen; Prädikativum und Erweiterung zählen nicht als Ergänzungen.

Beispiele:
- Vollverb
  Er bringt den Mülleimer um die Ecke (dreiwertig)
- Kopulaverb + Prädikativum
  Er ist Lehrer am Gymnasium (einwertig)
  Er ist stolz auf seine Tochter (zweiwertig)
- Gefügeverb + Erweiterung
  Er bringt die Zuhörer auf die Palme (zweiwertig)

Die im Folgenden aufgeführten Subklassen mit ihren jeweiligen Ergänzungstypen sind Grundlage für die Erstellung von SATZBAUPLÄNEN. Dies sind abstrakte Pläne, die die Grundbaumuster von Sätzen darstellen. Zu den entsprechenden Subklassen der Adjektive s. unten Nr. 6.6/7 bis 6.6/9.

> **(6.2/30) Nullwertige Verben:**
> Verben, die im Satz keine Ergänzungen fordern.

Das in Sätzen wie

Es regnet

Es klopft

vorkommende Pronomen *es* stellt kein Satzglied dar: *es* ist nicht ersetzbar und nicht erfragbar (Pseudosubjekt oder formales Subjekt = Formsubjekt, vgl. oben Nr. 6.2/5).

> **(6.2/31) Einwertige Verben:**
> Verben, die im Satz eine einzige Ergänzung fordern.

Beispiele für Ergänzungstypen:
- Subjekt
  Peter schläft.
- Dativobjekt
  Mir graust.
- Akkusativobjekt
  Mich friert.
  Es friert mich.
  Es gibt Wiener Schnitzel.
- Präpositionalobjekt
  Es handelt sich um einen Roman.
- Infinitivkomplement
  Es gilt, Ruhe und Ordnung zu bewahren.

> **(6.2/32) Zweiwertige Verben:**
> Verben, die im Satz zwei Ergänzungen fordern.

Beispiele für Ergänzungstypen:

- Subjekt + Akkusativobjekt
  Der Gärtner schneidet die Rosen.
  Ich hörte ihn sich bewegen.
- Genitivobjekt + Präpositionalobjekt
  Besonderer Sachkunde bedarf es dazu nicht.
- Dativobjekt + Präpositionalobjekt
  Mir graut vor dir.
- Subjekt + Umstandsbestimmung
  Er hält sich dort auf.
  Die Sitzung dauerte drei Stunden.
- Subjekt + Infinitivkomplement
  Er hat einen Koffer in Berlin stehen.

(6.2/33) Dreiwertige Verben:
Verben, die im Satz drei Ergänzungen fordern.

Beispiele für Ergänzungstypen:

- Subjekt + Akkusativobjekt + Akkusativobjekt
  Er lehrte mich Mathematik.
- Subjekt + Akkusativobjekt + Dativobjekt
  Sie überreichte es ihm.
- Subjekt + Akkusativobjekt + Genitivobjekt
  Man klagt ihn des Straßenraubs an.

(6.2/34) Vierwertige Verben:
Verben, die im Satz vier Ergänzungen fordern.

Beispiele für Ergänzungstypen:

- Subjekt + Dativobjekt + Akkusativobjekt + Präpositionalobjekt
  Man bot ihr einen hohen Preis für das Auto.

- Subjekt + Dativobjekt + Akkusativobjekt + Umstandsbestimmung
  Er warf mir den Ball an den Kopf.

2. Subklassen nach anderen Kriterien:

(6.2/35) Passivfähige Verben:
Verben, die Passivformen annehmen und in Passivsätzen
vorkommen können.

Es wird zwischen zwei Passivarten unterschieden:
- PERSÖNLICHES PASSIV, bei dem das Subjekt des Passivsat-
zes dem Akkusativobjekt des zu Grunde liegenden Aktiv-
satzes entspricht:
  Der Dieb wird von ihm verhaftet : *Er verhaftet den Dieb*
- UNPERSÖNLICHES PASSIV, das subjektlos ist:
  Hier wird getanzt.
  Es wird nicht geraucht.
  Mir wird von ihm geholfen.

(6.2/36) Transitive Verben:
Verben, die (im Aktiv) ein Akkusativobjekt (womöglich
auch weitere Objekte) fordern und im persönlichen Passiv
stehen können.

(6.2/37) Intransitive Verben:
Verben, die nicht im persönlichen Passiv stehen können.

Intransitiv sind zum einen alle Verben, die (im Aktiv) kein
Akkusativobjekt regieren. Zum anderen sind aber auch viele

Verben mit Akkusativobjekt (im Aktiv) intransitiv, insofern sie keine Passivbildung erlauben:

> *Sie* <u>*hat*</u> *einen guten Mann* – **Ein guter Mann wird von ihr gehabt*
>
> *Du* <u>*bekommst*</u> *Rosen* – **Rosen werden von dir bekommen*

Solche Verben können als PSEUDOTRANSITIV bezeichnet werden; sie werden auch MITTELVERBEN oder MEDIALE VERBEN genannt. – Nochmals anders liegen die Verhältnisse in Sätzen wie

> *Er* <u>*wiegt*</u> *einen Zentner.*
>
> *Das* <u>*kostet*</u> *einen Dollar.*

Die Substantivphrasen im Akkusativ sind keine Akkusativobjekte (sie sind nicht durch *Wen ...?* oder *Was ...?* erfragbar, sie sind nicht anaphorisierbar: **Das kostet* <u>*ihn*</u>), sondern Maßbestimmungen (*Wieviel ...?* – s. unten Nr. 7.2/14).

(6.2/38) Infinitivverben:

Verben, die mit einem Infinitiv-Teilsatz (s. unten Nr. 7.1/20) als Ergänzung verbunden werden können. Der Infinitiv-Teilsatz fungiert als Infinitivkomplement (s. unten Nr. 7.2/15).

> *Jetzt* <u>*gilt*</u> *es* <u>*Ruhe und Ordnung zu bewahren*</u>.
>
> *Ich* <u>*gehe*</u> <u>*schlafen*</u>.
>
> *Ich* <u>*habe*</u> <u>*in Berlin noch einen Koffer stehen*</u>.

6.3 SUBSTANTIV

Substantive sind deklinierbare Wörter, die Gegenständliches oder Nichtgegenständliches bezeichnen, Gegenständliches wie zum Beispiel *Stein* (KONKRETUM), Nichtgegenständliches wie zum Beispiel *Erziehung* (ABSTRAKTUM). Sie werden als GATTUNGSBEZEICHNUNGEN = APPELLATIVA oder als EIGEN-NAMEN = NOMINA PROPRIA gebraucht, als Gattungsbezeichnungen wie zum Beispiel *Mensch, Pferd,* als Eigennamen wie zum Beispiel *Sokrates.*

Spezielle Subklassen der Gattungsbezeichnungen = der Appellativa sind u. a.:

- SAMMELBEZEICHNUNGEN = KOLLEKTIVA
   Herde, Familie, Vieh, Volk, Studentenschaft, Publikum, Gruppe
- STOFFBEZEICHNUNGEN = KONTINUATIVA
   Wasser, Leder, Perlon, Gold, Schnee, Wolle

Rw.: das Substantiv, des Substantivs, die Substantive (Betonung auf *Sub-*)
das Konkretum, des Konkretums, die Konkreta (Betonung auf *-kre-*)
das Abstraktum, des Abstraktums, die Abstrakta (Betonung auf *-strak-*)
das Appellativum, des Appellativums, die Appellativa (Betonung auf *-ti-*)
das Nomen proprium, des Nomen proprium, die Nomina propria (Betonung auf *No-* und *pro-*)
das Kollektivum, des Kollektivums, die Kollektiva (Betonung auf *-ti-*)
das Kontinuativum, des Kontinuativums, die Kontinuativa (Bet. auf *-ti-*)

Neben den Substantiven, die „von Haus aus" dieser Wortart angehören (PRIMÄRE SUBSTANTIVE, z. B. *Stein, Mensch, Pferd*), gibt es zahlreiche Substantivierungen von Wörtern anderer Wortart, die entweder dauerhaft Substantive sind (z. B. *Erziehung, Liebe, Treue, Blau:* SEKUNDÄRE SUBSTANTIVE) oder aber im Satz bloß die Position eines Substantivs einnehmen, ohne die Eigenschaften dieser Wortart in ihrer Gesamt-

heit anzunehmen (z. B. Partizipien und Infinitive des Verbs,
Adjektive):

> *das gerade <u>Geflüsterte</u>, die ihn <u>Begleitenden</u>, <u>Fahren</u>*
> *ohne Helm, das <u>Dunkellila</u> ihres Pullovers*

Man könnte Letztere als OKKASIONELLE SUBSTANTIVE bezeichnen und von VERB-SUBSTANTIVEN bzw. ADJEKTIV-
SUBSTANTIVEN sprechen.

Substantive bilden eine Untergruppe der NOMINA. Zu dieser
Klasse gehören außerdem die Wortarten ARTIKEL, PRONO-
MEN, ADJEKTIV sowie PARTIZIPIEN DES VERBS in substantivi-
schem oder adjektivischem Gebrauch (z. B. substantivisch:
(der) Auszubild-<u>end</u>-e, (die) <u>Ge</u>-lieb-<u>t</u>-e; adjektivisch: *(der)*
sing-<u>end</u>-e (Vagabund), (die) verehr-<u>t</u>-e (Kollegin)). — Mit-
unter wird die Bezeichnung „Nomen" im engeren Sinn gebraucht und meint dann nur „Substantiv".

Rw.: das Nomen, des Nomens, die Nomina od. Nomen (Betonung auf *No-*)

WORTFORMEN

Die FLEXION aller Nomina = ihre DEKLINATION wird von drei
Kategorien, nämlich Genus, Numerus und Kasus, bestimmt
(vgl. oben Nr. 6.1/10):

Übersicht:

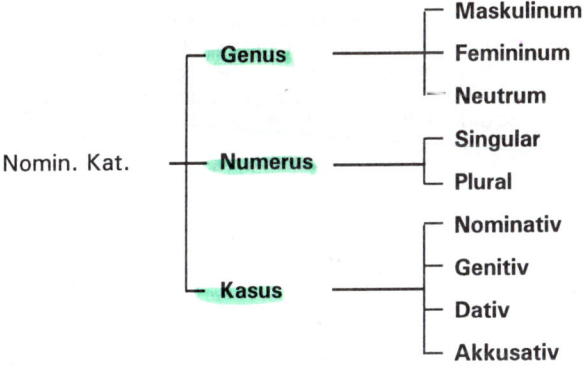

Nomin. Kat.
- **Genus**
  - Maskulinum
  - Femininum
  - Neutrum
- **Numerus**
  - Singular
  - Plural
- **Kasus**
  - Nominativ
  - Genitiv
  - Dativ
  - Akkusativ

(6.3/1) Genus:

Nominale grammatische Kategorie mit den Werten MAS-
KULINUM, FEMININUM, NEUTRUM.

Genus ist eine dem Substantiv inhärente = dem Lexem mit-
gegebene Kategorie. Lediglich Pluraliatantum = nur im Plural
vorkommende Substantive wie *Ferien, Eltern* usw. (s. unten
Nr. 6.3/6) sind genuslos. Bei allen Substantiven (und ebenso
bei den übrigen nominalen Wortarten) spielt in pluralischer
Verwendung die Kategorie Genus keine grammatische Rolle.

Das Genus von Substantiven wird nur bei einigen Wörtern
am Substantiv selbst markiert (z. B. *-in* für Feminina wie
Feministin usw.). Schulgrammatisch wird es festgestellt, in-
dem dem Substantiv der bestimmte Artikel (im Nominativ
Singular) vorangestellt wird: *der (Stein):* Maskulinum, *die
(Erziehung):* Femininum, *das (Schwert):* Neutrum.

Rw.: das Genus, des Genus, die Genera (Betonung auf *Ge-*)
das Maskulinum, des Maskulinums, die Maskulina (Betonung auf *Mas-*)
das Femininum, des Femininums, die Feminina (Betonung auf *Fe-*)
das Neutrum, des Neutrums, die Neutra (Betonung auf *Neu-*)
Wagen ist ein Maskulinum, *Tasse* ist ein Femininum, *Gras* ist ein Neutrum;
Wagen und *Wald* sind Maskulina, *Tasse* und *Kasse* sind Feminina, *Gras* und
Glas sind Neutra; *Wagen* ist ein maskulines Substantiv, *Tasse* ist ein femi-
nines Substantiv, *Gras* ist ein neutrales Substantiv

Abk.: Mask./mask./m., Fem./fem./f., Neutr./neutr./n.

(6.3/2) Numerus:

Nominale (und verbale) grammatische Kategorie mit den
Werten SINGULAR, PLURAL.

Der jeweilige Wert der Kategorie Numerus des Substantivs
im Satz ist frei wählbar; lediglich Singulariatantum und
Pluraliatantum (s. unten Nr. 6.3/5 und Nr. 6.3/6) sind auf den
Wert Singular bzw. Plural festgelegt.

Rw.: der Numerus, des Numerus, die Numeri (Betonung auf *Nu-*)
der Singular, des Singulars, die Singulare (Betonung auf *Sing-*)
der Plural, des Plurals, die Plurale (Betonung auf *Plu-*)
Baum ist ein Singular = ein Substantiv im Singular = ein singularisches
Substantiv; *Bäume* ist ein Plural = ein Substantiv im Plural = ein plurali-
sches Substantiv; *Baum* und *Traum* sind Singulare, *Bäume* und *Träume* sind
Plurale

Abk.: Sg./Sing., Pl./Plur.

(6.3/3) Kasus:

Nominale grammatische Kategorie mit den Werten NOMI-
NATIV, GENITIV, DATIV, AKKUSATIV.

Der jeweilige Wert der Kategorie Kasus des Substantivs wird
im Satz festgelegt. Der Kasus wird am Substantiv nicht immer und nicht immer eindeutig markiert. Schulgrammatisch
wird er durch den Fragetest = durch Bestimmungsfragen

festgestellt: *wer oder was?:* Nominativ, *wessen?:* Genitiv, *wem?:* Dativ, *wen oder was?:* Akkusativ.

Der Kasus Nominativ wird auch CASUS RECTUS, die Kasus Genitiv, Dativ und Akkusativ werden auch CASUS OBLIQUI – OBLIQUE KASUS genannt.

Rw.: der Kasus, des Kasus, die Kasus (Plural mit langem [uː] – Betonung jeweils auf *Ka-*)
der Nominativ, des Nominativs, die Nominative (Betonung auf *No-*)
der Genitiv, des Genitivs, die Genitive (Betonung auf *Ge-*) (statt 'Genitiv' ist auch 'Genetiv' in Gebrauch)
der Dativ, des Dativs, die Dative (Betonung auf *Da-*)
der Akkusativ, des Akkusativs, die Akkusative (Betonung auf *Akk-*)
der Casus rectus, des Casus rectus, die Casus recti
der Casus obliquus, des Casus obliquus, die Casus obliqui (Bet. auf *-li-*)
der oblique Kasus, des obliquen Kasus, die obliquen Kasus (Bet. auf *-li-*, Aussprache von *-que-*: [kvə])
Beamter steht im Nominativ; *Baumes* ist ein Genitiv = ein Substantiv im Genitiv; *Baumes* ist ein Maskulinum im Genitiv Singular

Abk.: Nom., Gen., Dat., Akk.

(6.3/4) Substantivische Deklinationsklasse:
Grammatische Kategorie des Substantivs mit den Werten KLASSE 1, KLASSE 2 ... KLASSE 11.

Die Zugehörigkeit zu einer bestimmten Deklinationsklasse ist (wie die Zugehörigkeit eines Verbs zu einer bestimmten Konjugationsklasse [vgl. oben Nr. 6.2/16], und anders als im Fall des adjektivischen attributiven Deklinationstyps [s. unten Nr. 6.6/1]) eine inhärente Eigenschaft eines Substantivs.

Wir unterscheiden elf Haupt-Deklinationstypen, die sich nach Maßgabe der Bildung des Genitivs Singular und der Bildung des Nominativs Plural (bei Typ 11 nach zusätzlichen Kriterien) ergeben (sogenannte Fremdwörter wie *Atlas, Kaktus, Formalismus* usw. bleiben unberücksichtigt).

Bei der Bildung der Genitiv-Singular-Formen sind drei Typen zu unterscheiden:

- S-Singular (Endung *-s* bzw. *-es*)
  Muster: Muster-s, Jahr: Jahr-es
- N-Singular (Endung *-n* bzw. *-en*)
  Recke: Recke-n, Mensch: Mensch-en
- Null-Singular (Endung *-Ø*)
  Kraft: Kraft-Ø

Die Bildung der Nominativ-Plural-Formen lässt sich in fünf Typen einteilen, von denen drei jeweils zwei Untertypen (ohne oder mit Umlaut des Stammvokals) bilden:

- E-Plural (Endung *-e*, ohne oder mit Umlaut des Stammvokals)
  Jahr: Jahr-e – Hut: Hüt-e
- R-Plural (Endung *-er*, ohne oder mit Umlaut des Stammvokals)
  Bild: Bild-er – Kalb: Kälb-er
- Null-Plural (Endung *-Ø,* ohne oder mit Umlaut des Stammvokals)
  Muster: Muster-Ø – Mutter: Mütter-Ø
- N-Plural (Endung *-n* bzw. *-en*, immer ohne Umlaut)
  Schwester: Schwester-n, Frau: Frau-en
- S-Plural (Endung *-s*, immer ohne Umlaut)
  Uhu: Uhu-s

Es ist ausreichend, die Endungen der genannten Leitformen Genitiv Singular und Nominativ Plural heranzuziehen, da sie eindeutig für die Endungen aller Singular- bzw. Pluralformen stehen, wie aus folgender Tabelle hervorgeht:

Typ	Singular			Plural				
	S	N	Null	E	R	Null	N	S
Nom.	*-Ø*	*-Ø*	*-Ø*	*-e*	*-er*	*-Ø*	*-n/-en*	*-s*
Gen.	*-s/-es*	*-n/-en*	*-Ø*	*-e*	*-er*	*-Ø*	*-n/-en*	*-s*
Dat.	*-Ø (-e)*	*-n/-en*	*-Ø*	*-en*	*-er-n*	*-n*	*-n/-en*	*-s*
Akk.	*-Ø*	*-n/-en*	*-Ø*	*-e*	*-er*	*-Ø*	*-n/-en*	*-s*

Einige Substantive lassen sich nicht in diese Typen einordnen, z. B. *Herz* und *Fels* mit den Genitiv-Singular-Formen
Herz-ens bzw. *Fels-ens* oder *Bau* mit der Pluralform *Bau-t-*
en. Es handelt sich um UNREGELMÄSSIGE Substantive. Unre-
gelmäßig sind in dieser Hinsicht auch viele aus fremden Sprachen stammende Substantive, z. B. *Kaktus – Kakteen* (neben
Kaktuss-e), *Prinzip – Prinzipien*, *Komma – Kommata* (neben
Komma-s), *'Doktor – Dok'tor-en* (mit Akzentwechsel von der
ersten auf die zweite Silbe).

Nach den Kombinationsmöglichkeiten von Genitiv-Singular-
Typ und Nominativ-Plural-Typ ergeben sich zehn Deklinationsklassen, von denen vier jeweils zwei Unterklassen (ohne
oder mit Umlaut des Stammvokals im Plural) bilden. Zu Typ
11 gehören (sekundäre) Substantive wie *Beamter, Geliebter,*
Geistlicher, deren Deklination sich nach den attributiven
Deklinationstypen des Adjektivs richtet (s. unten Nr. 6.6/1);
je nach der Art des Artikels, mit dem sie verbunden sind,
werden sie schwach *(der Beamt-e, die Beamt-en)*, gemischt
(ein Beamt-er) oder stark *(Beamt-e)* dekliniert.

| Klasse | Endung | Plural | | Beispiel |
	Gen. Sg.	Endung Nom.	Umlaut	
1a	S	E	nein	*Jahr*
1b	S	E	ja	*Hut*
2a	S	Ø	nein	*Muster*
2b	S	Ø	ja	*Vater*
3	S	N	–	*Staat*
4a	S	R	nein	*Bild*
4b	S	R	ja	*Kalb*
5	S	S	–	*Uhu*
6	N	N	–	*Mensch*
7a	Ø	E	nein	*Kenntnis*
7b	Ø	E	ja	*Kraft*
8	Ø	Ø	ja	*Mutter*
9	Ø	N	–	*Frau*
10	Ø	S	–	*Oma*
11	N	E/N	–	*Beamter*

Substantiv: Deklinationsklassen

Manche Substantive gibt es nur im Singular bzw. Plural:

(6.3/5) Singularetantum:
Substantiv, das nur singularische Wortformen bilden kann.

Hierher gehören in erster Linie STOFFBEZEICHNUNGEN = KONTINUATIVA *(Schnee, Gold, Silber, Plastik ...)* und bestimmte ABSTRAKTA *(Treue, Erziehung, Furcht ...)*.

Rw.: das Singularetantum, des Singularetantums, die Singulariatantum od. Singularetantums (Betonung auf *-tan-*) – *tantum:* lat. 'nur'

(6.3/6) Pluraletantum:
Substantiv, das nur pluralische Wortformen bilden kann: *Großeltern, Masern, Memoiren, Ferien, Leute ...*

Rw.: das Pluraletantum, des Pluraletantums, die Pluraliatantum od. Pluraletantums (Betonung auf *-tan-*)

Singulariatantum lassen sich wegen des Fehlens der Pluralform nicht in eine der oben genannten Deklinationsklassen, sondern lediglich in den betreffenden Genitiv-Singular-Untertyp einordnen. Pluraliatantum lassen sich nicht einmal einem Nominativ-Plural-Typ zuordnen, da ja der Singularstamm nicht ermittelbar ist.

6.4 ARTIKEL

Artikel sind Wörter, die als Begleiter des Substantivs stehen und zusammen mit ihm eine Substantivphrase bilden können (s. unten Nr. 7.1/9). Sie stimmen mit dem Substantiv in Genus, Numerus und Kasus überein (KONGRUENZ).

Rw.: der Artikel, des Artikels, die Artikel

FUNKTIONSKLASSEN

(6.4/1) Bestimmter Artikel:

Die Wörter *der/die/das* (und ihre weiteren Flexionsformen: *des, dem, den, der*) als Begleiter von Substantiven im Singular oder Plural.

(6.4/2) Unbestimmter Artikel:

Die Wörter *ein/eine/ein* (und ihre weiteren Flexionsformen: *eines, einem* usw.) als Begleiter von Substantiven im Singular.

> *Das ist <u>der</u> gute Wein (den wir damals probiert haben).*
> *Das ist <u>ein</u> guter Wein.*

Der Artikel kann auch ganz fehlen:

> *Das ist Ø   guter Wein (mit „Ø" [Null] wird die Stelle gekennzeichnet, an der ein Artikel stehen könnte)*

Man spricht in diesem Fall von ARTIKELLOSIGKEIT oder bezeichnet den fehlenden Artikel als NULLARTIKEL.

Pronominalartikel (Artikel, denen gleich lautende = homonyme Pronomina zur Seite stehen):

(6.4/3) Demonstrativartikel:
Artikel, mit denen auf die im Bezugssubstantiv genannte Größe identifizierend hingewiesen wird.

Die beiden wichtigsten Demonstrativartikel sind *dieser/diese/dieses* und *jener/jene/jenes* (und jeweils ihre weiteren Flexionsformen); daneben auch *der/die/das* (in nichtdemonstrativer Verwendung: bestimmter Artikel).

an diesem Tag, an jenem Tag, an dem Tag

(6.4/4) Determinativartikel:
Artikel mit auswählender, begrenzender Funktion: *derjenige/diejenige/dasjenige, derselbe/dieselbe/dasselbe, ebender/ebendie/ebendas* (und jeweils ihre weiteren Flexionsformen).

---

an demjenigen Tag, an ebendem Tag, an demselben Tag

(6.4/5) Possessivartikel:
Artikel, mit denen eine Zugehörigkeit, Zuordnung, Verbundenheit, Zusammengehörigkeit oder ein Besitzverhältnis zum Ausdruck gebracht wird.

Possessivartikel sind: *mein, dein, sein, ihr, sein, unser, euer, ihr (Ihr)*, jeweils mit ihren weiteren Flexionsformen. Im Stamm sind die grammatischen Kategorien Person, Numerus (und Genus bei den Possessivartikeln der 3. Person Singular) bestimmend; sie beziehen sich auf den „Besitzer":

mein-en Bruder, dein-en Bruder, sein-en Bruder ...

In den Endungen sind die grammatischen Kategorien Genus, Numerus und Kasus bestimmend; sie richten sich nach den grammatischen Kategorien des Bezugssubstantivs (KONGRU-ENZ), das den „Besitz" nennt:

>*dein-en Bruder, dein-e Schwester, dein-Ø Kind*

Die genitivischen Possessivartikel *dessen, deren* haben demonstrativen Charakter. Sie sind nicht deklinierbar. *Dessen* verweist auf ein „Besitzer"-Substantiv im Maskulinum oder Neutrum Singular, *deren* auf ein solches im Femininum Singular oder im Plural.

>*Peter hat eine Schwester. – Ich kenne dessen Schwester nicht.*

>*Petra hat eine Schwester. – Ich kenne deren Schwester nicht.*

>*Die Zwillinge haben eine Schwester. – Ich kenne deren Schwester nicht.*

(6.4/6) Quantifizierende Artikel:

Artikel, mit denen eine vom Substantiv bezeichnete Menge hinsichtlich ihrer Größe charakterisiert wird: *all-, jed-, viel-, der/die/das meist-, mehrer-, manch-, einig-* und jeweils ihre weiteren Flexionsformen, *etwas, ein bisschen, ein wenig, ein paar* usw.

>*Alle/Viele/Die meisten/Mehrere/Manche//Ein paar/ Einige Plätze sind besetzt.*
>*Ich brauche etwas/ein bisschen/ein wenig Zucker.*
>*Er hat manches Richtige/manch Richtiges gesagt.*

(6.4/7) Negationsartikel:

Der Artikel *kein-* (und seine weiteren Flexionsformen).

Kein Geistlicher hat ihn begleitet.
Ich habe auch keine Lust mehr.

(6.4/8) Frageartikel = Interrogativartikel:

Artikel, die in Verbindung mit ihrem Bezugssubstantiv Ergänzungsfragesätze (s. unten Nr. 7.4/5) und indirekte Fragesätze (s. unten Nr. 7.6/8) einleiten: *welch-, welch ein-* und *was für ein-* (und jeweils ihre weiteren Flexionsformen), *wessen*.

Welche Schauspielerin kriegt dieses Jahr den Oskar?
Welch ein Wetter magst du am liebsten?
Was für einen Stoff wünschen Sie?
Wessen Buch ist das?
Ich frage mich, wessen Buch das ist.

Frageartikel bilden zusammen mit den Fragepronomina (*wer, was*, s. unten Nr. 6.5/11), den Relativpronomina *welch-, wer, was* (s. unten Nr. 6.5/12), den Frageadverbien (*wo, wann ...*, s. unten Nr. 6.7/17) und den Relativadverbien (*wo, wie ...*, s. unten Nr. 6.7/18) die Gruppe der *W*-WÖRTER.

(6.4/9) Relativartikel:

Die Artikel *dessen/deren,* die in Verbindung mit ihrem Bezugssubstantiv einen Relativsatz (s. unten Nr. 7.6/10) einleiten.

Die Kollegin, deren Buch du rezensiert hast, ist sauer auf dich.

In vielen Grammatiken werden die Pronominalartikel als Pronomina betrachtet und nur der bestimmte und der unbestimmte Artikel (manchmal auch der Nullartikel) als Artikel gewertet. Die hier vorgenommene Zuordnung beruht auf dem gleichartigen Verhalten der „eigentlichen" Artikel und der Pronominalartikel: Sie stehen in derselben Position und können nur in bestimmten Fällen miteinander kombiniert werden:

> *das Land, dieses Land, unser Land —*
> **das dieses Land, *das unser Land – dieses unser Land*

6.5 PRONOMEN

Pronomina sind Wörter, die an der Stelle oder anstelle von Substantiven (genauer gesagt: von Substantivphrasen, s. unten Nr. 7.1/9) gebraucht werden können.

Rw.: das Pronomen, des Pronomens, die Pronomina od. Pronomen (Betonung auf *-no-*)

(6.5/1) Personalpronomina:

Die Pronomina *ich, du, er, sie, es, wir, ihr, sie (Sie)* und ihre übrigen Flexionsformen.

Alle Personalpronomina haben die grammatischen Kategorien Person und Numerus. Personalpronomina der 1. Person sind *ich* und *wir*, der 2. Person *du* und *ihr*, der 3. Person *er, sie, es* und *sie* sowie *Sie;* den Numerus Singular haben *ich, du, er, sie* und *es*, den Numerus Plural haben *wir, ihr* und *sie* sowie *Sie*. Ebenso haben alle Personalpronomina die grammatische Kategorie Kasus (am Beispiel des Personalpronomens der 2. Person Singular: Nominativ: *du*, Genitiv: *dein(er)*, Dativ: *dir*, Akkusativ: *dich*). Die grammatische Kategorie Genus kommt nur den Personalpronomina der 3. Person Singular *(er, sie, es)* zu, die deshalb GESCHLECHTIGE PERSONALPRONOMINA heißen. Die übrigen Personalpronomi-

na sind dementsprechend UNGESCHLECHTIGE PERSONALPRO-
NOMINA.

(6.5/2) Reflexivpronomina:

Das Pronomen *sich* der 3. Person und die Formen *mir, mich; dir, dich; uns; euch* der Personalpronomina der 1. und 2. Person, die im Satz mit demselben Bezug wie die Subjektsgröße gebraucht werden können oder als Prädikatserweiterungen dienen.

Reflexivpronomina gibt es nur in den Kasus Dativ und Akkusativ. Bei den Pronomina der 3. Person existieren eigene Formen *(sich)*, während bei der 1. und 2. Person die Dativ- und Akkusativformen der Personalpronomina verwendet werden.

> *Er wäscht sich* (reflexiv) – *Er wäscht ihn* (nichtreflexiv)
> *Die Frau/Sie wäscht sich* (reflexiv) – *Die Frau/Sie wäscht sie* (nichtreflexiv)
> *Die Frauen/Sie waschen sich* (reflexiv) – *Die Frauen/Sie waschen sie* (nichtreflexiv)
> *Ich wasche mich* (reflexiv) – *Du wäschst mich* (nichtreflexiv)
> *Ich schäme mich* (ECHT REFLEXIV, *mich:* Erweiterung, vgl. oben Nr. 6.2/6)

(6.5/3) Reziprokpronomen:

Das Pronomen *einander*.

Statt *einander* können häufig auch Reflexivpronomina allein oder in Kombination mit dem Adjektiv *gegenseitig* verwendet werden.

> *Sie küssten einander/sich/sich gegenseitig.*
> *Sie sorgen für sich* (reflexiv oder reziprok) – *Sie sorgen füreinander.*

(6.5/4) Demonstrativpronomina:

Pronomina mit denen auf eine außersprachliche oder sprachliche Größe identifizierend hingewiesen wird: *dieser/diese/dieses, jener/jene/jenes* (und jeweils ihre weiteren Flexionsformen), *der/die/das* und ihre übrigen Flexionsformen.

Von den zum Teil gleich lautenden = homonymen Artikeln unterscheiden sich die Demonstrativpronomina *der/die/das* im Genitiv Singular Maskulinum und Neutrum: *dessen,* im Genitiv Singular Femininum und im Genitiv Plural: *derer,* im Dativ Plural: *denen.*

> *Ich erinnere mich <u>dessen</u>/<u>derer</u>.*
> *<u>Denen</u> glaube ich kein Wort.*
> *Ich kann <u>dies</u>/<u>dieses</u> nicht einsehen.*
> *<u>Das</u> habe ich nicht gewollt.*

(6.5/5) Determinativpronomina:

Pronomina mit auswählender, begrenzender Funktion: *derjenige/diejenige/dasjenige, der/die/das, ebender/ebendie/ebendas, derselbe/dieselbe/dasselbe* und jeweils ihre weiteren Flexionsformen, *selbst, selber*.

> *<u>Derjenige</u>, der <u>diejenige</u>, die <u>dasjenige</u> malt, sieht, schweigt.*
> *Das ist das Problem <u>dessen</u>/<u>derer</u>, der/die sich darauf eingelassen hat/haben.*
> *Ich <u>selber</u> kann und mag nicht ruhn.*

(6.5/6) Possessivpronomina:

Pronomina, mit denen eine Zugehörigkeit, Zuordnung, Verbundenheit, Zusammengehörigkeit oder ein Besitzverhältnis zum Ausdruck gebracht werden: *mein-, dein-, sein-, ihr-, unser-, eu(e)r-, ihr- (Ihr-)* und jeweils ihre weiteren Flexionsformen.

Das ist dein/dein(e)s (im Sinne von 'Das gehört dir')

(6.5/7) Quantifizierende Pronomina:

Pronomina, mit denen eine Menge hinsichtlich ihrer Größe charakterisiert wird: *all-, jed-, viel-, das/die meist-, mehrer-, manch-, einig-, ein-* und jeweils ihre weiteren Flexionsformen, *etwas, ein bisschen, ein wenig, ein paar* usw.

Er hat alles vergessen.
Sie hat jeden angesprochen.
Er hat ein bisschen/etwas getrunken.

(6.5/8) Indefinitpronomina:

Pronomina, die Größen (Personen oder Sachen) in allgemeiner, unbestimmter Weise bezeichnen: *man, jemand, einer/eine/eines, etwas, der eine ... der andere, unsereiner/ unsereins, jedermann* jeweils mit ihren weiteren Flexionsformen.

Man muss ja Angst haben, dass einem (Dativ zu *man*) *die Decke auf den Kopf fällt.*
Da ist jemand/einer vor der Tür.
Da liegt etwas vor der Tür.
Der eine sieht's so, der andere so.

Unsereiner/Unsereins kann dagegen gar nichts machen.
Das kann unsereinem doch egal sein.

(6.5/9) Ellipsenpronomina:

Pronomina, die für ein elliptisch ausfallendes Substantiv als Kern einer Substantivphrase bzw. eine elliptisch ausfallende ganze Substantivphrase stehen: *einer/eine/ein(e)s, welch-, (ein/eine/ein) solch-, so einer/eine/ein(e)s* jeweils mit ihren weiteren Flexionsformen.

Sie fährt ein französisches Auto, und er fährt auch ein(e)s.
Sie fährt ein französisches Auto, und er fährt auch so ein(e)s.
Er besitzt tausend CDs, und ich habe auch welche.
Früchte des Apfelbaums heißen Äpfel, solche des Birnbaums Birnen.

Zur Ellipse vgl. unten Nr. 7.6/17.

(6.5/10) Negationspronomina:

Pronomina, die Größen als nicht existent, nicht vorhanden charakterisieren: *niemand, keiner/keine/kein(e)s, nichts* jeweils mit ihren weiteren Flexionsformen.

Ich habe keinen getroffen.
Tue recht und scheue niemand.

(6.5/11) Fragepronomina = Interrogativpronomina:

Pronomina, mit denen Ergänzungsfragesätze (s. unten Nr. 7.4/5) und indirekte Fragesätze (s. unten Nr. 7.6/8) eingeleitet werden: *wer, was* jeweils mit ihren weiteren Flexionsformen.

Mit *wer* wird nach Personen, mit *was* nach Sachen gefragt. *Wer* und *was* stehen außer im Nominativ Singular im Dativ Singular *(wem, was)* und im Akkusativ Singular *(wen, was)*.

> *Wer soll das bezahlen, was kostet das?*
> *Mit wem soll ich kommen, mit was in der Tasche?*
> *Ich weiß nicht, wen ich fragen kann.*
> *Er hat keine Ahnung, was das kostet.*

Fragepronomina gehören zu den W-WÖRTERN; vgl. oben zu Nr. 6.4/8.

(6.5/12) Relativpronomina:
Pronomina, mit denen in Relativsätzen (s. unten Nr. 7.6/10) auf ein Substantiv (Substantivphrase, s. unten Nr. 7.1/9) oder Pronomen (Pronominalphrase, s. unten Nr. 7.1/10) im übergeordneten Satz Bezug genommen wird.

Relativpronomina sind *der/die/das, welcher/welche/welches, wer, was* jeweils mit ihren weiteren Flexionsformen. Grammatische Kategorien der Relativpronomina sind Genus, Numerus, Kasus. Im Satz besteht KONGRUENZ hinsichtlich Genus und Numerus mit dem Bezugssubstantiv bzw. Bezugspronomen im übergeordneten Satz, der Kasus des Relativpronomens wird vom Prädikatsverb bzw. -adjektiv bestimmt.

> *Der Mann* [Maskulinum Singular (Nominativ)], *den* [Maskulinum Singular (Akkusativ)] *wir gesehen haben, ist gestorben.*
> *Mir, der ich stets aufrichtig war, einen solchen Vorwurf zu machen!*
> *Alles, was wir tun können, haben wir getan.*

In bestimmten Fällen kann das Bezugswort mit dem Relativpronomen verschmelzen; es ist dann implizit vorhanden:

> *Jede(r)/Der/Die, der/die das nicht kann, kriegt keinen*
> *Mann* : *Wer das nicht kann ...*
> *Den(jenigen)/Die(jenige), den/die er mag, unterstützt er*
> : *Wen er mag ...*
> *Das/alles, was er hatte, gab er ihr* : *Was er hatte ...*

Das Relativpronomen *was* kann sich auch auf vorangehende
Sätze beziehen (relativischer Anschluss, s. unten Nr. 7.6/11):

> *Er bestand die Prüfung, was uns alle überraschte.*

Die Relativpronomina *welch-, wer, was* gehören zu den *W*-
WÖRTERN; vgl. oben zu Nr. 6.4/8.

6.6 ADJEKTIV

Adjektive sind auf Substantive oder Verben bezogene Wörter, die entweder attributiv zwischen Artikel und Substantiv *(der schöne Tag)* oder prädikativ *(Der Tag ist schön)* oder adverbial als Umstandsbestimmung *(Er singt schön)* stehen können (einige Adjektive können nicht alle drei Positionen einnehmen). Sie bezeichnen Merkmale oder Eigenschaften der vom Substantiv benannten Größe oder des vom Verb benannten Geschehens.

Neben diesen PRIMÄREN ADJEKTIVEN gibt es die Partizipien des Verbs in attributiver Verwendung *(der lachende Vagabund, das aufgescheuchte Wild)*, die mit den primären Adjektiven einige Eigenschaften teilen. Sie können als OKKASIONELLE ADJEKTIVE oder als VERB-ADJEKTIVE bezeichnet werden. Viele formal noch als Partizipien erkennbare Wörter sind in die Wortart Adjektiv übergetreten: z. B. *dringend, reizend, wütend; verrückt, bescheuert, betrübt* (SEKUNDÄRE ADJEKTIVE).

6.6.1 WORTFORMEN

Die meisten Adjektive weisen sowohl ENDUNGSLOSE Formen als auch flektierte = DEKLINIERTE Realisierungsformen mit Endungen auf. Zu ihrem Gebrauch im Satz s. unten Abschnitt 6.6.2. Die grammatischen Kategorien der deklinierten Formen (zum Beispiel der Form *schön-e* als Attribut in *der schöne Tag*) sind die allgemeinen nominalen Kategorien Genus, Numerus, Kasus (vgl. oben Nr. 6.3/1 bis Nr. 6.3/3). Hinzu kommt die Zugehörigkeit zu einem ATTRIBUTIVEN DEKLINATIONSTYP:

(6.6/1) Attributiver Deklinationstyp:

Grammatische Kategorie des (attributiv gebrauchten) Adjektivs und der (attributiv gebrauchten) Partizipien des Verbs mit den Werten STARK, SCHWACH, GEMISCHT.

Starke Deklination:

	Singular			Plural
	Mask.	Fem.	Neutr.	
Nom.	*-er*	*-e*	*-es*	*-e*
Gen.	*-en*	*-er*	*-en*	*-er*
Dat.	*-em*	*-er*	*-em*	*-en*
Akk.	*-en*	*-e*	*-es*	*-e*

Schwache Deklination:

	Singular			Plural
	Mask.	Fem.	Neutr.	
Nom.	*-e*	*-e*	*-e*	*-en*
Gen.	*-en*	*-en*	*-en*	*-en*
Dat.	*-en*	*-en*	*-en*	*-en*
Akk.	*-en*	*-e*	*-e*	*-en*

Gemischte Deklination:

	Singular			Plural
	Mask.	Fem.	Neutr.	
Nom.	*-er*	*-e*	*-es*	*-en*
Gen.	*-en*	*-en*	*-en*	*-en*
Dat.	*-en*	*-en*	*-en*	*-en*
Akk.	*-en*	*-e*	*-es*	*-en*

Die Form der Endung hängt ab

1. von Genus, Numerus und Kasus des Bezugssubstantivs, die auf das Adjektiv bzw. Partizip übertragen werden,

2. von der Art des vorangehenden Artikels:

- Die Endung ist dem STARKEN Paradigma zu entnehmen, wenn kein Artikel = der Nullartikel (vgl. oben zu Nr. 6.4/2) vorangeht:

  groß-er Erfolg, (mit) groß-em Erfolg, groß-e Erfolge, (das Glück) groß-er Erfolge

- Sie ist dem SCHWACHEN Paradigma zu entnehmen, wenn der bestimmte Artikel (vgl. oben Nr. 6.4/1) oder ein anderer im Nominativ Singular Maskulinum auf *-er,* im Nominativ Singular Neutrum auf *-es* endender Artikel (z. B. *jed-, dies-*) vorangeht:

  der groß-e Erfolg, (mit) dem groß-en Erfolg, die groß-en Erfolge

  dieser/jeder groß-e Erfolg, (mit) diesem/jedem groß-en Erfolg, diese groß-en Erfolge

- Sie ist dem GEMISCHTEN Paradigma zu entnehmen, wenn der unbestimmte Artikel (nur im Singular, vgl. oben Nr. 6.4/2) oder ein im Nominativ Singular Maskulinum oder

Neutrum auf Null endender = endungsloser Artikel (z. B. *kein-, mein-*) vorangeht:

> *ein groß-er Erfolg, (mit) einem groß-en Erfolg*
> *kein/mein groß-er Erfolg, (mit) keinem/meinem groß-en Erfolg, keine/meine groß-en Erfolge*

(6.6/2) Steigerbarkeit = Komparierbarkeit:

Inhärentes Merkmal von Adjektiven (sowie einiger Wörter anderer Wortart): Fähigkeit, Komparativ- und Superlativformen zu bilden.

Komparierbar sind Adjektive, deren Bedeutung eine graduelle Stufung zulässt; Beispiele:

> *kalt – kälter – am kältesten*
> *schön – schöner – am schönsten*

Nicht komparierbar sind Adjektive, deren Bedeutung keine graduelle Stufung zulässt; Beispiele:

> *tot, nackt* (drücken einen äußersten Zustand aus)
> *gläsern, quadratisch* (bezeichnen Merkmale mit festgelegtem Status)
> *mündlich, sterblich* (lassen nur einen Gegenbegriff zu)

(6.6/3) Steigerung = Komparation:

Grammatische Kategorie komparierbarer Adjektive (sowie einiger Wörter anderer Wortart) mit den Werten POSITIV, KOMPARATIV, SUPERLATIV.

Komparative werden durch die Anfügung des Suffixes *-er,* Superlative durch die Anfügung von *-st* bzw. *-est* gebildet. Positive bleiben unbezeichnet. Bei einigen Adjektiven mit umlautfähigem Stammvokal (vgl. oben Nr. 5.2/5) tritt im Komparativ und Superlativ Umlaut ein, bei anderen nicht:

hoch: höh-er, höch-st- jung: jüng-er, jüng-st- aber
krumm: krumm-er, krumm-st-

Suppletivallomorphe des Stammes (vgl. oben Nr. 5.4/12)
liegen vor bei

gut: bess-er, be-st-.

So auch bei Adverbien und Pronomina:

gern: lieb-er, lieb-st; viel: meh-r(er), mei-st.

Deklinationsendungen treten hinter die Komparativ- oder
Superlativendungen: *höh-er-em, jüng-er-er, meh-rer-e, be-st-en, lieb-st-en.*

Komparierbare Adverbien: *gern (lieb-er, lieb-st), oft (öft-er)*;
komparierbares Pronomen (bzw. Pronominalartikel): *viel
(mehr, mei-st).*

Rw.: der Positiv, des Positivs, die Positive (Betonung auf *Po-*)
der Komparativ, des Komparativs, die Komparative (Betonung auf *Kom-*)
der Superlativ, des Superlativs, die Superlative (Betonung auf *Su-*)
groß ist ein/steht im Positiv, *größer* ist ein/steht im Komparativ, *größt* oder
am größten ist ein/steht im Superlativ

6.6.2 SYNTAKTISCHE KLASSEN

***1. Subklassen nach der Verwendung als Phrasen- bzw.
Satzteil:***

(6.6/4) Attributive Verwendung:
Verwendung von Adjektiven als Attribut (s. unten Nr.
7.3/3).

Es werden deklinierte Formen mit Endung gebraucht:

*ein eckig-er Tisch, dem eckig-en Tisch, eckig-er Tische
schön-es Wetter, das schön-e Wetter, schöner-es Wetter,*

das schöner-e̲ Wetter, schönst-e̲s̲ Wetter, das schönst-e̲ Wetter

Einige Adjektive wie *rosa, super* können keine Endung zu sich nehmen:

ein rosa-Ø Pullover, eine super-Ø Schau

(6.6/5) Prädikative Verwendung:

Verwendung von Adjektiven als Prädikativum = Prädikatsnomen (s. unten Nr. 7.2/2).

Bei nichtkomparierbaren Adjektiven und im Positiv und Komparativ komparierbarer Adjektive werden endungslose Formen gebraucht:

Der Tisch ist eckig-Ø.
Das Wetter ist schön-Ø. Das Wetter ist schöner-Ø.

Bei komparierbaren Adjektiven im Superlativ werden deklinierte Formen mit Endung gebraucht:

Seine Frau ist die klügst-e̲.
Ihre Kinder sind die hübschest-e̲n̲.
Seine Frau ist a̲m̲ klügst-e̲n̲.
Ihre Kinder sind a̲m̲ hübschest-e̲n̲.

(6.6/6) Adverbiale Verwendung:

Verwendung von Adjektiven als Umstandsbestimmungen = adverbiale Bestimmungen = Adverbiale (s. unten Nr. 7.2/14).

Bei nichtkomparierbaren Adjektiven und im Positiv und Komparativ komparierbarer Adjektive werden endungslose Formen gebraucht:

Er bewegt sich eckig-Ø.
Sie singt schön-Ø. Sie singt schöner-Ø.

Bei komparierbaren Adjektiven im Superlativ werden Formen mit Endung gebraucht:

> *Sie singt <u>am</u> schönst-<u>en</u>.*

Die meisten Adjektive können sowohl attributiv wie auch prädikativ wie auch adverbial gebraucht werden. Einige können nur attributiv gebraucht werden:

> *der <u>ganze</u> Tag, das <u>gesamte</u> Vermögen,*

einige nur prädikativ:

> *Der Junge ist <u>fit</u> (*ein fitter Junge)*
> *Sie ist mir <u>gram</u> (*eine mir grame Frau),*

einige nur attributiv und adverbial, also nicht prädikativ:

> *<u>wöchentliches</u> Erscheinen*
> *Die Zeitung erscheint <u>wöchentlich</u> (*Das Erscheinen ist wöchentlich)*

2. Subklassen nach der Valenz:

Wie die oben in Abschnitt 6.2.3 aufgeführten Verb-Subklassen bilden die im Folgenden genannten Adjektiv-Subklassen die Grundlage für die Erstellung von SATZBAUPLÄNEN. Vgl. die Bemerkungen vor Nr. 6.2/30.

(6.6/7) Nullwertige Adjektive:
Adjektive, die (in prädikativer Verwendung) keine Ergänzung fordern.

Hierher gehören vor allem Witterungserscheinungen bezeichnende Adjektive = WITTERUNGSADJEKTIVE. Das in Sätzen wie

> *Es ist <u>kalt</u>*
> *Es bleibt <u>dunstig</u>*

vorkommende Pronomen *es* stellt kein Satzglied dar: *es* ist nicht ersetzbar und nicht erfragbar. Es handelt sich um ein PSEUDOSUBJEKT (vgl. oben zu Nr. 6.2/5).

(6.6/8) Einwertige Adjektive:
Adjektive, die (in prädikativer Verwendung) eine Ergänzung fordern.

> *Das Wetter* (Subjekt) *ist schön.*
> *Der Vater* (Subjekt) *ist verzweifelt.*
> *Mir* (Dativobjekt) *ist kalt.*

(6.6/9) Mehrwertige Adjektive:
Adjektive, die (in prädikativer Verwendung) zwei oder mehr Ergänzungen fordern.

Hauptfälle:
- Subjekt + Genitivobjekt:
  > *Er* wird *seines Erfolges* nicht *froh.*
- Subjekt + Dativobjekt
  > *Sie* ist *ihrer Mutter behilflich.*
- Subjekt + Präpositionalobjekt
  > *Er* ist *stolz auf seine Frau.*
- Subjekt + Umstandsbestimmung
  > *Sie* ist *einen Monat alt.*
  > *Er* ist *gebürtig aus Pommern.*

(6.6/10) Gefügeadjektive:

Adjektive, die im Satz nicht allein stehen können, sondern einer ERWEITERUNG bedürfen. Die Kombination aus Gefügeadjektiv + Erweiterung = das ADJEKTIVGEFÜGE ist als Ganzes Bedeutungs- und Valenzträger und kann in einem Satz das Prädikativum oder ein Attribut bilden.

Hierher gehören vor allem die Witterungsadjektive (vgl. oben Nr. 6.6/7 – *es* ist kein Subjekt, sondern Erweiterung [Pseudosubjekt]) und Adjektive, die Gefüge mit Reflexivpronomina wie *sich bewusst, sich sicher* bilden (*sich:* Erweiterung, nicht Objekt), sowie einige weitere Gefüge bildende Adjektive:

> <u>*Es*</u> *ist* <u>*frisch*</u> *draußen.*
> *Er ist* <u>*sich*</u> *seiner Verantwortung* <u>*bewusst*</u>.

6.6.3 ZAHLADJEKTIVE

Zur Wortart Adjektiv gehört auch ein Teil der ZAHLWÖRTER = NUMERALIA (andere gehören anderen Wortarten an, z. B. ist *Hunderte* ein Substantiv, *erstens, zweitens* usw. sind Adverbien). Gewöhnlich unterscheidet man

- **Kardinalzahlwörter** = Grundzahlwörter (z. B. *eins, zwei, beide, hundert*) und
- **Ordinalzahlwörter** = Ordnungszahlwörter (*erst-, zwei-t-, hundert-st-* usw.),
- **Bruchzahlwörter** (*halb, acht-el, hundert-st-el* usw.),
- **Vervielfältigungszahlwörter** = Multiplikativa (*zwei-fach, acht-fach, hundert-fach* usw.),

die von den Kardinalzahlen abgeleitet sind.

Rw.: das Numerale, des Numerales, die Numeralia od. Numeralien (Betonung auf *-ra-*)
das Multiplikativum, des Multiplikativums, die Multiplikativa (Betonung auf *-ti-*)

6.7 ADVERB

Adverbien sind unflektierbare Wörter, mit denen der im Satz ausgedrückte Sachverhalt, insbesondere das vom Prädikat (s. unten Nr. 7.2/1) bezeichnete Geschehen, hinsichtlich seiner Umstände näher charakterisiert werden kann. Adverbien können Satzglieder bilden und dann allein im Vorfeld des Aussagesatzes stehen (s. unten Nr. 7.5/1); sie können auf Ergänzungsfragen antworten, sofern sie nicht selbst Fragewörter sind.

> *Gern hab ich die Frauen geküsst* (*gern* im Vorfeld vor dem Finitum *hab*)
> *Wie hab ich die Frauen geküsst? – Gern [hab ich die Frauen geküsst].*

6.7.1 BEDEUTUNGSKLASSEN

Beispielsätze mit Adverbien, die im Folgenden aufgeführt sind, finden sich unten nach Nr. 7.2/14.

Adverbien der Bezeichnung des Ortes:

(6.7/1) Lokaladverbien = Ortsadverbien:
Adverbien zur Bezeichnung von Ort und Raum eines Geschehens.

> *außen, dahinter, diesseits, drinnen, hier, irgendwo, nirgends, nirgendwo, rechts, vorne ... — wo?, woran?, worauf?, worin? ...*

(6.7/2) Direktionaladverbien = Richtungsadverbien:
Adverbien zur Bezeichnung der Richtung eines Geschehens.

beiseite, dorther, dorthin, dorthinauf, nirgendwohin, überallher, weg, weiter ... — woher?, wohin? ...

Adverbien der Bezeichnung der Zeit:

(6.7/3) Temporaladverbien = Zeitadverbien:
Adverbien zur Bezeichnung des Zeitpunkts oder Zeitraums eines Geschehens.

allezeit, ehedem, heute, meistens, nächstens, nie, währenddessen, zwischendurch ... — wann?

(6.7/4) Durativadverbien = Adverbien der Dauer:
Adverbien zur Bezeichnung der Zeitdauer eines Geschehens.

lange ... — wie lange?

(6.7/5) Frequentativadverbien = Adverbien der Häufigkeit:
Adverbien zur Bezeichnung der Häufigkeit von Geschehen.

oft, öfters, einmal, keinmal ... — wie oft?

Adverbien der Bezeichnung der Art und Weise:

(6.7/6) Modaladverbien = Adverbien der Art und Weise
im engeren Sinn:

Adverbien zur Bezeichnung der Art und Weise des Ablaufs
eines Geschehens.

> *anders, folgendermaßen, glattweg, gern(e), irgendwie,
> rücklings, so, vergebens ... — wie?*

(6.7/7) Instrumentaladverbien = Adverbien des Mittels:

Adverbien zur Bezeichnung des Instruments zur Errei-
chung des Zieles eines Geschehens.

> *damit, dadurch — womit?, wodurch?*

(6.7/8) Komitativadverbien = Adverbien des Begleitum-
standes:

Adverbien zur Bezeichnung begleitender Umstände eines
Geschehens.

> *damit — womit?*

Adverbien der Bezeichnung des Grundes:

(6.7/9) Kausaladverbien = Adverbien des Grundes im
engeren Sinn:

Adverbien zur Bezeichnung eines Grundes (im engeren
Sinn) für ein Geschehen.

---

daher, deshalb, meinethalben ... — wieso?, weshalb?, warum? ...

(6.7/10) Konsekutivadverbien = Adverbien der Folge:
Adverbien zur Bezeichnung der Folge aus einem Geschehen.

---

also, darum, demnach, demzufolge, infolgedessen ...

(6.7/11) Konditionaladverbien = Adverbien der Bedingung:
Adverbien zur Bezeichnung der Bedingung für ein Geschehen.

---

dann, so, notfalls, sonst/ansonsten ... — wann?

(6.7/12) Konzessivadverbien = Adverbien der Einräumung oder des wirkungslosen oder unzureichenden Gegengrundes:
Adverbien zur Bezeichnung des unzureichenden Gegengrundes.

---

trotzdem, gleichwohl, dennoch, nichtsdestoweniger ...

(6.7/13) Finaladverbien = Adverbien des Zwecks und Ziels:
Adverbien zur Bezeichnung von Ziel oder Zweck eines Geschehens.

---

dafür, dazu, hierfür ... — wofür?, wozu?

**(6.7/14) Restriktivadverbien = Adverbien der Ein-
schränkung:**
Adverbien zur Bezeichnung einer Einschränkung.

---

insofern, insoweit — inwiefern?, inwieweit?

6.7.2 FUNKTIONSKLASSEN

(6.7/15) Pro-Adverbien:
Adverbien wie *hier, dort, dann, so, deshalb* mit allgemeiner, wenig spezifischer temporaler, lokaler ... Bedeutung.

(6.7/16) Präpositionaladverbien:
Adverbien, die aus den Elementen *da(r), hier, wo(r)* + Präpositionen wie *an, auf* usw. gebildet sind: *daran, darauf,
hieran, woran ....*

Präpositionaladverbien können Präpositionalphrasen (s. unten
Nr. 7.1/15), insbesondere Präpositionalphrasen in der Funktion von Präpositionalobjekten (s. unten Nr. 7.2/13), ersetzen:

> *Ich denke gerade <u>an diese Geschichte</u> : Ich denke gera-
> de <u>daran</u>*

Sie können aber auch Präpositionalphrasen, die als Umstandsbestimmungen (s. unten Nr. 7.2/14) fungieren, ersetzen:

> *Er sitzt <u>auf der Kiste</u> : Er sitzt <u>darauf</u>*

Letztere Funktion können auch Pro-Adverbien erfüllen:

> *Er sitzt <u>dort</u>.*

(6.7/17) Frageadverbien = Interrogativadverbien:
Adverbien, mit denen Ergänzungsfragesätze (s. unten Nr. 7.4/5) oder indirekte Fragesätze (s. unten zu Nr. 7.6/8) eingeleitet werden können.

Die Frageadverbien sind im vorangehenden Abschnitt bei den einzelnen Bedeutungsgruppen durch Fragezeichen markiert aufgeführt. Beispiele:

<u>Wann</u> kommt er?

<u>Wo</u> ist der Käse?

<u>Warum</u> weiß das keiner?

<u>Woran</u> denkst du?

Ich frage dich, <u>wann</u> er kommt.

Ob du weißt, <u>wo</u> der Käse ist?

Frageadverbien gehören zu den *W*-WÖRTERN; vgl. oben zu Nr. 6.4/8.

(6.7/18) Relativadverbien:
Adverbien, die Relativsätze einleiten können.

---

die Art, <u>wie</u> du sprichst

der Ort, <u>wo</u> du wohnst

die Passage, <u>worauf</u> du Bezug nimmst

In bestimmten Fällen kann das Bezugswort mit dem Relativpronomen verschmelzen; es ist dann implizit vorhanden:

<u>Dort</u>, <u>wo</u> du wohnst, ist es schön : <u>Wo</u> du wohnst, ist es schön

Wir fahren <u>dorthin</u>, <u>wohin</u> du fährst/<u>wo</u> du <u>hinfährst</u> : Wir fahren, <u>wohin</u> du fährst/<u>wo</u> du <u>hinfährst</u>

Ich komme <u>dann</u>, <u>wann</u> es mir gefällt : Ich komme, <u>wann</u> es mir gefällt

Relativadverbien gehören zu den *W*-WÖRTERN; vgl. oben zu
Nr. 6.4/8.

(6.7/19) Konjunktionaladverbien:

Adverbien, die ähnlich wie Konjunktionen Sätze oder Teilsätze miteinander verbinden können.

Ich weiß, <u>wann</u> er kommt.

Mir ist nicht klar, <u>wo</u> sie wohnt.

*der Schwimmer, der das spezifische Gewicht 1 hatte und
sich <u>darum</u> annähernd wie das umgebende Wasser ver-
hielt ...*

Er ist krank. <u>Deshalb</u> kann er nicht kommen.

Er ist krank, aber er ist <u>trotzdem</u> gekommen.

6.8 PARTIKEL

Partikeln sind unflektierbare Wörter, die im Gegensatz zu den Adverbien (vgl. den vorangehenden Abschnitt 6.7) für sich nicht als Satzglieder (s. unten Nr. 7.2/7) fungieren können und (im Gegensatz zu Konjunktionen, s. unten Abschnitt 6.10) keinen Fügewortcharakter haben. Einige können für sich als Satzäquivalent (s. unten Nr. 7.7/1) stehen.

Rw.: die Partikel, der Partikel, die Partikeln (Betonung auf *-ti-*)

> **(6.8/1) Abtönungspartikeln** = Modalpartikeln:
> Wörter, mit denen die Äußerung im Hinblick auf den Hörer modifiziert wird, um zum Beispiel Gefühlsbeteiligung, Abschwächung, beabsichtigte Vagheit, vorsichtige Infragestellung zum Ausdruck zu bringen: *aber, auch, bloß, denn, doch, eben, eigentlich, einfach, etwa, erst, halt, ja, mal, nur, ruhig, schon, vielleicht, wohl.*

Bist du aber groß geworden!
Wie heißt du eigentlich?
Was soll ich nur tun?
Das war vielleicht schön.

Abtönungspartikeln haben stets gleich lautende = homonyme Wörter mit anderer Funktion neben sich (z. B. *aber* als Konjunktion, *vielleicht* als Kommentarpartikel). Sie können nicht allein im Vorfeld des Aussagesatzes (s. unten Nr. 7.5/1) stehen, nicht als Antworten auf Fragen fungieren, nicht negiert und nicht betont werden.

(6.8/2) Gradpartikeln = Intensivpartikeln:

Wörter, mit deren Hilfe der von ihrem Bezugswort ausgedrückte Inhalt in seiner Intensität verstärkt oder abgeschwächt wird: *sehr, ziemlich, ganz, recht, überaus, zutiefst, höchst, fast, nahezu, beinahe* ...

Das Element, auf das sich eine Intensivpartikel bezieht, wird SKOPUS genannt.

> *Ich komme <u>sehr</u> gern.*
> *Sie ist noch <u>ganz</u> jung.*
> *eine <u>ziemlich</u> dünne Suppe.*
> *Die Idee stieß uns <u>zutiefst</u> ab.*

(6.8/3) Fokuspartikeln = Rangierpartikeln:

Wörter, mit deren Hilfe vom gegebenen Satz aus Beziehungen zu anderen entweder explizit geäußerten oder nur mitverstandenen Sätzen hergestellt werden, indem die Bezugselementgröße zu gleichartigen Elementen in Beziehung gesetzt wird: *allein, auch, ausgerechnet, bereits, besonders, bloß, einzig, eben, nicht einmal, erst, genau, gerade, insbesondere, lediglich,* (*nicht* usw.) *mehr, noch, nur, schon, selbst, sogar, wenigstens* ...

Fokuspartikeln bilden zusammen mit ihrem Bezugselement das Zentrum einer Aussage, also den Teil des Satzes mit dem höchsten Mitteilungswert.

> <u>*Nur*</u> *du kannst mir noch helfen* ('Keiner sonst kann mir helfen')
> *Er ist <u>noch</u> hier* ('Später wird er nicht mehr hier sein')
> <u>*Sogar*</u> *der Kanzler ist gekommen* ('Es ist überraschend, dass der Kanzler gekommen ist')

(6.8/4) Negationspartikeln:
Wörter wie *nicht, keineswegs, keinesfalls, mitnichten, e-*
bensowenig, genausowenig.

(6.8/5) Kommentarpartikeln = **Modalwörter:**
Wörter, die angeben, wie der Sprecher oder eine im Satz
benannte Größe den im Satz zum Ausdruck gebrachten
Sachverhalt einschätzt: Wörter, aus denen die Einstellung
des Sprechers bzw. einer im Satz benannten Größe zum
Sachverhalt deutlich wird, die ihn auf andere Sachverhalte
beziehen, ihn an Normen, Zielvorstellungen usw. messen
oder allgemein eine Bewertung zum Ausdruck bringen.

Hauptfälle:
* Einschätzung des Sachverhalts hinsichtlich seines Wirk-
  lichkeitsgrades oder seiner Verwirklichungsmöglichkeiten
  vielleicht, wahrscheinlich, eventuell, sicherlich, womög-
  lich, wohl ...
* qualitative oder rationale Bewertung
  logischerweise, erwartungsgemäß ...
* gefühlsmäßige Einstellung
  leider, gottlob, glücklicherweise ...
* Einräumung und Bewertung
  Zwar ist er klein, aber oho.
  Wohl ist er nicht mitgefahren, hat sich aber an den Ko-
  sten beteiligt.
* rhetorische Frage
  Ist sie nicht süß? ('Sie ist süß')
  Ist sie etwa sauer? ('Sie ist nicht sauer')

Kommentarpartikeln können im Vorfeld des Aussagesatzes
(s. unten Nr. 7.5/1) stehen; einige können als Antwort auf
Entscheidungsfragen (s. unten Nr. 7.4/6) dienen:

> *<u>Vielleicht</u> kommt er ja noch.*
> *Kommt er? – <u>Vielleicht</u>. / <u>Sicherlich</u>.*

(6.8/6) Antwortpartikeln:

Wörter wie *ja, nein, doch, mhm,* mit denen auf eine Ent-
scheidungsfrage geantwortet werden kann.

> *Kommt sie? – Ja. / Ja, sie kommt.*
> *Kommt sie? – Doch, sie kommt.*
> *Kommt sie? – Nein. / Nein, sie kommt nicht.*
> *Kommt sie nicht? – Doch. / Doch, sie kommt.*
> *Kommt sie nicht? – Nein / Nein, sie kommt nicht.*

(6.8/7) Reaktionspartikeln:

Wörter wie *danke, bitte,* mit denen Äußerungen begleitet
oder charakterisiert werden können oder mit denen auf andere Äußerungen reagiert werden kann.

> *Reich mir doch bitte das Salz. – Bitte. – Danke.*

6.9 PRÄPOSITION

Präpositionen sind unflektierbare Wörter, die eine Nominalphrase = eine Substantiv- oder eine Pronominalphrase bei sich haben können, deren Kasus durch die jeweilige Präposition festgelegt = regiert wird (Rektion, vgl. oben Nr. 6.1/11).

6.9.1 SYNTAKTISCHE KLASSEN

Syntaktische Subklassen nach der Rektion:

(6.9/1) Genitivpräpositionen:
Präpositionen wie *trotz, wegen, ungeachtet,* die eine Nominalphrase im Genitiv fordern.

(6.9/2) Dativpräpositionen:
Präpositionen wie *mit, dank, an, auf,* die eine Nominalphrase im Dativ fordern.

(6.9/3) Akkusativpräpositionen:
Präpositionen wie *durch, entlang, an, auf,* die eine Nominalphrase im Akkusativ fordern.

Die meisten Präpositionen fordern e i n e n bestimmten Kasus (KASUSFESTE PRÄPOSITIONEN). Bei manchen von ihnen schwankt der Kasusgebrauch (z. B. *wegen* und *trotz* mit dem Genitiv oder Dativ).

Einige Präpositionen gehören je nach Bedeutung zwei Gruppen an: Präpositionen wie *an, auf, in, unter* werden je nach-

dem, ob sie Lage oder ob sie Richtung bezeichnen, mit dem
Dativ *(an/auf/in/unter der Kiste)* oder dem Akkusativ *(an/auf/
in/unter die Kiste)* verbunden (KASUSVARIANTE PRÄPOSITI-
ONEN).

Syntaktische Subklassen nach der Stellung:

(6.9/4) Vorangestellte Präpositionen:
Präpositionen, die ihrem Bezugselement vorangehen.

---

auf der Mauer, unter die Decke

(6.9/5) Nachgestellte Präpositionen = Postpositionen:
Präpositionen, die ihrem Bezugselement folgen.

---

der Umstände halber, dem Gesetz zuwider

Bei einigen sind beide Stellungen möglich:
> *wegen des Regens – des Regens wegen; bar jeglichen
> Sachverstandes – jeglichen Sachverstandes bar*

**(6.9/6) Diskontinuierliche Präpositionen = Zirkumposi-
tionen:**
Aus zwei Teilen bestehende Präpositionen, deren erster
Teil dem Bezugselement vorangeht und deren zweiter Teil
ihm folgt.

---

um meines Namens willen, von diesem Montag an

Außer mit Nominalphrasen können einige Präpositionen auch
mit Adverbien oder Adjektiven verbunden werden:
> *von heute an, für immer, für täglich*

Präpositionsähnliche Einheiten:

Neben den eigentlichen Präpositionen können **Adjektivphrasen präpositionsähnlich gebraucht** werden:
> *ähnlich seiner Schwester, ausgehend von dieser These, seinen Vorsätzen treu*

Ebenso **Präpositionalphrasen**:
> *in Abhängigkeit von den Lebensbedingungen, im Benehmen mit dem Arbeitgeber, im Vergleich zu gestern*

(6.9/7) Verschmelzungsform:
Verbindung von Präposition und bestimmtem Artikel in einer Wortform.

Bei den Verschmelzungsformen (z. B. *am, im, zur*) handelt es sich um Portmanteau-Allomorphe (vgl. oben Nr. 5.3/8), die grammatisch sowohl Präpositions- als auch Artikeleigenschaften aufweisen.

6.9.2 BEDEUTUNGSKLASSEN

6.9/8 Lokale Präpositionen:
Präpositionen zur Bezeichnung des Raumes, der Lage oder der Richtung.

Beispiel:
> *Er steht an der Wand.*
> *der Lauscher an der Wand*
> *auf, hinter, über, bei nach, zwischen*

6.9/9 Temporale Präpositionen:
Präpositionen zur Bezeichnung des Zeitpunkts oder der Dauer.

Beispiele:
von – an, bis, seit, während, binnen, zwischen, nach

6.9/10 Modale Präpositionen:
Präpositionen zur Bezeichnung der Art und Weise u. ä.

Beispiele:
in (Eile)
aus (Seide)
mit (Heftigkeit)

6.9/11 Kausale Präpositionen:
Präpositionen zur Bezeichnung des Grundes, der Einräumung, des Zweckes u. ä.

Beispiele:
wegen (des Regens)
trotz (Sonne)
durch (Feuer)
mangels (Masse)
aus (Angst)

In Präpositionalobjekten (s. unten Nr. 7.2/13) und entsprechenden Attributen (Objekt-Attributen, s. unten Nr. 7.3/3) sind die Präpositionen semantisch „leer".
Er wartet auf das Glück - sein Warten auf das Glück
Sie freut sich über alles - ihre Freude über alles

6.10 KONJUNKTION

Konjunktionen sind unflektierbare Fügewörter ohne Satzgliedwert und ohne Kasusforderung (das heißt, sie legen den Kasus einer eventuell folgenden Nominalphrase nicht fest). Sie kennzeichnen die syntaktische Verknüpfung von Sätzen oder Teilen von Sätzen und charakterisieren die inhaltliche Beziehung zwischen den verknüpften Einheiten.

6.10.1 BEDEUTUNGSKLASSEN

> **(6.10/1) Kopulative Konjunktionen = anreihende Konjunktionen:**
> Konjunktionen wie *und, sowie, sowohl ... als auch, nicht nur ... sondern auch,* mit denen zwei (oder mehr) Größen als zugleich geltend gekennzeichnet werden.

Es ist Samstag und es regnet.
Er trank nicht nur Whisky, sondern auch Soda.

> **(6.10/2) Disjunktive Konjunktionen = ausschließende Konjunktionen:**
> Konjunktionen wie *oder, entweder ... oder,* mit denen zwei (oder mehr) Größen als nicht zugleich geltend gekennzeichnet werden.

Entweder du bist jetzt ruhig oder du gehst nach Hause.
Sie stieß gelegentlich ein gedämpftes „Sehr schön!" oder „Toll!" aus.

**(6.10/3) Adversative Konjunktionen = entgegensetzende
Konjunktionen:**

Konjunktionen wie *während, wohingegen, aber, doch, sondern*, die einen Gegensatz zwischen Sachverhalten kennzeichnen.

> *Er ist nicht schlau, <u>sondern</u> tut nur so.*
> *Sie ist klug, <u>wohingegen/während</u> er nur so tut.*
> *Er wollte sie abholen, <u>aber/doch</u> sie kam nicht.*
> *Das ist zwar wahr, hat <u>aber</u> mit der Sache nichts zu tun.*

Konjunktionen der Bezeichnung der Zeit:

**(6.10/4) Temporale Konjunktionen = Konjunktionen
der Zeit:**

Konjunktionen wie *als, bevor, kaum dass, nachdem, während*, die das zeitliche Verhältnis kennzeichnen.

> <u>*Nachdem*</u> *die Mauer gefallen war, gab es kein Halten
> mehr.*
> <u>*Als*</u> *er eintraf, stand schon alles parat.*
> <u>*Bevor*</u> *sie das Buch (nicht) fertig hat, fährt sie nicht in
> Urlaub.*

**(6.10/5) Durative Konjunktionen = Konjunktionen der
Dauer:**

Konjunktionen wie *solange*, die die Zeitdauer kennzeichnen.

> <u>*Solange*</u> *du deine Füße unter meinen Tisch stellst, bricht
> er nicht zusammen.*

> **(6.10/6) Frequentative Konjunktionen = Konjunktionen der Häufigkeit:**
> Konjunktionen wie *sooft*, die die Häufigkeit kennzeichnen.

Er besucht seinen Sohn, sooft er nur kann.

Konjunktionen der Bezeichnung der Art und Weise:

> **(6.10/7) Modale Konjunktionen = Konjunktionen der Art und Weise im engeren Sinn:**
> Konjunktionen wie *indem, wie,* die die Art und Weise des Geschehens, die Begleitumstände kennzeichnen.

Indem/Wie sie das sagte, löste sie sich in Luft auf.

> **(6.10/8) Instrumentale Konjunktionen = Konjunktionen des Mittels:**
> Die Konjunktion *indem,* die ein Satzgeschehen als Mittel zum Zweck für ein anderes Satzgeschehen ausweist.

Er schnitt die Salami, indem er ein Messer benutzte.

> **(6.10/9) Komitative Konjunktionen = Konjunktionen des Begleitumstandes:**
> Konjunktionen wie *(an)statt dass, (an)statt, ohne dass, ohne* zum Ausdruck des stellvertretenden oder fehlenden Geschehens.

Anstatt dass er dumm herumstand, legte er Hand an.
Statt dumm herumzustehen, solltest du lieber Hand anlegen.

Er tat es, <u>ohne dass</u> sie ihn darum gebeten hätte.
Er tat es, <u>ohne</u> zu murren.

Konjunktionen der Bezeichnung des Grundes:

(6.10/10) Kausale Konjunktionen = Konjunktionen des Grundes im engeren Sinn:

Konjunktionen wie *weil, zumal, da, denn*, die ein Satzgeschehen als Grund für ein anderes Satzgeschehen kennzeichnen.

Er kommt nicht, <u>weil</u> er krank ist.
<u>Weil</u> er krank ist, kommt er nicht.
Er kommt nicht, <u>denn</u> er ist krank.

(6.10/11) Konsekutive Konjunktionen = Konjunktionen der Folge:

Konjunktionen wie *dass, so dass, als dass, um*, die ein Satzgeschehen bzw. sein Nichteintreten als Folge eines anderen Satzgeschehens kennzeichnen.

Er fegte, <u>dass</u> er schwitzte.
Die Temperaturen stiegen auf über 35 Grad, <u>so dass</u> der Asphalt zu schmelzen begann.
Sie war zu müde, <u>als dass</u> sie noch hätte arbeiten können.
Sie war zu müde, <u>um</u> noch zu arbeiten.

(6.10/12) Konditionale Konjunktionen = Konjunktionen der Bedingung:

Konjunktionen wie *wenn, falls, im Falle dass,* die ein Satzgeschehen als Bedingung für ein anderes Satzgeschehen kennzeichnen.

Wenn es regnet, wird die Straße nass.
Falls die Straße nass ist, hat es geregnet.

(6.10/13) Konzessive Konjunktionen = Konjunktionen der Einräumung oder des wirkungslosen oder unzureichenden Gegengrundes:

Konjunktionen wie *obgleich, obschon, sowenig, wenn auch,* die ein Satzgeschehen als unzureichenden Gegengrund für ein anderes Satzgeschehen kennzeichnen.

Obschon ich im finsteren Tal wandere, fürchte ich kein Unglück.

(6.10/14) Finale Konjunktionen = Konjunktionen des Zwecks und Ziels:

Konjunktionen wie *damit, auf dass, um (zu),* die ein Satzgeschehen als Ziel oder Beweggrund für ein anderes Satzgeschehen kennzeichnen.

Du musst etwas essen, damit du nicht umfällst.
Ich habe sie besucht, um sie zu trösten.

(6.10/15) Restriktive Konjunktionen = Konjunktionen der Einschränkung:

Konjunktionen wie *außer dass, soweit, insoweit als, insofern als* zum Ausdruck einer Einschränkung.

Es geht ihm gut, <u>außer dass</u> ihm seine Frau fehlt.
<u>Soweit/Insoweit</u> sich etwas tun lässt, helfe ich dir gern.
Wir hatten noch <u>insofern</u> Glück, <u>als</u> wir nicht ausge-
raubt wurden.

Sonstige Konjunktionen:

**(6.10/16) Komparative Konjunktionen = Konjunktio-
nen des Vergleichs:**

Konjunktionen wie *wie, als ob, als wenn* zum Ausdruck eines tatsächlichen oder hypothetischen („irrealen") Vergleichs.

Sie sieht (so/genauso) aus, <u>wie</u> ihre Mutter bei ihrer
Hochzeit ausgesehen hatte.
Es sieht so aus, <u>als ob</u> er hier war.
Du tust (so), <u>als ob</u> du ein Krösus wärest.

(6.10/17) Proportionale Konjunktionen:

Konjunktionen wie *je ... je, je ... desto,* die angeben, dass
zwei Größen sich zugleich und im gleichen Maße ändern.

<u>Je</u> später der Abend wurde, <u>je/desto</u> lustiger wurden die
Gäste.

(6.10/18) Spezifizierende Konjunktion:

Die Konjunktion *und zwar,* die eine nachträgliche Erläuterung oder Präzisierung einleitet.

Das Buch ist teuer, <u>und zwar</u> kostet es dreißig Ecu.

(6.10/19) Generelle Konjunktionen:

Die Konjunktionen *dass, ob.*

Ich weiß, <u>dass</u> er morgen kommt.
Ich bin unsicher, <u>ob</u> er morgen kommt.

6.10.2 FUNKTIONSKLASSEN

(6.10/20) Koordinierende Konjunktionen = **nebenord-**
    nende Konjunktionen = **Konjunktoren:**

Konjunktionen wie *und, oder, denn, aber, sondern,* mit denen Satzteile oder Sätze gleichrangig miteinander verbunden werden.

Franz <u>und</u> Ida mögen sich.
Er kommt nicht, <u>denn</u> er ist krank.

Rw.: der Konjunktor, des Konjunktors (Betonung auf *-junk-*), die Konjunk-
toren (Betonung auf *-to-*)

(6.10/21) Subordinierende Konjunktionen = **unterord-**
    nende Konjunktionen = **Subjunktoren = Subjunkti-**
    onen:

Konjunktionen wie *als, nachdem, weil, da, wenn, dass,* mit
denen Nebensätze (Verb-Letzt-Sätze, s. unten Nr. 7.4/3)
eingeleitet werden.

Er kommt nicht, <u>weil</u> er krank <u>ist</u>.

Rw.: der Subjunktor, des Subjunktors (Betonung auf *-junk-*), die Subjunkto-
ren (Betonung auf *-to-*)

(6.10/22) Infinitivkonjunktionen:

Die Konjunktionen *um, (an)statt, ohne* in *zu*-Infinitiv-Teil-
sätzen (s. unten Nr. 7.1/20).

Er tat es, <u>um</u> zu überleben.
<u>Anstatt</u> zu faulenzen, machte er sich an die Arbeit.
<u>Ohne</u> zu zögern, legte er sie wieder weg.

Koordinierende Konjunktionen treten zwischen die verknüpften Satzteile oder Sätze; sie stehen dabei außerhalb der
verknüpften Teile:

[Er ist krank,] und [er bleibt zu Hause].
[Er bleibt zu Hause,] denn [er ist krank].

Im Gegensatz dazu stehen Konjunktionaladverbien (vgl. oben
Nr. 6.7/19) am Anfang oder im Inneren des Satzes:

[Er ist krank,] [<u>deshalb</u> <u>bleibt</u> <u>er</u> zu Hause].
[Er ist krank,] [<u>er</u> <u>bleibt</u> <u>deshalb</u> zu Hause].

Subordinierende Konjunktionen leiten Nebensätze in Form
von Verb-Letzt-Sätzen (s. unten Nr. 7.4/3) ein:

[Er bleibt zu Hause,] [<u>weil</u> er krank <u>ist</u>].

Anders als koordinierende Konjunktionen sind sie in die
verknüpften Teile integriert.

6.11 INTERJEKTION

Interjektionen sind unflektierbare Wörter,

- die zum Ausdruck körperlicher oder seelischer Empfindungen dienen

    au, autsch, oh, ah, pfui, igitt, oho, ätsch, papperlapapp, p, aha, hm hm, na na,

- mit denen ein Anruf oder eine Aufforderung gemacht werden kann

    he, ahoi, hoppla, pscht, husch, dalli, hau ruck, toi toi toi,

- die Laute nachahmen sollen

    hihi, hatschi, muh, iah, krah, ticktack, krach, plumps, schwuppdiwupp, ächz, würg, stöhn

Interjektionen stehen vor oder zwischen Sätzen oder werden unintegriert in Sätze eingefügt:

Ach! Das hör' ich ja jetzt zum ersten Mal.
Da kam er holterdipolter die Treppe herunter.

Sie haben keinen Satzgliedwert und können nicht erfragt werden.

7

SYNTAX:

LEHRE VOM SATZ

Die Syntax ist die grammatische Teildisziplin, die sich mit dem Aufbau von Sätzen und ihren grammatischen Eigenschaften beschäftigt. Die im Folgenden zusammengestellten syntaktischen Begriffe gehen zum großen Teil auf die traditionelle und die Schulgrammatik zurück, das heißt sie beziehen sich nicht direkt und ausschließlich auf eine der vielen neueren Syntaxtheorien (zum Beispiel die generative Transformationsgrammatik oder die Dependenz-/Valenzgrammatik), wohl aber werden dort entwickelte Vorstellungen, Verfahren und Begriffe mit aufgenommen.

Sätze sind nicht eine bloße Anreihung von Wörtern. Sie bestehen vielmehr aus Teilen = KONSTITUENTEN. Diese treten als Einzelwörter oder als Gruppen von zusammengehörigen Wörtern auf. Wir nennen diese Baublöcke PHRASEN. Auf die Phrasenstruktur bezogene Begriffe werden in Abschnitt 7.1 vorgestellt. Im Satz fungieren diese Phrasen als Satzkonstituenten. Sie werden entweder als SATZTEILE oder als PHRASENTEILE verwendet. Begriffe zur Beschreibung von Satzteilen finden sich in Abschnitt 7.2, solche zur Beschreibung von Phrasenteilen in Abschnitt 7.3.

Rw.: die Konstituente, der Konstituente, die Konstituenten (Betonung auf *-en-*)

7.1 PHRASEN

Phrasen sind Bauelemente von Sätzen, die aus einem Einzelwort oder einer Gruppe von Wörtern, die sich an dieses Kernwort anlagern oder sich mit ihm verbinden, bestehen.

Übersicht über die Phrasentypen:

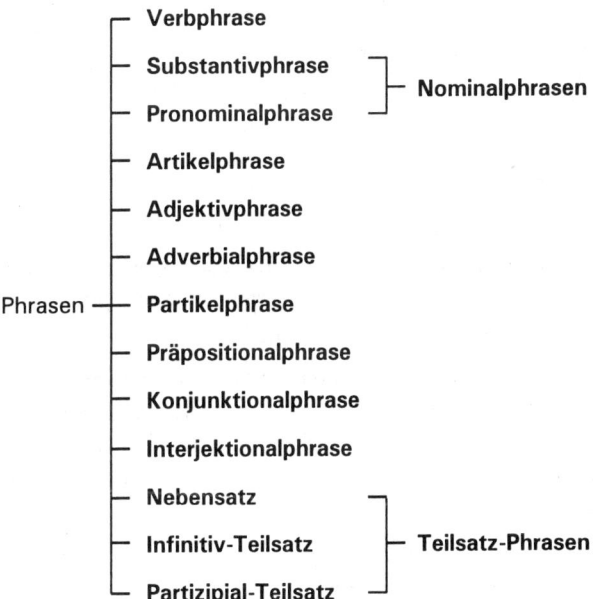

Phrasen lassen sich mithilfe von Proben = Tests ermitteln. Durch die VERSCHIEBEPROBE (= PERMUTATIONSTEST) werden die Phrasen festgestellt, die in einem gegebenen Satz als Satzteile (und nicht als Phrasenteile, s. am Ende dieses Abschnittes) fungieren. Es handelt sich um Einzelwörter oder um Wortgruppen, die (als Ganze) verschoben werden können.

Im Märzen spannt der Bauer die Rösslein an.

Die Rösslein spannt der Bauer im Märzen an.

Der Bauer spannt im Märzen die Rösslein an.

Im Märzen der Bauer die Rösslein anspannt (poetisch).

aber nicht: *im der Bauer Märzen spannt die Rösslein an* o. Ä.

Dieser Ermittlung dient auch eine spezielle Form der ERSATZPROBE (= des KOMMUTATIONSTESTS), bei der mehrwortige Gruppen durch Pro-Wörter (Pronomina, Pronominaladverbien usw.) ersetzt werden: Phrasen lassen sich durch ein einziges Pro-Wort ersetzen. Mit dieser Probe wird gleichzeitig der Umfang von Phrasen ermittelt:

Im Märzen	*spannt*	*der Bauer*	*die Rösslein*	*an.*
Dann	*spannt*	*er*	*sie*	*an.*

Verbphrasen entziehen sich diesen Proben weitgehend. Sie ergeben sich als Phrasen, nachdem die übrigen Bestandteile des Satzes als Phrasen ermittelt sind.

Phrasen, die lediglich aus einem Wort oder einer notwendigen Beifügung bestehen, nennen wir MINIMALPHRASEN, Phrasen, die über das notwendige Minimum hinaus weitere Phrasen (in Form von Einzelwörtern oder Wortgruppen) enthalten, nennen wir KOMPLEXE PHRASEN.

Rw.: die Phrase, der Phrase, die Phrasen

(7.1/1) Verbphrase:

Phrase mit einem Hauptverb (vgl. oben Nr. 6.2/1) als Kern.

Typen von Verbphrasen nach der Anzahl der Wortformen:

(7.1/2) Einwortige Verbphrase:
Verbphrase mit nur einem einzigen grammatischen Wort
(vgl. oben nach Nr. 6.1/6).

Hauptfälle:
- einfache Form (vgl. oben Nr. 6.2/26) eines Vollverbs
    Lothringer <u>lächelte</u>.
- einfache Form eines Kopulaverbs
    Er <u>war</u> empfindlich.
    <u>Bist</u> du sicher?
- einfache Form des Gefügeverbs eines Verbgefüges
    ... als sie sich über die Zustände an der Fakultät <u>unterhielten</u> (Verbgefüge: *sich unterhalten*)
    Sie <u>behielt</u> das Portal im Auge (Verbgefüge: *im Auge behalten*)

(7.1/3) Mehrwortige Verbphrase:
Verbphrase aus mehreren grammatischen Wörtern.

Hauptfälle:
- bei trennbaren Verben (vgl. oben Nr. 6.2/17): Wortform des Verbstammes + Verbzusatz in diskontinuierlicher Stellung
    Die junge Frau <u>schlug</u> ihren Ordner <u>zu</u>.
    <u>Hören</u> Sie <u>auf</u>!
    <u>Kommen</u> Sie <u>mit</u>?
- zusammengesetzte Verbform (vgl. oben Nr. 6.2/27)
    Lothringer <u>hatte</u> sich mit ihr <u>verabredet</u>.
    Auch bei den Volkswirten <u>wurde</u> <u>gestreikt</u>.

- Hauptverb in Kombination mit einem Modalitätsverb (vgl.
  oben Nr. 6.2/8)
    Zu irgendwas <u>muss</u> ein Streik gut <u>sein</u>.
    Er <u>hatte</u> es <u>fürchten</u> <u>müssen</u>.
    Sie <u>schien</u> das Schauspiel <u>zu genießen</u>.

Typen von Verbphrasen nach der Finitheit:

(7.1/4) Finite Verbphrase:
Verbphrase, die ein Verbum finitum = ein Finitum = eine
Personalform (vgl. oben Nr. 6.2/29) enthält.

[Dass ich dich] <u>sehen darf</u> [, macht mich glücklich].

(7.1/5) Infinite Verbphrase:
Verbphrase, die kein Finitum enthält.

[Dich] <u>zu sehen</u> [macht mir Freude].
[Nichts Böses] <u>ahnend</u> [, lief er ihr genau in die Arme].
*[Am Ziel] <u>angekommen</u> [, machte sie vor Freude einen
Luftsprung].*

Typen von Verbphrasen nach der Modalisierung:

(7.1/6) Modalisierte Verbphrase:
Verbphrase, die zusätzlich zum Hauptverb ein oder mehrere Modalitätsverben enthält.

Sie <u>wollte</u> das Schauspiel <u>genießen</u>.
Sie <u>schien</u> das Schauspiel <u>genießen</u> <u>zu wollen</u>.

(7.1/7) Nichtmodalisierte Verbphrase:
Verbphrase, die nur eine Hauptverb-Form, aber nicht zusätzlich auch ein Modalitätsverb enthält.

... weil er <u>geschlagen worden sein wird</u>

(7.1/8) Nominalphrase:
Zusammenfassende Bezeichnung für SUBSTANTIVPHRASE und PRONOMINALPHRASE.

(7.1/9) Substantivphrase:
Phrase mit einem Substantiv als Kern.

Minimale Substantivphrasen bestehen allein aus einem Substantiv:

> <u>Lothringer</u> *[lächelte].*
> *[Er mag]* <u>Wein</u>.

Komplexe Substantivphrasen enthalten über das Minimum hinaus weitere Elemente. – Hauptfälle:

- Artikelphrase
  > <u>Der</u> <u>Wein</u> *[war gut].*
  > <u>Dieser</u> <u>Wein</u> *[war köstlich].*
  > *[Es war einmal]* <u>ein</u> König.
- weitere Substantivphrasen, häufig im Genitiv
  > *[die]* <u>Augen</u> <u>Tina Rotermunds</u>
  > *[eine moderne]* <u>Version</u> <u>des Märchens</u> <u>vom Rotkäppchen</u>
  > *[eine ausziehbare]* <u>Holzkonstruktion, eine Art Riesenzollstock</u>

- Adjektivphrasen
  spitze Hüte
  kleine, runde Tische
  [ihr] schmales Gesicht
  [die] blonde junge Frau
  [den] von ihm zurechtgerückten Stuhl
- Adverbialphrasen
  [der] Ausflug gestern
- Präpositionalphrasen
  Lusine Schmuck von der Museumsgesellschaft
- Teilsatz-Phrasen in Form von Nebensätzen (vor allem Relativsätze)
  [fluoreszierende] Linien, denen die beiden Männer und die Frau, die einen Doktorhut trug, zu folgen versuchten
- Teilsatz-Phrasen in Form von Infinitiv-Teilsätzen
  [die] Schwierigkeit, sie persönlich anzusprechen

Abgesehen von den Artikeln erfüllen diese Elemente die Rolle von ATTRIBUTEN (s. unten Nr. 7.3/3).

Das Substantiv kann ausfallen, wenn ein attributives Element vorhanden ist und aus den Umständen das Gemeinte eindeutig hervorgeht.

Welches Kleid nimmst du? – Das grüne.
Er hat zwei Schwestern, eine blonde und eine brünette.
Wir haben jeden Tag einen anderen Wein probiert. Der gestern hatte etwas viel Schwefel.

Man spricht dann von SUBSTANTIVELLIPSE (s. auch unten Nr. 7.6/17) und behandelt die Phrase als VERKÜRZTE SUBSTANTIVPHRASE. – Anders verhält es sich, wenn ein Substantiv als Kern einer Substantivphrase oder eine ganze Substantivphrase elliptisch ausfällt: dann muss ein Ellipsenpronomen (vgl. oben Nr. 6.5/9) in einer Pronominalphrase (s. unten Nr. 7.1/10) an ihre Stelle treten:

Sie fährt ein französisches Auto, und er fährt auch
ein(e)s.
Sie fährt ein französisches Auto, und er fährt auch <u>so</u>
ein(e)s.
Er besitzt tausend CDs, und ich habe auch <u>welche</u>.
Früchte des Apfelbaums heißen Äpfel, <u>solche</u> des Birn-
baums Birnen.

Substantivphrasen stehen in der 3. Person. Sie stehen in der 3.
Person Singular, wenn sie ein Substantiv im Singular enthalten. Sie stehen im Allgemeinen in der 3. Person Plural, wenn
sie ein Substantiv im Plural enthalten oder aus einer kopulativen Verbindung (vgl. oben Nr. 6.10/1) von Substantivphrasen im Singular oder Plural bestehen.

<u>Der Mann</u> schweig<u>t</u>. Man könnte <u>ihn</u> vieles fragen und
<u>er</u> könnte vieles sagen.
<u>Die Männer</u> schweig<u>en</u>. Man könnte <u>sie</u> vieles fragen
und <u>sie</u> könnten vieles sagen.
<u>Der alte Mann und das Kind</u> schweig<u>en</u>. Man könnte <u>sie</u>
vieles fragen und <u>sie</u> könnten vieles sagen.

(7.1/10) Pronominalphrase:
Phrase mit einem Pronomen als Kern.

Minimale Pronominalphrasen bestehen allein aus einem Pronomen:
ich, alle, denen
Komplexe Pronominalphrasen enthalten darüber hinaus weitere Elemente. – Hauptfälle:
• Substantivphrase
  Ihr <u>bösen Kinder</u>
• Pronominalphrase
  ich <u>selber</u>

- Adjektivphrase
  etwas <u>Schönes</u>, nichts <u>Gutes</u>
- Teilsatz-Phrase in Form eines Nebensatzes
  ich, <u>der ich immer nur dein Bestes wollte</u>

Pronominalphrasen mit Personalpronomina (s. oben Nr. 6.5/1) stehen in der Person des jeweiligen Personalpronomens (1.Pers. Sing. bzw. Pl.: *ich, wir,* 2.Pers. Sing. bzw. Pl.: *du, ihr,* 3.Pers. Sing. bzw. Pl.: *er/sie/es, sie (Sie)*). Bei kopulativen Verbindungen (vgl. oben Nr. 6.10/1) von singularischen Personalpronomina der 3. Person stehen sie in der 3. Person Plural:

> *Er und sie komm<u>en</u>.*

(7.1/11) Artikelphrase:

Phrase aus einem oder mehreren Artikeln.

> *<u>der</u> [alte Mann]*
> *<u>ein</u> [alter Mann]*
> *<u>diese</u> <u>meine</u> [Frau]*
> *[in] <u>diesem</u> <u>unserem</u> [Lande]*

(7.1/12) Adjektivphrase:

Phrase mit einem Adjektiv oder einem Verb-Adjektiv = einem Partizip I oder II als Kern.

Minimale Adjektivphrasen bestehen allein aus einem Adjektiv oder einem Verb-Adjektiv:

> *[der] <u>alte</u> [Mann]*
> *[Der Mann ist] <u>alt</u>.*
> *[der] <u>lachende</u> [Vagabund]*
> *[die] <u>geraubte</u> [Braut]*

Komplexe Adjektivphrasen enthalten über das Minimum hinaus weitere Elemente. – Hauptfälle:

- Substantivphrasen
  [der] den Alkohol gewohnte [Greis]
- Präpositionalphrasen
  [der] auf seine Kinder stolze [Vater]
- Partikelphrasen
  [der] zu dumme [Knabe]
  [Er ist] zu dumm.
- Teilsatz-Phrasen in Form von Nebensätzen
  [Er ist noch] dümmer, als man immer gedacht hatte.

(7.1/13) Adverbialphrase:
Phrase mit einem Adverb als Kern.

Minimale Adverbialphrasen bestehen allein aus einem Adverb:
  hier, deshalb
Komplexe Adverbialphrasen enthalten darüber hinaus Elemente aus unterschiedlichen Wortarten. – Hauptfälle:
  genau dort, knapp dahinter, steil aufwärts, genau dann, ganz genauso, wann etwa, wie oft, wie lange

---

(7.1/14) Partikelphrase:
Phrase aus einer oder mehreren Partikeln.

  [Was willst du] denn?
  [Was willst du] denn eigentlich?
  [Was willst du] denn nun eigentlich?

(7.1/15) Präpositionalphrase:

Phrase aus 'Präposition + Nominalphrase', 'Präposition + Adjektivphrase', 'Präposition + Adverbialphrase' oder 'Präposition + Präpositionalphrase'.

an der Mauer, an ihr
[Er hält mich] für dumm.
seit gestern, seit wann
bis an den Rand, außer im Gelände

(7.1/16) Konjunktionalphrase:

Phrase aus 'Konjunktion + Teilsatz-Phrase' oder 'Konjunktion *als/wie* + Nominalphrase oder Teilsatz-Phrase oder Adjektivphrase'.

[Ich ahne,] dass du schlechte Karten hast.
[Er gilt] als dumm.
[Er steht da] wie blöd.
[Er ist dümmer,] als wir immer gedacht hatten.
[Wir sind dümmer] als er.

(7.1/17) Interjektionalphrase:

Phrase aus einer oder mehreren Interjektionen.

ach, oh, herrje, o ja, ach herrje

(7.1/18) Teilsatz-Phrase = Teilsatz:

Unselbstständige satzförmige Phrase als Teil eines Satzes = eines Ganzsatzes. Nach der Gestaltung des Prädikats des Teilsatzes wird unterschieden zwischen NEBENSATZ, INFINITIVSATZ und PARTIZIPIALSATZ.

(7.1/19) Nebensatz:
Teilsatz mit einer finiten Verbphrase (vgl. oben Nr. 7.1/4)
als Prädikat = mit einem finiten Prädikat.

(7.1/20) Infinitiv-Teilsatz = Infinitivsatz = Infinitiv-gruppe:
Teilsatz, der aus einem satzartigen Gebilde ohne Subjekt
mit einer infiniten Verbphrase im Infinitiv als Prädikat
(vgl. oben Nr. 7.1/5) und ggf. weiteren Satzteilen besteht.

Fleißig zu kopieren ist die Pflicht eines jeden Dozenten.
Er hasst es zu waschen.
Sie hoffte, Rom besuchen zu können.
die Aussicht, dich dort zu treffen
stolz, diese Leistung vollbracht zu haben

(7.1/21) Partizipial-Teilsatz = Partizipialsatz = Partizipgruppe:
Teilsatz, der aus einem satzartigen Gebilde ohne Subjekt
mit einer infiniten Verbphrase im Partizip I oder II = Partizip Präsens oder Perfekt als Prädikat und ggf. weiteren
Satzteilen besteht.

Auferstanden aus Ruinen und der Zukunft zugewandt,
lass uns dir zum Guten dienen, Deutschland, einig Va-
terland.
Ihren Gedanken nachhängend gingen alle zu Bett.

Die in Infinitiv- und Partizip-Teilsätzen fehlenden, gleichwohl mitverstandenen Subjekte können als VERDECKTE oder
VIRTUELLE SUBJEKTE bezeichnet werden.

Bei allen drei Sorten von Teilsätzen können folgende Typen
unterschieden werden:

Typen von Teilsätzen nach der SATZFORM:

- Verb-Erst-Teilsatz (s. unten Nr. 7.4/1)
  Tust du das noch einmal, [geht es dir schlecht].
  *Erwacht vom erquickenden Schlaf, [macht er sich mun-
  ter von dannen].*
- Verb-Zweit-Teilsatz (s. unten Nr. 7.4/2)
  [Ich nehme an,] du bleibst hier.
- Verb-Letzt-Teilsatz (s. unten Nr. 7.4/3)
  Wenn du das noch einmal tust, [geht es dir schlecht].
  [Ich nehme an,] dass du hier bleibst.
  [Hunde,] die dauernd bellen, [beißen nicht].
  Dich dort zu treffen, wäre mein höchstes Glück.

Typen von Teilsätzen nach der EINLEITUNG:

- eingeleiteter Teilsatz
  [Ich nehme an,] dass du hier bleibst (Konjunktion)
  [Ich bin mir nicht sicher,] ob er bleibt (Konjunktion)
  [Ich weiß nicht genau,] wann der Zug eintrifft (Kon-
  junktionaladverb)
  [Hunde,] die beißen, [bellen nicht] (Relativpronomen)
  *Statt mich dauernd zu stören, [solltest du dir lieber sel-
  ber eine Arbeit suchen]* (Infinitivkonjunktion)
- uneingeleiteter Teilsatz
  Ø Tust du das noch einmal, [geht es dir schlecht].
  [Ich nehme an,] Ø du bleibst hier.

Typen von Teilsätzen nach der STELLUNG relativ zum Trägersatz:

- vorangestellter Teilsatz = Vordersatz
  Wenn du das noch einmal tust, [geht es dir schlecht].
  In der Herberge angekommen, [stürzten alle zum Fernseher].
- zwischengestellter Teilsatz = Zwischensatz
  [Er hat sich,] weil er davon nichts erfahren hatte, [sehr geärgert].
  [Hunde,] die beißen, [bellen nicht].
- nachgestellter Teilsatz = Nachsatz
  [Ich nehme an,] du bleibst hier.
  [Wir hoffen,] Sie bald bei uns begrüßen zu dürfen.

Zu Untergruppen der Teilsätze hinsichtlich Funktion und Inhalt s. unten Abschnitt nach Nr. 7.6/8.

SATZKONSTITUENTEN, SATZTEILE, PHRASENTEILE

Wenn wir die Funktion von Phrasen als Bauelemente des Satzes und die Rolle, die sie im Satz spielen, in den Blick nehmen, betrachten wir sie als SATZKONSTITUENTEN. Phrasen können entweder UNMITTELBARE KONSTITUENTEN EINES SATZES = SATZTEILE sein (Prädikat, Subjekt, Objekt usw.), oder sie fungieren als Teile solcher Satzteile und sind damit nur MITTELBARE KONSTITUENTEN des Satzes. Wir bezeichnen sie dann als PHRASENTEILE (auch der Terminus „GLIEDTEIL" wird hierfür gelegentlich verwendet). So spielt etwa die Substantivphrase *der Geschehnisse* in einem Satz wie *Wir erinnerten uns der Geschehnisse* die Rolle eines Genitivobjekts, während dieselbe Phrase in einem Satz wie *Die Abfolge der Geschehnisse war nicht voraussehbar* die Rolle eines Attributs (im Subjekt dieses Satzes: *die Abfolge der Geschehnisse*) spielt. Im ersten Fall ist die Phrase *der Geschehnisse* Satzteil und unmittelbare Konstituente des Satzes, im zweiten Fall ist sie Phrasenteil (also als Phrase Teil einer größeren Phrase); sie ist damit bloß mittelbare Konstituente des Satzes. – Schematisch:

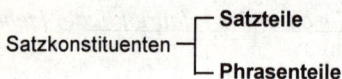

Satzteile können selber die Form von satzartigen Gebilden haben und als Teilsatz-Phrasen = Teilsätze erscheinen (vgl. oben Nr. 7.1/18). Sie bestehen dann ihrerseits aus Satzteilen, die aber nicht unmittelbare, sondern nur mittelbare Konstituenten des (Ganz-)Satzes sind.

7.2 SATZTEILE

Übersicht:

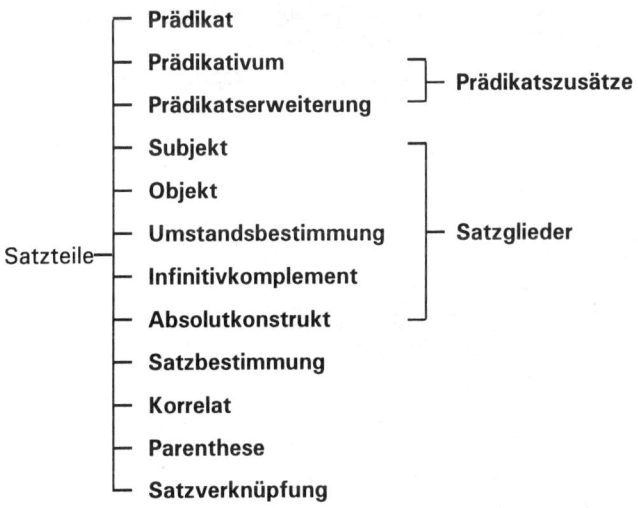

7.2.1 PRÄDIKAT

(7.2/1) Prädikat:
Die Verbphrase eines Satzes oder eines Teilsatzes, gegebenenfalls einschließlich eines Prädikatszusatzes, das heißt eines Prädikativums = Prädikatsnomens oder einer Prädikatserweiterung.

Rw.: das Prädikat, des Prädikats, die Prädikate (Betonung auf *-ka(t)-*)

(7.2/2) Prädikativum = Prädikativ = Prädikatsnomen:
Prädikatszusatz bei Kopulaverben wie *sein, bleiben, werden, scheinen* und bei einigen Vollverben bzw. Gefügeverben wie *gelten, sich erweisen*, mit dem adjektivisch oder substantivisch eine Eigenschaft der Bezugsgröße (Denotat des Subjekts oder eines Objekts) benannt oder seine Zugehörigkeit zu einer Kategorie angegeben wird; durch *Was ...?, Wie ...?, Als was ...?* u. ä. erfragbar.

- Adjektivphrase
  Er ist <u>stolz</u>.
  Er ist <u>sehr stolz auf seine Kinder</u>.
  Sie ist <u>dünner, als man immer gedacht hatte</u>.
  Er scheint <u>gesund</u>.
- Substantivphrase
  Sie ist <u>eine kräftige, rotblonde Person</u>.
  Sie wird <u>Lehrerin</u>.
  Er bleibt <u>Maurer</u>.
  Ich nenne dich <u>einen schlechten Ratgeber</u>.
- Konjunktionalphrase aus '*als* + Adjektivphrase'
  Der Wein erwies sich <u>als sauer</u>.
  Dieser Lehrer gilt <u>als schwierig</u>.
- Konjunktionalphrase aus '*als* + Substantivphrase'
  Er gilt <u>als der beste Trainer</u>.
  Er erwies sich <u>als ein Aufschneider</u>.
  Man enttarnte ihn <u>als einen Heiratsschwindler</u>.
- Konjunktionalphrase aus '*wie* + Substantivphrase'
  Stets war sie ihm <u>wie eins dieser Exponate</u> erschienen,
  <u>die nur für bestimmte Zeiten sichtbar wurden und im</u>
  <u>Übrigen fest zur Eingangshalle des Museums gehörten</u>.
- Adverbialphrase
  Er ist <u>kurz davor durchzudrehen</u>.

- Teilsatz-Phrase in Form eines Nebensatzes
  Er ist geblieben, <u>was er immer war</u>.

Rw.: das Prädikativum, des Prädikativums, die Prädikativa (Betonung auf
-ti-)
das Prädikativ, des Prädikativs, die Prädikative (Betonung auf *-ti(v)-*)
das Prädikatsnomen, des Prädikatsnomens, die Prädikatsnomina od. Prädikatsnomen

---

(7.2/3) Prädikatserweiterung:
Zusatz zu einem Gefügeverb (vgl. oben Nr. 6.2/4) bzw. einem Gefügeadjektiv (vgl. oben Nr. 6.6/10) als Prädikatsbestandteil; nicht erfragbar.

Er muss ihn <u>um die Ecke</u> gebracht haben.
Mach bitte <u>kein Aufhebens</u> davon.
Reg <u>dich</u> nicht auf.
Morgen wird <u>es</u> wohl wieder regnen.
Bring endlich den Motor <u>in Gang</u>.
Morgen wird <u>es</u> wohl wieder regnerisch sein.

(7.2/4) Rein verbales Prädikat = Vollverb-Prädikat:
Prädikat, das als Hauptverb bloß ein Vollverb (vgl. oben Nr. 6.2/2), aber keine Prädikatszusätze enthält.

Lothringer <u>lächelte</u>.
Lothringer <u>dürfte belächelt worden sein</u>.

(7.2/5) Gemischtes Prädikat:
Prädikat, das zusätzlich zum Hauptverb einen Prädikatszusatz (ein Prädikativum = ein Prädikatsnomen oder eine Prädikatserweiterung, vgl. oben Nr. 7.2/2 und Nr. 7.2/3) enthält.

In gemischten Prädikaten kann der verbale Teil als PRÄ-
DIKATSKERN bezeichnet werden (die einfach unterstrichenen
Teile der folgenden Beispielsätze):

> *Ich bin müde.*
> *Ich bin es leid.*
> *Er wird sich geschämt haben.*
> *Es regnet.*

(7.2/6) Finiter Prädikatsteil:

Der nach Person und Numerus (sowie Tempus, Modus,
Diathese) bestimmte Teil des Prädikats: das Finitum =
Verbum finitum = Personalform (vgl. oben Nr. 6.2/29).

Hauptfälle:

- finite Verbform einer einwortigen Verbphrase
  > *Lothringer lächelte.*
  > *Als sie ihren Ordner zuschlug ...*
- finiter Stamm eines trennbaren Verbs mit Verbzusatz in
  diskontinuierlicher Stellung
  > *Sie schlug ihren Ordner zu.*
  > *Er hörte unvermittelt zu reden auf.*
- finiter Teil einer zusammengesetzten Verbform
  > *Lothringer hatte sich mit ihr verabredet.*
  > *Weil er sich mit ihr verabredet hatte ...*
- finite Modalitätsverb-Form
  > *Sie schien das Schauspiel zu genießen.*
  > *Er hatte fürchten müssen, sie könnte Sekt bestellen.*

Als PRÄDIKATSVERBAND bezeichnet werden alle Teile eines
Satzes abzüglich des Subjekts:

> *Der Handelsvertreter* [Subjekt] *liebt* [Prädikat] *seinen*
> *Beruf* [Objekt] *wirklich* [Satzbestimmung] *über alles*
> [Umstandsbestimmung]

Der Richter [Subjekt] *macht* [Prädikatskern] *davon* [Objekt] *kein Aufhebens* [Prädikatszusatz]
Der Vater [Subjekt] *ist* [Prädikatskern, finiter Teil] *stolz* [Prädikatszusatz] *auf seine Tochter* [Objekt] *gewesen* [Prädikatskern, infiniter Teil]

(Zu Subjekt, Objekt, Umstandsbestimmung, Satzbestimmung s. unten Nr. 7.2/8, 7.2/9, 7.2/14 bzw. 7.2/17.)

7.2.2 SATZGLIEDER

> **(7.2/7) Satzglieder:**
> Neben dem Prädikat die Grundelemente, aus denen Sätze aufgebaut sind; Phrasen, die im Satz eine bestimmte Rolle ausfüllen, wobei das Prädikat steuert, welche Rolle dies ist und wie viele und welche Satzglieder benötigt oder zugelassen werden (VALENZ, vgl. oben Nr. 6.1/12).

Gleich gebaute Phrasen können unterschiedliche Satzgliedrollen spielen; zum Beispiel ist die Präpositionalphrase *an den Tisch* im ersten Satz Umstandsbestimmung, im zweiten Präpositionalobjekt:

Sie setzte sich an den Tisch.
Sie dachte an den Tisch.

Bei der Identifizierung von Satzgliedern und bei der Bestimmung ihrer Rollen in einem konkret vorliegenden Satz können zwei Proben oder Tests hilfreich sein: der Fragetest = die BESTIMMUNGSFRAGE (die immer das Prädikatsverb oder das Prädikatsadjektiv enthalten muss) und der Anaphorisierungstest als besondere Form der Ersatzprobe (ANAPHORISIERUNG: Ersetzung einer komplexen Phrase durch eine ANAPHER = ein

PRO-WORT, z. B. Ersetzung einer Substantivphrase durch ein Pronomen: *der Tisch : er, den neuen Tisch : ihn*).

Satzglieder haben ihre eigenen Erfragungs- und Anaphorisierungsweisen, die bei den folgenden Definitionen jeweils genannt werden. Im Vorgriff ein Beispiel: Die Phrase *an den Tisch* ist im ersten Satz oben durch *Wohin ...? (Wohin setzte sie sich?)* erfragbar („Antwort": *[Sie setzte sich] an den Tisch*) und durch das Pronominaladverb *dorthin* (vgl. oben Nr. 6.7/15) anaphorisierbar: *[Sie setzte sich] dorthin*. Die Phrase *an den Tisch* fungiert demnach als Umstandsbestimmung (der Richtung – s. unten Nr. 7.2/14). Im zweiten Satz dagegen ist diese Phrase nicht durch *Wohin ...?*, sondern durch *Woran ...?* erfragbar *(Woran dachte sie?* – Antwort: *[Sie dachte] an den Tisch); sie* ist nicht durch *dorthin*, sondern durch das Präpositionaladverb *daran* (vgl. oben Nr. 6.7/16) anaphorisierbar: *[Sie dachte] daran*. Die Phrase *an den Tisch* erweist sich damit als Präpositionalobjekt (s. unten Nr. 7.2/13).

Die Tests lassen sich nicht in jedem konkreten Fall durchführen. So ist etwa in einem Fragesatz wie *Wer hat die Frauen eingeladen?* das Subjekt *wer* nicht erfragbar (weil es selbst schon als Fragepronomen erscheint). In einem Satz mit pronominalem Subjekt und Objekt wie *Er hat ihn eingeladen* ist eine Anaphorisierung ausgeschlossen. Es werden dann zusätzliche Kriterien relevant (wie die Tatsache, dass *wer* und *er* im Kasus Nominativ stehen und damit typische Subjektseigenschaften haben [*ihn* dagegen steht im Kasus Akkusativ, typisch für Akkusativobjekt], dass Übereinstimmung = Kongruenz in Person und Numerus zwischen *wer* bzw. *er* und dem finiten Prädikatsteil herrscht [typisch für Subjekt] usw.).

Satzglieder können unterschiedlich gebaut sein. So kann etwa ein Subjekt die Form einer Substantivphrase, einer Pronomi-

nalphrase oder einer Teilsatz-Phrase in Form eines Nebensatzes oder eines Infinitiv-Teilsatzes haben:

> *Die junge Frau saß an einem Tisch auf der Terrasse.*
> *Sie saß ...*
> *Wer immer es wollte, saß ...*
> *Dort zu sitzen machte ihm Freude.*

Satzglieder lassen sich danach unterscheiden, ob sie von der
Valenz des Prädikats gefordert werden oder ob sie lediglich
zugelassen sind. Im ersten Fall spricht man von ERGÄN-
ZUNGEN, im zweiten Fall von ANGABEN. Ergänzungen können weggelassen werden, wenn sie sich aus dem Zusammenhang ergeben und das betreffende Verb bzw. Adjektiv die
Weglassung zulässt. Vgl. dazu oben Nr. 6.1/12 bis Nr. 6.1/14.

(7.2/8) Subjekt:

Satzglied, das durch *Wer ...?* oder *Was ...?* erfragbar und
durch Pronomina wie *er/sie/es, dieser/diese/dieses* usw.
anaphorisierbar ist; in Person und Numerus KONGRUENT (=
übereinstimmend) mit dem Finitum des Prädikats = mit
dem finiten Prädikatsteil (vgl. oben Nr. 7.2/6).

Typische Ausdrucksformen:

- Substantivphrase im Nominativ

  > *Der Beamte lächelte.*
  > *[An dem Tag,] an dem sich Felix Lothringer mit der*
  > *Dame von der Museumsgesellschaft endlich verabredet*
  > *hatte [, lernte er noch eine andere Frau kennen].*
  > *Die junge Frau saß an einem der kleinen runden Tische*
  > *auf der Terrasse.*
  > *Die Nacht war tief und blau und glitzernd.*

- Pronominalphrase im Nominativ

  > *Er sagte „Hallo“.*
  > *Wir blöden Hammel machen die Arbeit der anderen.*

Das sind doch bloß Widersprüche!
[Felix Lothringer,] der sonst empfindlich war [, lächelte nur].

* Teilsatz-Phrase in Form eines Nebensatzes
  Was nicht gefunden wird, bleibt verschwunden.
  Ihm fiel auf, dass der dicke Umschlag über die Länge eines ganzen Satzes in ihrer beider Hände lag.
* Teilsatz-Phrase in Form eines Infinitiv-Teilsatzes
  Fair zu verlieren will gelernt sein.
  Es überraschte ihn, Frau Lusine Schmuck im Sekretariat anzutreffen.

Zu Pseudosubjekten (wie in *Es regnete*) vgl. oben Nr. 6.2/5, zu Korrelaten wie das *es* im letzten Beispielsatz s. unten Nr. 7.2/18.

Subjekte stehen in der 1. bzw. 2. Person, wenn sie aus Pronominalphrasen mit Personalpronomina der 1. oder 2. Person Singular oder Plural *(ich, du, wir, ihr)* gebildet sind. Sie stehen in der 3. Person, wenn sie aus Pronominalphrasen mit Personalpronomina der 3. Person Singular oder Plural *(er/sie/es, sie (Sie))* oder aus Pronominalphrasen mit einem anderen Pronomen (z. B. *dieser/diese/dieses, unsereins*) oder einer Substantivphrase gebildet sind (vgl. oben zu Nr. 7.1/9 und Nr. 7.1/10).

Rw.: das Subjekt, des Subjekts, die Subjekte (Betonung auf *-jek(t)-*, häufig auch auf *Sub-*)

(7.2/9) Objekt:
Zusammenfassende Bezeichnung für Akkusativobjekt, Dativobjekt, Genitivobjekt und Präpositionalobjekt.

Rw.: das Objekt, des Objekts, die Objekte (Betonung auf *-jek(t)-*, häufig auch auf *Ob-*)

(7.2/10) Akkusativobjekt:

Satzglied, das durch *Wen ...?* oder *Was ...?* erfragbar und durch Pronomina wie *ihn/sie/es, diesen/diese/dieses* usw. anaphorisierbar ist.

Typische Ausdrucksformen:

- Substantivphrase im Akkusativ

  Sie durchforstete <u>einen Stapel Fotokopien</u>.

  Als die junge Frau <u>ihren Ordner</u> zuschlug [und ging, saß er noch immer da].

  Lothringer sah nicht <u>die sich wie bunte Faschings-</u> *<u>schlangen entrollenden Kringel, die willkürlich und un-</u>* *<u>vorhersehbar aus dem Nichts auftauchten und deren</u>* *<u>sprunghaft verwirbelte Formen zeigten, dass die Ein-</u>* *<u>laufphase noch nicht abgeschlossen war</u>.* (S. auch unten die Fußnote auf Seite 274.)

  Ich bin <u>die Sache</u> leid.

- Pronominalphrase im Akkusativ

  [Sie nahm ihre zerlesene Zeitung und] hielt <u>sie</u> ihm vors Gesicht.

- Teilsatz-Phrase in Form eines Nebensatzes

  Felix erfuhr, <u>dass auch bei den Volkswirten wegen über-</u> *<u>füllter Seminare und fehlender beruflicher Perspektiven</u>* *<u>gestreikt wurde</u>.*

- Teilsatz-Phrase in Form eines Infinitiv-Teilsatzes

  Er versprach ihnen, <u>das Fehlende schnellstens nachzu-</u> *<u>liefern</u>.*

Spezialfälle:

- AKKUSATIVOBJEKT DES INHALTS – Objekt, in dessen Substantiv der Verbinhalt wiederholt wird

    Er <u>träumte</u> einen wirren <u>Traum</u>.

    Sie <u>spielt</u> mit ihm ein schäbiges <u>Spiel</u>.

    Er <u>grub</u> sich eine <u>Grube</u>.

    Sie <u>tanzten</u> einen wilden <u>Tanz</u>.

- A. C. I. = ACCUSATIVUS CUM INFINITIVO = AKKUSATIV-
  MIT-INFINITIV-KONSTRUKTION – Infinitiv-Teilsatz als Akkusativobjekt, in dem neben dem Infinitiv als Prädikat eine Substantiv- oder Pronominalphrase, die als Subjekt zu
  verstehen ist, steht

    Sie sah <u>ihn sich den Hals waschen</u> : *Sie sah, wie <u>er</u>*
    (Subjekt) *sich den Hals <u>wusch</u>* (Prädikat)

    Er hat <u>den Hahn krähen</u> hören : *Er hat gehört, dass/wie*
    <u>der Hahn</u> (Subjekt) *<u>krähte</u>* (Prädikat)

    Er wollte <u>den Termin</u> nicht <u>platzen</u> <u>lassen</u>.

Mit dem A. c. I. verbunden werden Verben der Sinneswahr-
nehmung (= VERBA SENTIENDI), das Verb *lassen* sowie einige
weitere Verben. In analytischen Tempora (vgl. oben Nr.
6.2/23) wird statt des Partizips II *(gehört)* der Infinitiv
(hören), der sogenannte ERSATZINFINITIV, verwendet (vgl. o-
ben bei Nr. 6.2/20).

Rw.: das Verbum sentiendi, des Verbum sentiendi, die Verba sentiendi (Betonung auf *-tien-*)

Das Akkusativobjekt wird auch als DIREKTES OBJEKT bezeichnet, die im Folgenden aufgeführten Objekte als INDI-
REKTE OBJEKTE.

(7.2/11) Dativobjekt:

Satzglied, das durch *Wem ...?* erfragbar und durch Pronomina wie *ihm/ihr/Ihnen, diesem/dieser/diesen* usw. anaphorisierbar ist.

Typische Ausdrucksformen:
- Substantivphrase im Dativ
  [Er überlegte,] wie er <u>Tina Rotermund</u> den Zusammenhang am plausibelsten erklären konnte.
- Pronominalphrase im Dativ
  [Ich hatte vorhin den Eindruck,] als hätte <u>Ihnen</u> die Aufführung gar nicht so sehr gefallen.
  Du bist <u>mir</u> doch hoffentlich nicht gram.

Spezialfälle:
- PERTINENZDATIV(OBJEKT) – die Dativphrase bezeichnet den „Besitzer" eines in einer anderen Substantivphrase benannten „(unveräußerlichen) Besitzes", meist eines Körperteils (paraphrasierbar durch „Possessivartikel + Substantiv")
  Sie klopfte <u>ihm</u> auf die Schulter : *Sie klopfte auf <u>seine</u> Schulter*
  Er wusch <u>sich</u> die Hände : *Er wusch <u>seine</u> Hände*
- DATIVUS COMMODI bzw. INCOMMODI = Dativobjekt des Interesses – die Dativphrase benennt die Person oder Sache, zu deren Vorteil bzw. Nachteil das Verbgeschehen ist
  Ich grabe <u>dir</u> den Garten um.
- DATIVUS JUDICANTIS = Dativobjekt des Beurteilers
  Das ist <u>mir</u> zu blöd.
  Sie war <u>uns</u> zu selbstständig.

Rw.: der Dativus Commodi/Incommodi/Judicantis, des Dativus Commodi/Incommodi/Judicantis, die Dativi Commodi/Incommodi/Judicantis (Betonung auf *-ti-*, [häufig auch auf *Da-*], *Comm-* und *-can-*)

(7.2/12) Genitivobjekt:

Satzglied, das durch *Wessen ...?* erfragbar und durch Pronomina wie *sein(er)/ihr(er), dessen/derer* usw. anaphorisierbar ist.

Typische Ausdrucksformen:

- Substantivphrase im Genitiv
  Man beschuldigte ihn der Unterschlagung.
- Pronominalphrase im Genitiv
  Ihrer wurde gedacht.
- Teilsatz-Phrase in Form eines Nebensatzes
  Man beschuldigte ihn, dass er das Geld unterschlagen habe.
- Teilsatz-Phrase in Form eines Infinitiv-Teilsatzes
  Man beschuldigte ihn, das Geld unterschlagen zu haben.

(7.2/13) Präpositionalobjekt:

Satzglied, erfragbar mit einer Kombination „Präposition + Fragepronomen *wen/was/wem ...?*" oder mit einem Frage-Präpositionaladverb („*Wo(r)* + Präposition ...?", vgl. oben Nr. 6.7/16 und Nr. 6.7/17), anaphorisierbar mit einer Kombination aus dieser Präposition + Personalpronomen oder mit einem Präpositionaladverb („*da(r)/hier* + Präposition"); nicht erfragbar mit einem Frageadverb ohne Präpositionalteil (*wo, wohin* u. ä., vgl. oben Nr. 6.7/17), nicht anaphorisierbar mit einem Pro-Adverb (*dort, dorthin* u. ä., vgl. oben Nr. 6.7/15).

Sie dachte an ihren Mann. – An wen [dachte sie]? – [Sie dachte] an ihren Mann. – [Sie dachte] an ihn.
Er fragte ihn nach dem Thema. – Wonach [fragte er

ihn]? – [Er fragte ihn] <u>*nach dem Thema*</u>. *– [Er fragte*
ihn] <u>*danach*</u>.
Sie freut sich <u>*über das Geschenk*</u>. *–* <u>*Worüber*</u> *[freut sie*
sich]? – [Sie freut sich] <u>*über das Geschenk*</u>. *– [Sie freut*
sich] <u>*darüber*</u>.
Sie freut sich, <u>*dich zu sehen*</u>. *–* <u>*Worüber*</u> *[freut sie sich]?*
– [Sie freut sich] <u>*(darüber), dich zu sehen*</u>. *– [Sie freut*
sich] <u>*darüber*</u>.

Die in Präpositionalobjekten verwendeten Präpositionen werden nicht in ihrer „eigentlichen" Bedeutung gebraucht. Sie
sind eng an ihr Verb gebunden und können nicht gegen andere Präpositionen ausgetauscht werden:

Sie dachte <u>*an*</u> *die Mauer* (Präpositionalobjekt)
Sie lehnt sich <u>*an/auf/gegen/*</u>*... die Mauer* (Umstandsbestimmung)

Typische Ausdrucksformen:
* Präpositionalphrase mit Substantivphrase
  Er fragte ihn <u>*nach dem Thema*</u>.
  Die Karten sind <u>*für deine Frau*</u> *bestimmt.*
  Sie ist stolz <u>*auf ihre Tochter*</u>.
  Sie hielt ihn <u>*für einen Aufschneider*</u>.
* Präpositionalphrase mit Pronominalphrase
  [Es war nicht Frau Lusine Schmuck von der Museums-
  gesellschaft,] <u>*an die*</u> *er dachte[, sondern Tina Roter-*
  mund].
* Präpositionalphrase mit Adjektivphrase
  Du hältst mich wohl <u>*für blöd*</u>.
* Präpositionaladverb
  <u>*Darum*</u> *hat sich keiner gekümmert.*
  <u>*Dazu*</u> *war ich nicht bereit.*

- Teilsatz-Phrase in Form eines Nebensatzes
  Ich freue mich, dass du kommst.
  Er lacht darüber, dass du traurig bist (bei *darüber* handelt es sich um ein Korrelat, s. unten Nr. 7.2/18)
- Teilsatz-Phrase in Form eines Infinitiv-Teilsatzes
  Sie nutzen den Streik, um in dieser Zeit Ihr Studium voranzutreiben.
  Der Kollege hatte ihn (darum) gebeten, das Material für ihn hinüberzubringen.
  Ich bin nicht (dazu) bereit, jetzt auf alles, was ich mir erarbeitet habe, zu verzichten.

Spezialfall:

- AGENSKONSTRUKT – Präpositionalobjekt im Passivsatz (persönliches Passiv, vgl. oben Nr. 6.2/35), dem im Aktivsatz das Subjekt entspricht (daher auch LOGISCHES SUBJEKT genannt)
  Ich bin von ihm belogen worden.
  Die Straße ist durch Erdrutsch unpassierbar geworden.

(7.2/14) Umstandsbestimmung = Adverbialbestimmung = adverbiale Bestimmung = Adverbial = Adverbiale:
Satzglied, das je nach Subklasse (s. u.) mit Frageadverbien erfragbar und mit Pro- oder Präpositionaladverbien (vgl. oben Nr. 6.7/15 und Nr. 6.7/16) anaphorisierbar ist.

Rw.: das Adverbial, des Adverbials, die Adverbiale (Betonung auf *-bia(l)-*) das Adverbiale, des Adverbiales, die Adverbialen od. Adverbialia od. Adverbialien (Betonung auf *-bia(l)-*)

Falls die Umstandsbestimmung von der Valenz des Prädikats gefordert wird, spricht man auch von UMSTANDSERGÄNZUNGEN, falls sie nicht gefordert wird, von UMSTANDSANGABEN:
  Er wohnt in Paris (Ergänzung, denn: **Er wohnt*)
  Er arbeitet in Paris (Angabe: *Er arbeitet*)

Das Unglück ereignet sich <u>heute</u> (Ergänzung: **Das Un-glück ereignet sich*)
Er arbeitet <u>heute</u> (Angabe: *Er arbeitet*)

Subklassen der Umstandsbestimmungen:

In den folgenden Rubriken werden in den Beispielen jeweils unterschiedliche Ausdruckstypen von Umstandsbestimmungen berücksichtigt, und zwar nach Möglichkeit 1. Adverbial-phrase, 2. Präpositionalphrase und/oder Substantivphrase, 3. Teilsatz-Phrase.

1. Umstandsbestimmungen des Ortes:

- LOKALBESTIMMUNG = ORTSBESTIMMUNG: (Stand-)Ort
  Bestimmungsfrage: *Wo ...?* usw. – Anapher: *dort, hier* usw.
  > *Er wohnt <u>abseits</u>.*
  > *Er lebt <u>am Rande der Stadt</u>.*
  > *Er lebt, <u>wo alle Arrivierten seiner Sorte wohnen</u>.*
- DIREKTIONALBESTIMMUNG = RICHTUNGSBESTIMMUNG: Richtung
  Bestimmungsfrage: *Wohin ...?, Woher ...?* usw. – Anapher: *dorthin, dorther, von dort* usw.
  > *Sie kommt auch <u>dorther</u>.*
  > *Sie stammt <u>aus der Großstadt</u>.*
  > *Sie ist (dahin) gegangen, <u>wohin wir eines Tages alle ge-hen</u>.*

2. Umstandsbestimmungen der Zeit:

- TEMPORALBESTIMMUNG = ZEITBESTIMMUNG: Zeitraum, Zeitpunkt
  Bestimmungsfrage: *Wann ...?* usw. – Anapher: *dann* usw.

> *Er kommt <u>morgens</u>.*
> *Geh aus mein Herz und suche Freud <u>zu dieser schönen</u>*
> <u>*Sommerszeit*</u>*.*
> *Sie kommt, <u>wenn es zu spät ist</u>.*

- DURATIVBESTIMMUNG: Zeitdauer
  Bestimmungsfrage: *Wie lange ...?* – Anapher: *so lange*
  Die Sitzung wird nicht <u>lange</u> dauern.
  Das dauert bloß <u>eine halbe Stunde</u>.
  So was dauert, <u>solange es dauert</u>.

- FREQUENTATIVBESTIMMUNG: Häufigkeit
  Bestimmungsfrage: *Wie oft ...?, Wie häufig ...?* – Anapher: *so oft, so häufig*
  Man trinkt ihn mäßig, aber <u>regelmäßig</u>.
  Sie bringt die Frage <u>bei jeder Gelegenheit</u> wieder hoch.
  Er fragt danach, <u>sooft er nur kann</u>.

3. Umstandsbestimmungen der Art und Weise:

- MODALBESTIMMUNG: Art und Weise, Qualität
  Bestimmungsfrage: *Wie ...? Auf welche Weise ...?* usw. –
  Anapher: *so, auf diese Weise* usw.
  Man muss die Kurbel <u>schnell</u> drehen.
  Sie hat die Probe <u>mit Bravur</u> bestanden.
  Er legte die Prüfung <u>unter großen Schwierigkeiten</u> ab.
  Er hat gehandelt, <u>wie es sich gehört</u>.

- INSTRUMENTALBESTIMMUNG: Mittel (zur Ausführung eines Geschehens)
  Bestimmungsfrage: *Womit ...? Wodurch ...?* – Anapher: *damit*
  <u>Damit</u> kriegst du den Nagel nie in die Wand.
  <u>Mit Speck</u> fängt man Mäuse.

- KOMITATIVBESTIMMUNG: begleitende, fehlende oder stellvertretende Größe
  Bestimmungsfrage: *Wie ...?* – Anapher: *so*

Sie besucht die Aufführung <u>mit/zusammen mit</u> ihrem Freund.

Er besucht die Aufführung <u>ohne seine Freundin</u>.

4. Umstandsbestimmungen des Grundes:

- KAUSALBESTIMMUNG: Grund (Ursache, Motiv)
  Bestimmungsfrage: *Wieso ...? Weshalb ...? Warum ...?*
  usw. – Anapher: *darum, deshalb* usw.
  <u>Deshalb</u> kann er nicht kommen.
  <u>Wegen deiner Lärmerei</u> müssen wir hier ausziehen.
  <u>Weil er Sport treibt</u>, ist er dauernd lädiert.
- KONSEKUTIVBESTIMMUNG: Folge
  Bestimmungsfrage: *Mit welcher Folge ...?*
  Er hat <u>so</u> wenig gegessen, <u>dass er ganz schmächtig aussieht</u>.
  Er hat sie ein paar Mal getroffen, <u>weshalb alle glauben, er hätte was mit ihr</u>.
- KONDITIONALBESTIMMUNG: Bedingung
  Bestimmungsfrage: *Unter welcher Bedingung ...? Wann ...?* – Anapher: *dann*
  <u>Dann</u> kommt er halt nicht.
  <u>Unter diesen Umständen</u> ziehe ich mein Einverständnis zurück.
  <u>Wenn du so weiter machst</u>, wirst du die Folgen bald spüren.
- KONZESSIVBESTIMMUNG: unzureichender Gegengrund
  Bestimmungsfrage: *Trotz welchen Umstandes ...?* – Anapher: *trotzdem, dennoch*
  <u>Trotz des Sturmes</u> stieg er aufs Dach.
  <u>Obwohl der Sturm toste</u>, stieg er aufs Dach.
- FINALBESTIMMUNG: Ziel oder Zweck
  Bestimmungsfrage: *Wozu ...? Wofür ...? Zu welchem Zweck ...?* – Anapher: *dazu, dafür*

*Der Fluss wird gestaut, <u>damit im Sommer genügend
Wasser vorhanden ist</u>.*
Er fährt an den Moorbach <u>zum Fischen</u>.

5. Sonstige Umstandsbestimmungen:

- MASSBESTIMMUNG: Quantität (Menge, Maß)
  Bestimmungsfrage: *Wieviel ...?, Um wieviel ...?* – Anapher: *soviel, um soviel*
  Das Buch kostet <u>viel</u>.
  Das Buch kostet <u>einen Dollar</u>.
  Er beschleunigte <u>um zwanzig Sachen</u>.
  Er rutschte <u>zehn Meter weit</u>.
  Ein Sack Kartoffeln wiegt <u>einen Zentner</u>.
- MATERIALBESTIMMUNG: Stoff, Material
  Bestimmungsfrage: *Woraus ...?, Aus was ...?, Wie ...?* –
  Anapher: *daraus, so*
  Mehl wird <u>aus Getreide</u> gemacht.
  [der Stoff,] <u>aus dem</u> die Bäume sind
- VERGLEICHSBESTIMMUNG: verglichene Größe
  Bestimmungsfrage: *Wie ...?* – Anapher: *so*
  Er steht da <u>wie ein Fels</u> in der Brandung.
  Er plustert sich auf, <u>als ob er Napoleon wäre</u>.
- PROPORTIONALBESTIMMUNG: kovariierende Größe
  *Je später der Abend wurde, <u>desto lustiger wurden die
  Gäste</u>.*
- RESTRIKTIVBESTIMMUNG: Einschränkung, einschränkende
  Bedingung
  Bestimmungsfrage: *Inwiefern ...?, In welcher Hinsicht ...?*
  – Anapher: *insofern*
  <u>Soviel ich weiß</u>, ist er krank.
  Sein Rat kann euch nützen, <u>insofern ihr ihn befolgt</u>.

- GRADBESTIMMUNG = INTENSITÄTSBESTIMMUNG: Intensität

Bestimmungsfrage: *Wie ...?*, *In welchem Maße ...?* – Anapher: *so*

  Er liebt sie <u>sehr</u>.
  Sie hat sich <u>überschwänglich</u> gefreut.

(7.2/15) Infinitivkomplement:
Ergänzung von Infinitivverben (vgl. oben Nr. 6.2/38) in Form eines Infinitiv-Teilsatzes (purer oder *zu*-Infinitiv), im Gegensatz zu den übrigen Satzgliedern nicht erfragbar und nicht anaphorisierbar.

Es gilt, <u>Ruhe und Ordnung zu bewahren</u>.
Ich gehe jetzt <u>Kaffee kochen</u>.
Sie schickte ihn <u>einkaufen</u>.

(7.2/16) Absolutkonstrukt:
Substantivphrase oder Adjektivphrase, die mit dem Restsatz syntaktisch nur locker verbunden ist; nicht erfragbar und nicht ersetzbar.

<u>Jahrgang 1928,</u> studierte er von 1948 ab an seiner Heimatuniversität.
<u>Fetter alter Mann, der er war,</u> wollte er von Ernährungsumstellung nichts hören.
Neben ihm saß seine Freundin, <u>den Kopf im Nacken,</u> und hörte der Unterhaltung zu.
<u>Seit mehreren Jahren kränklich,</u> hatte er sich in ein Sanatorium zurückgezogen.

7.2.3 SATZBESTIMMUNGEN

(7.2/17) Satzbestimmung:

Satzteil, der die Einschätzung des im Satz ausgedrückten Sachverhalts durch den Sprecher oder eine im Satz benannte Größe, die Stellung zum Sachverhalt oder die Anteilnahme an ihm wiedergibt.

Einige Satzbestimmungen haben die Funktion, die Äußerung zu kommentieren; sie können dementsprechend in Form eines Kommentarsatzes umschrieben werden:

Überraschenderweise ist er doch noch eingetroffen ('Er ist doch noch eingetroffen, und das ist überraschend')

Andere Satzmodifizierungen machen die Einstellung des Sprechers zum Sachverhalt deutlich, beziehen den ausgedrückten Sachverhalt auf andere Sachverhalte, messen ihn an Normen, Zielvorstellungen usw. Im Anschluss an Engel (1991, S. 226-239) lassen sich die folgenden inhaltlichen Untergruppen feststellen.

Subklassen der Satzbestimmungen:

- RELATIVIERENDE SATZBESTIMMUNGEN – beziehen sich meist auf einen einzelnen Ausdruck und relativieren dessen Bedeutung – Mittel: Partikelphrasen wie *fast, geradezu, einfach,* Präpositionalphrasen wie *in gewisser Weise,* Teilsatz-Phrasen als Parenthesen (s. unten Nr. 7.2/19)

  Er wäre <u>fast</u> gestorben.
  Der Saal vibrierte <u>geradezu</u> vor Spannung.
  Er ist – <u>wie soll ich sagen?</u> – auf intelligente Weise dumm.

- SELEKTIVE SATZBESTIMMUNGEN – heben einen Ausdruck hervor und setzen den im Satz ausgedrückten Sachverhalt

in Beziehung zu anderen möglichen Sachverhalten – Mittel: Partikelphrasen wie *allein, bereits, besonders, (nicht) einmal, gerade, sogar*, Präpositionalphrasen wie *vor allem*
> *Sogar dir hat sie das nicht gesagt.*
> *Nicht einmal dir hat sie das gesagt.*

- ORDINATIVE SATZBESTIMMUNGEN – setzen die Äußerung in Beziehung zu anderen Äußerungen – Mittel: Partikelphrasen wie *allenfalls, allerdings, doch, einerseits ... andererseits, gewiss, immerhin, nämlich, nur* (in Spitzenstellung), *sicher, zudem, zumindest, zwar ... aber/doch*, Präpositionalphrasen wie *auf der einen/anderen Seite, in erster Linie, zum Beispiel*
> *Sie ist immerhin deine Frau.*
> *Nur war er damals noch gar nicht hier.*
> *Zwar weiß ich alles, doch möchte ich es von dir noch einmal hören.*

- JUDIKATIVE SATZBESTIMMUNGEN – bringen zum Ausdruck, wie der Sachverhalt bewertet wird – Mittel: Partikelphrasen wie *ärgerlicherweise, begreiflicherweise, leider, sonderbarerweise*, Präpositionalphrasen wie *zum Glück, zu meinem Bedauern*, Teilsatz-Phrasen wie *was mir sehr leid tut, was ich bedauerlich finde*, auch als Parenthesen
> *Blöderweise habe ich die Sachen zu Hause liegen lassen.*
> *Wir müssen Sie zu unserem größten Bedauern erneut mahnen.*

- VERIFIKATIVE SATZBESTIMMUNGEN – stufen den Realitätsgrad einer Aussage ein – Mittel: Partikel- oder Adjektivphrasen wie *anscheinend, angeblich, hoffentlich, nachweislich, vielleicht, wirklich*, Präpositionalphrasen wie *an sich, mit Sicherheit, ohne Zweifel*, Teilsatz-Phrasen wie *was sich leicht nachweisen lässt*, auch als Parenthesen

Das ist <u>nachweislich</u> falsch.

Er ist <u>wirklich</u> nicht gekommen.

- ABTÖNENDE SATZBESTIMMUNGEN – modifizieren die Redeabsicht, verstärken oder mildern sie – Mittel: Abtönungspartikeln (vgl. oben Nr. 6.8/1)

  Das ist <u>ja</u> die Höhe.

  Was willst du <u>eigentlich</u>?

  Komm <u>ruhig</u> her.

- DATIVUS ETHICUS – Personalpronomina, meist der 1. oder 2. Person im Dativ, die die Unruhe oder die innige Anteilnahme des Sprechers an einem Sachverhalt oder den Einbezug des Hörers ausdrücken (keine Dativobjekte).

  Du wirst <u>mir</u> noch untergehen.

  Da kommt der <u>dir</u> doch ins Zimmer gerast und fängt gleich an zu brüllen.

Rw.: der Dativus ethicus, des Dativus ethicus, die Dativi (Betonung auf *Da-* oder *-ti-*) ethici (Betonung auf *e-*, Aussprache: [-kus], [-tsi:])

7.2.4 KORRELATE

(7.2/18) Korrelate:

Die Pronomina *es, das* und Präpositionaladverbien (vgl. oben Nr. 6.7/16) als Platzhalter oder Verweiselemente für Satzglieder, die im selben Satz auftreten. Korrelate zählen nicht als Satzglieder.

Hauptfälle:

- Korrelate, die bei Umstellung der Satzglieder wegfallen

  <u>Es</u> ist noch Suppe da – *Suppe ist noch da*

  <u>Es</u> *stinkt mir, dass ich dich so selten sehe – Dass ich dich so selten sehe, stinkt mir*

- Korrelate, die wegfallen können
  Dass ich dich so selten sehe, <u>das</u> stinkt mir – Dass ich dich so selten sehe, stinkt mir
  Ich hoffe <u>darauf</u>, dich bald zu sehen – Ich hoffe, dich bald zu sehen
- Korrelate, die bei bestimmter Anordnung der Satzglieder nicht wegfallen können
  *Dich bald zu sehen, <u>darauf</u> hoffe ich – *Dich bald zu sehen, hoffe ich*
- Korrelate, die unter allen Umständen stehen
  Ich vertraue <u>darauf</u>, dass du mich nicht hinters Licht führst.

7.2.5 PARENTHESEN

> **(7.2/19) Parenthese:**
> Phrase (Einzelwort oder Wortgruppe) oder Satzkonstruktion, die in einen Satz eingeschoben ist, ohne eine engere syntaktische Verbindung mit ihm einzugehen.

Hauptfälle:
- Interjektionen
  <u>Ach</u>, wenn es doch schon Frühling wäre!
- Substantivphrasen als Anreden
  Hier wird, <u>meine Damen und Herren</u>, nicht die Wahrheit gesagt.
- Substantivphrasen in anderer Funktion
  Ich hab halt mal in diesem komischen Institut – <u>Institut für Experimentelle Physik, ja</u> – angeläutet und nach einem Lothar gefragt.
- Partikeln
  Würden Sie <u>bitte</u> ihre Schuhe ausziehen?

- Satz oder Satzfragment als Schaltsatz
  Dann würde er sie – <u>was für ein perfider Gedanke</u> – verlassen.
  Bald hatte er – <u>das Jahr war rasch vergangen</u> – seinen Aufenthalt beendet.

Rw.: die Parenthese, der Parenthese, die Parenthesen (Betonung auf *-the-*)

7.2.6 SATZVERKNÜPFUNG

(7.2/20) Satzverknüpfung:
Konjunktionen in ihrer Rolle als Verbinder von Sätzen und Teilen von Sätzen.

Ich geh aus <u>und</u> du bleibst da.
Das ist falsch, <u>weil</u> ungerecht.

7.3 PHRASENTEILE

Übersicht:

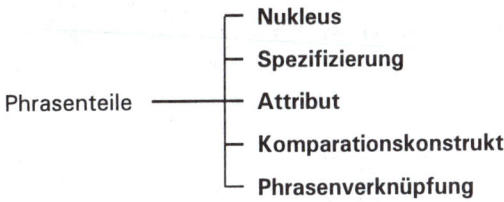

Phrasenteile
- Nukleus
- Spezifizierung
- Attribut
- Komparationskonstrukt
- Phrasenverknüpfung

7.3.1 NUKLEUS, SPEZIFIZIERUNG, ATTRIBUT

(7.3/1) Nukleus:

In Bezug auf Attribute, Komparationskonstrukte und andere Phrasenteile: das den Kern einer Phrase bildende Wort = das BEZUGSWORT.

Rw.: der Nukleus, des Nukleus, die Nuklei (Aussprache: [e-ʊ], [e-iː])

(7.3/2) Spezifizierung:

Rolle von Artikeln/Artikelphrasen in Substantivphrasen.

(7.3/3) Attribute:

Teile von komplexen Phrasen, insbesondere von Substantiv-, Pronominal-, Adjektiv- und Adverbialphrasen, die nicht selbst Satzgliedwert haben. Sie sind in manchen Fällen mit *welch- ...?* erfragbar und durch *solch-* anaphorisierbar.

Beispiele für den Bau von Phrasen mit Attributen finden sich oben in Abschnitt 7.1.

Die Beschreibung der Rollen, die die Attribute in Bezug auf ihre Nuklei = Bezugswörter spielen, lehnt sich an die Beschreibung der Satzgliedrollen an. Viele Phrasen mit Attributen lassen sich nämlich auf Sätze beziehen („in Sätze umwandeln"), sodass man zum Beispiel auf Grund der Entsprechungen zwischen der Substantivphrase *der junge Mann* und dem Satz *Der Mann ist jung* das Attribut *junge* als Prädikativ-Attribut bezeichnen kann: im Satz bildet *jung* das Prädikativum (vgl. oben Nr. 7.2/2). Wenn eine solche Umwandlung nicht möglich ist, werden Bedeutungsbeziehungen zur Beschreibung der Rolle von Attributen herangezogen.

Rw.: das Attribut, des Attributs, die Attribute (Betonung auf *-bu(t)-*)

1. Attribute in Substantivphrasen:

Hauptfälle:
- PRÄDIKAT-ATTRIBUT - bei Umwandlung der Substantivphrase in einen Satz nimmt der Attributausdruck die Rolle des (verbalen) Prädikats (vgl. oben Nr. 7.2/4) ein
  der lachende Vagabund (Der Vagabund lacht)
  der geschasste Handelsvertreter (Der Handelsvertreter ist geschasst [worden])
- PRÄDIKATIV-ATTRIBUT – bei Umwandlung: Prädikativum (vgl. oben Nr. 7.2/2)
  der alte Mann (Der Mann ist alt)
- PRÄDIKATSVERBANDS-ATTRIBUT = ERWEITERTES ADJEKTIV- BZW. PARTIZIPIALATTRIBUT – bei Umwandlung: Prädikatsverband (vgl. oben nach Nr. 7.2/6)
  der auf seine Tochter stolze Vater : Der Vater ist stolz auf seine Tochter
  der seinen Beruf wirklich über alles liebende Handels-

vertreter : *Der Handelsvertreter liebt seinen Beruf wirklich über alles*
der *davon kein Aufhebens machende* Richter : *Der Richter macht davon kein Aufhebens*
der *von ihm zurechtgerückte* Stuhl : *Der Stuhl ist von ihm zurechtgerückt worden*

- SUBJEKT-ATTRIBUT – bei Umwandlung: Subjekt (vgl. oben Nr. 7.2/8)

  das Geschrei der Kinder (*Die Kinder schreien* – GENITIVUS SUBJECTIVUS)
  das Geschrei von Erwachsenen

- OBJEKT-ATTRIBUT – bei Umwandlung: Objekt (vgl. oben Nr. 7.2/9)

  die Untersuchung des Vorfalls (*Man untersucht den Vorfall* – GENITIVUS OBJECTIVUS)
  die Jagd auf den/nach dem Täter

- AGENS-ATTRIBUT – bei Umwandlung: Agenskonstrukt eines Passivsatzes (vgl. oben die Bemerkungen zu Nr. 7.2/13, gegen Ende)

  die Verführung durch sein mildes Aroma (Man wird durch sein mildes Aroma verführt)

- UMSTANDS-ATTRIBUT – bei Umwandlung: Umstandsbestimmung (vgl. oben Nr. 7.2/14)

  das Haus auf dem Hügel (Das Haus steht/befindet sich auf dem Hügel)
  das Haus dort
  die Feier am Freitag
  die Feier heute
  die Verspätung wegen des Nebels

- **GERUNDIV-ATTRIBUT** – bei Umwandlung: Gerundiv-Verb *sein* (vgl. oben Nr. 6.2/11) + *zu*-Infinitiv (vgl. oben Nr. 6.2/20)

  die nicht mehr <u>zu steuernde</u> Menge (Die Menge <u>ist</u> nicht mehr <u>zu steuern</u>)

  die <u>zu lösende</u> Aufgabe
- **SATZ-ATTRIBUT** – bei Umwandlung der Substantivphrase in einen Satz erscheint der Attributsausdruck als Satz

  der Spion, <u>der aus der Kälte kam</u> (<u>Der Spion kam aus der Kälte</u>, Relativsatz, s. unten Nr. 7.6/10)

  die Art, <u>wie sie spricht</u>

  der Ort, <u>wo es geschah</u>
- **POSSESSIV-ATTRIBUT** – Zugehörigkeit zur Bezugsgröße im weiten Sinn (darunter Besitz) bezeichnend

  das Haus <u>des Vaters</u> (GENITIVUS POSSESSIVUS)

  die Haut <u>von Kindern</u>
- **PARTITIV-ATTRIBUT** – ein Teilverhältnis, das Ganze im Verhältnis zu einem Teil, bezeichnend

  die Hälfte <u>seines Vermögens</u> (GENITIVUS PARTITIVUS)

  Türen <u>von Autos</u>
- **QUALITÄTS-ATTRIBUT** – eine Eigenschaft der Bezugsgröße bezeichnend

  ein Mann <u>mittleren Alters</u> (GENITIVUS QUALITATIS)

  eine Frau <u>in den besten Jahren</u>
- **EXPLIKATIV-ATTRIBUT** = DEFINITIONS-ATTRIBUT – die Bezugsgröße erklärend, beschreibend

  das Vergehen <u>des Diebstahls</u> (GENITIVUS EXPLICATIVUS, GENITIVUS DEFINITIVUS)

  die Absicht, <u>ihm zu helfen</u>

  die Annahme, <u>dass er krank ist</u>

  die Hoffnung, <u>sie bliebe hier</u>

- ZAHL-ATTRIBUT – die Bezugsgröße in einen Zahlenzu-
  sammenhang einordnend
    die drei Musketiere
    der vierte Mann
- RELATIONAL-ATTRIBUT – Attributs- und Bezugswortgrö-
  ße in ein Verhältnis allgemeiner Art setzend
    der Leichnam des Verstorbenen
    der gesamte Tabak
    eine eigene Wohnung

Rw.: der Genitivus subjectivus, des Genitivus subjectivus, die Genitivi (Betonung auf Ge- oder -ti-) subjectivi (Betonung auf *sub-* oder -ti-)
der Genitivus objectivus, des Genitivus objectivus, die Genitivi objectivi
(Betonung auf *ob-* oder -ti-)
der Genitivus possessivus, des Genitivus possessivus, die Genitivi possessi-
vi (Betonung auf *poss-* oder -si-)
der Genitivus partitivus, des Genitivus partitivus, die Genitivi partitivi (Betonung auf *par-* oder ti-(v...))
der Genitivus Qualitatis, des Genitivus Qualitatis, die Genitivi Qualitatis
(Betonung auf -ta-)
der Genitivus explicativus/definitivus, des Genitivus explicativus/definiti-
vus, die Genitivi explicativi/definitivi (Betonung auf -ti-)

2. Attribute in Nominalphrasen bei quantifizierenden Arti-
keln und quantifizierenden Pronomina:

GRADATTRIBUT = INTENSITÄTSATTRIBUT
    fast alle Bücher, nahezu nichts, beinahe jeden

3. Attribute in Adverbialphrasen:

GRADATTRIBUT = INTENSITÄTSATTRIBUT
    sehr gern, zu lustig

4. Attribute in Adjektivphrasen:

GRADATTRIBUT = INTENSITÄTSATTRIBUT

sehr schlank
ungeheuer belesen

(7.3/4) Apposition:

Attribut in einer Nominalphrase, das sich auf dasselbe Denotat = auf dasselbe außersprachlich Gemeinte wie sein Nukleus = sein Bezugswort bezieht und (meist) in Kasus und Numerus mit diesem übereinstimmt.

Es wird unterschieden zwischen ENGER und LOCKERER APPOSITION. Enge Appositionen können nicht durch eine Sprechpause (bzw. Komma in geschriebener Sprache) vom Bezugswort getrennt werden. Als enge Appositionen treten Vornamen, Titel, Berufsbezeichnungen, Verwandtschaftsbezeichnungen auf:

Paula Mayer
Professor Unrath
Maler Nolte
Onkel Franz

Lockere Appositionen werden nachgestellt und können durch eine Sprechpause (bzw. Komma) vom Bezugswort getrennt werden:

Hotzenplotz, der Räuber
Ihr, liebe Freunde
Sie, meine sehr geehrten Damen und Herren
Beleidigt ist er, mein Dozent.

(7.3/5) Appositives Attribut:

Vom Nukleus = vom Bezugswort trennbares Attribut, meist als Prädikativ-Attribut fungierend.

Ich trinke Bier gern lauwarm (lauwarmes Bier)
Als Beamter kann er nicht anders.

Das Paar kam <u>betrunken</u> nach Hause (betrunkenes Paar)

Er <u>als Beamter</u> kann nicht anders.

Er kann <u>als Beamter</u> nicht anders.

7.3.2 KOMPARATIONSKONSTRUKT

(7.3/6) Komparationskonstrukt:
Innerhalb eines Satzteils die Phrase, die die Größe bezeichnet, mit der eine andere im Satz genannte oder implizierte Größe verglichen wird.

Ausdrucksformen:

- Konjunktionalphrase mit *wie* bei komparierbaren Adjektiven im Positiv oder mit *als* bei Adjektiven im Komparativ (vgl. oben Nr. 6.6/2 und Nr. 6.6/3) als Teil von Prädikativa (vgl. oben Nr. 7.2/2) oder anderen Satzteilen

  Er ist <u>so alt wie sie</u>.
  Er ist <u>so alt, wie wir ihn geschätzt hatten</u>.
  Sie ist <u>älter als er</u>.
  Sie ist <u>älter, als sie aussieht</u>.

- Konjunktionalphrase mit *wie* bei komparierbaren Adverbien im Positiv oder mit *als* bei Adverbien im Komparativ als Teil von Umstandsbestimmungen

  Ich mag ihn <u>genauso gern wie dich</u>.
  Du magst sie doch <u>viel lieber als mich</u>.

- Konjunktionalphrase mit *wie* bei Artikeln bzw. Pronomina wie *derselbe/dieselbe/dasselbe* oder mit *als* bei mit dem Element *ander-* gebildeten Artikeln, Pronomina, Adverbien als Teil unterschiedlicher Satzteile

  Er liest <u>dieselben Bücher wie du</u>.
  <u>Ein anderer als ich</u> hätte sich das nicht gefallen lassen.

Er schätzte sie <u>anders</u> ein <u>als die meisten Übrigen</u>.

ander- kann in Kombination mit Negationsartikeln und -pronomina wegfallen:

> *Ich würde das <u>keinem Menschen als ihm</u> anvertrauen.*
> *Er vertraut <u>keiner als ihr</u>.*
> *Von Frau Schmuck privat erfuhr Felix <u>weiter nichts, als was er schon gehört hatte</u>.*

- Konjunktionalsatzphrase mit *wie* bei Adverbien wie *so* (diese können auch wegfallen)

> *Als Frau sah er sie <u>(so), wie man Verkäuferinnen in Juwelierläden oder Barfrauen sieht</u> [: gerade weil sie so auffallend gut geraten sind, verbietet sich jeder Gedanke an einen persönlichen Kontakt mit ihnen].*

- Teilsatz-Phrase in Form eines Nebensatzes mit *wie wenn, als ob, als* ('irrealer Vergleich')

> *Er plustert sich <u>(so)</u> auf, <u>als ob er Napoleon wäre</u>.*
> *Sie donnert sich <u>(so)</u> auf, <u>als wäre sie Josephine</u>.*
> *Es war mir doch <u>so, als ob, nach dem Verlauf der ganzen Sache, am Ende etwas anderes hätte herauskommen müssen</u>.*
> *Er lacht <u>(so)</u>, <u>wie wenn er ein kleines Kind wäre</u>.*

- Präpositionalphrase mit *von, unter* zur Bezeichnung der Vergleichsmenge bei Superlativen:

> *Du bist natürlich <u>die Schönste von allen</u>.*
> *Der <u>tapferste Häuptling unter ihnen</u> war Vercingetorix.*

7.3.3 Phrasenverknüpfung

(7.3/7) Phrasenverknüpfung:

Rolle von Konjunktionen in und zwischen Phrasen, die nicht auf Satzverknüpfungen zurückgeführt werden können; Rolle von Präpositionen als Kernen von Präpositionalphrasen.

Zwei <u>und</u> zwei ist vier (nicht: *Zwei ist vier und zwei ist vier*)

Ich sitze <u>auf</u> der Mauer und denke <u>an</u> dich.

7.4 SATZFORMEN, SATZARTEN

Satzformen werden nach der Stellung des finiten Prädikatsteils = des Finitums = der Personalform unterschieden (vgl. o-
ben Nr. 7.2/6 – wir sprechen hier statt von „Finitum" oder „fi-
nitem Verb" einfach von „Verb"). Das Finitum kann drei Positionen einnehmen: am Satzanfang („Verb-Erst-Stellung"),
am Satzende („Verb-Letzt-Stellung"), an zweiter Stelle des
Satzes („Verb-Zweit-Stellung"), wobei die erste Stelle von einem Satzteil beliebigen Umfangs ausgefüllt werden kann.

(7.4/1) Verb-Erst-Satz = Stirnsatz:
Satz mit Erststellung des Finitums.

> _Trinkst_ du Soda?
> _Hast_ du Soda getrunken?

(7.4/2) Verb-Zweit-Satz = Kernsatz:
Satz mit Zweitstellung des Finitums.

> Sie _saß_ so da.
> Sie, die Whisky zeit ihres Lebens verabscheut hatte, _saß_
> so da.
> Sie _hat_ noch nicht einmal Soda getrunken.

(7.4/3) Verb-Letzt-Satz = Spannsatz:
Satz mit Letztstellung des Finitums.

> Dass sie bloß so _dasaß_!
> Ob er das wirklich so gesagt _hat_?
> ... weil sie keinen Whisky _trank_
> ... obwohl sie nie Whisky trinken _würde_

In Verbindung mit diesen Stellungsformen stehen SATZ-
ARTEN:

**(7.4/4) Aussagesatz = Deklarativsatz = Behauptungssatz
= Feststellungssatz:**
Satz, mit dem etwas mitgeteilt wird. Typischerweise werden dafür Verb-Zweit-Sätze mit dem Prädikat im Indikativ
und fallender Intonation benutzt.

Lothringer lernte eine andere Frau kennen.
Er hat den Brunnen im Keller des Instituts neu geflutet.
Im Café Neubauer fand er alle Plätze besetzt.

**(7.4/5) Ergänzungsfragesatz = Bestimmungsfragesatz =
Wortfragesatz = W-Interrogativsatz:**
Satz, mit dem ein Teil eines als bereits bekannt vorausge-
setzten Sachverhalts erfragt wird. Typischerweise werden
dafür Verb-Zweit-Sätze (Prädikat im Indikativ) benutzt, die
mit einem Fragewort (*W*-Wort: Frageartikel, Fragepronomen oder Frageadverb, vgl. oben bei Nr. 6.4/8) eingeleitet
werden.

Welches Buch meinst du?
Wer soll das bezahlen?
Wem haben wir das zu verdanken?
Wo liegt Lothringen?

**(7.4/6) Entscheidungsfragesatz = Entscheidungs-Inter-
rogativsatz:**

Satz, mit dem nach der Existenz eines Sachverhalts gefragt
wird. Typischerweise wird dafür ein Verb-Erst-Satz (Prädikat im Indikativ) mit steigender Intonation benutzt, der
mit *Ja, Nein* oder *Doch* zu beantworten ist.

Haben Sie für mich bezahlt?
Ist das gut für dich?
Bist du sicher?
Ist er nicht mitgekommen?

**(7.4/7) Wahlfragesatz = Alternativfragesatz = Alterna-
tiv-Interrogativsatz:**

Satzreihe (s. unten Nr. 7.6/3) aus zwei (oder mehr) durch
oder verbundenen Entscheidungsfragesätzen (fallende Intonation).

Mögen Sie Kaffee oder trinken Sie lieber Tee?
Kommst du heute oder morgen?

**(7.4/8) Aufforderungssatz = Befehlssatz = Imperativ-
satz:**

Satz, mit dem eine Aufforderung erteilt wird. Typischerweise werden dafür Verb-Erst-Sätze mit dem Prädikat im
Imperativ benutzt.

Setz dich hin!
Setzen Sie sich!
Setzt euch!

(7.4/9) Wunschsatz:

Satz, mit dem ein (realisierbarer oder irrealer) Wunsch zum Ausdruck gebracht wird. Typischerweise wird dafür ein Verb-Erst-Satz mit dem Prädikat im Konjunktiv II (vgl. oben zu Nr. 6.2/24) oder ein mit *wenn* eingeleiteter Verb-Letzt-Satz mit dem Prädikat im Konjunktiv II verwendet.

Wären wir doch mit dieser Arbeit schon fertig.
Wenn wir doch schon mit dieser Arbeit fertig wären.
Wenn sie doch hier gewesen wäre.

(7.4/10) Ausrufesatz = Exklamativsatz:

Satz, mit dem ein Erstaunen oder eine andere psychische Regung zum Ausdruck gebracht werden soll. Typischerweise wird dafür ein mit *dass, und ob* oder einem *W*-Wort (vgl. oben bei Nr. 6.4/8) eingeleiteter Verb-Letzt-Satz verwendet.

Dass du dich immer einmischen musst!
Und ob sie das gesagt hat!
Was du nicht sagst!
Wen ich getroffen habe?

7.5 FELDGLIEDERUNG (WORTSTELLUNG)

Die Abfolge der Satzteile im Satz wird wie auch die Abfolge der Wörter innerhalb von Phrasen als Wortstellung bezeichnet. Die Beschreibung der Wortstellung stützt sich auf die Gliederung des Satzes in Felder = auf die Feldgliederung. Auch in Phrasen lässt sich eine Feldgliederung erkennen. Die Feldlehre geht aus von der zentralen Rolle des Prädikats, insbesondere des finiten Prädikatsteils = des Finitums = der Personalform (vgl. oben Nr. 7.2/6). Sie betrachtet zuerst den Verb-Zweit-Satz = Kernsatz (Aussagesatz = Deklarativsatz). Dieser wird vom Finitum als der MITTE in zwei Felder zerlegt:

(7.5/1) Vorfeld:

Im Verb-Zweit-Satz = Kernsatz die Position/Stelle vor dem Finitum. Sie wird in der Regel mit einem einzigen Satzteil besetzt.

(7.5/2) Nachfeld:

Die Position/Stelle nach dem Finitum.

Er	trank	abends immer Whisky.
Vorfeld	Mitte Finitum	Nachfeld

Der Knabe, der nie genug kriegte,	trank	abends immer Whisky.
Vorfeld	Mitte Finitum	Nachfeld

Whisky	trank	der Knabe, der nie genug kriegte.
Vorfeld	Mitte Finitum	Nachfeld

Das Nachfeld kann unbesetzt sein:

Er	trinkt.
Es	regnet.
Vorfeld	Finitum

Verb-Erst-Sätze = Stirnsätze weisen kein Vorfeld auf, sehr wohl aber ein Nachfeld.

Trank	der Knabe, der nie genug kriegte, abends immer Whisky?
Finitum	Nachfeld

Trink	Whisky!
Regnet	es?
Finitum	Nachfeld

Zu den Verhältnissen in Verb-Letzt-Sätzen = Spannsätzen s. unten vor Nr. 7.5/8.

(7.5/3) Voranstellungsfeld:

Vor dem Vorfeld liegendes Feld zur Besetzung mit koordinierenden = nebenordnenden Konjunktionen (vgl. oben Nr. 6.10/20).

Denn	er	trank	Whisky.
Voranstellungsfeld	Vorfeld	Finitum	Nachfeld

Aber		trank	er Whisky?
Voranstellungsfeld		Finitum	Nachfeld

Bei Prädikaten mit mehrwortiger Verbphrase (vgl. oben Nr. 7.1/3) tritt in Verb-Erst- und Verb-Zweit-Sätzen (vgl. oben Nr. 7.4/1 und Nr. 7.4/2) die verbale Klammer auf:

(7.5/4) Verbale Klammer = Satzrahmen:

Finitum = Personalform und infinite Komponenten einer mehrteiligen Prädikats-Verbphrase, wobei das Finitum die Klammer (= den Rahmen) öffnet (linker Klammerteil), die infiniten verbalen Komponenten sie schließen (rechter Klammerteil).

Hauptfälle („li. Kl.": linker Klammerteil, „re. Kl.": rechter Klammerteil):

- Finitum + Verbzusatz

Sie	hört	damit	auf.
	li. Kl.		re. Kl.

Hört	sie damit	auf?
Hör	damit	auf.
li. Kl.		re. Kl.

- Finitum + nichtfinite verbale Prädikatskomponenten

Sie	hat	damit	aufgehört.
Sie	soll	damit	aufhören.
Damit	muss	sie	aufgehört haben.
	li. Kl.		re. Kl.

Wenn ein Satzrahmen vorhanden ist, kann das Nachfeld weiter zerlegt werden:

(7.5/5) Klammerfeld = Mittelfeld:

Der Teil des Nachfeldes zwischen den Rahmenteilen = zwischen dem linken und dem rechten Klammerteil.

(7.5/6) Rahmenendfeld:

Der Teil des Nachfeldes, der vom rechten Klammerteil gebildet wird.

(7.5/7) Nachstellungsfeld:

Der Teil des Nachfeldes, das dem rechten Klammerteil folgt.

Du	möchtest	im Sommer sicher	verreisen.
Vorfeld	Finitum	Nachfeld	
	li. Kl.	Klammerfeld	re. Kl.
			Rahmenendfeld

Du	möchtest	sicher	verreisen	im Sommer.
Vorfeld	Finitum	Nachfeld		
	li. Kl.	Klammerfeld	re. Kl.	Nachstellungsfeld
			Rahmenendfeld	

Klammerfeld und Nachstellungsfeld können unbesetzt bleiben:

- *Er hört zu* (Klammerfeld und Nachstellungsfeld unbesetzt)
- *Er hört aufmerksam zu* (Klammerfeld besetzt mit Umstandsbestimmung *aufmerksam,* Nachstellungsfeld unbesetzt)
- *Er hat dich bei der Feier gesehen* (Klammerfeld besetzt mit Akkusativobjekt *dich* und Umstandsbestimmung *bei der Feier,* Nachstellungsfeld unbesetzt)
- *Er hat dich gesehen bei der Feier* (Klammerfeld besetzt mit Akkusativobjekt *dich,* Nachstellungsfeld besetzt mit Umstandsbestimmung *bei der Feier*)

In Verb-Letzt-Sätzen steht die Prädikats-Verbphrase gewöhnlich geschlossen am Ende und bildet das Rahmenendfeld, meist mit dem Finitum am Ende. Die Rahmenöffnung übernimmt das Einleitungswort, d. h. die einleitende Konjunktion oder das Relativpronomen bzw. der Relativartikel, im Klammerfeld stehen die restlichen Satzteile.

Dass	du das	vorausgesehen hast!
li. Kl.	Klammerfeld	Rahmenendfeld
		re. Kl.

Dass	du das	hast kommen sehen!
li. Kl.	Klammerfeld	Rahmenendfeld
		re. Kl.

(7.5/8) Ausklammerung = Ausrahmung:

Besetzung des Nachstellungsfeldes mit Satzteilen.

Hauptfälle:

- fakultative Ausklammerung

  Er hat uns besucht <u>an diesem wunderschönen Tag</u>.

  Hat er uns besucht <u>an diesem wunderschönen Tag</u>?

  ... weil er uns besucht hat <u>an diesem wunderschönen Tag</u>

- obligatorische Ausklammerung

  *Er hat seinem Freund versprochen, <u>ihn morgen zu besuchen</u> – *Er hat seinem Freund ihn morgen zu besuchen versprochen*

Ähnliche Verhältnisse wie im Satz liegen in der Substantivphrase vor, wo der verbalen Klammer = dem Satzrahmen eine SUBSTANTIVISCHE KLAMMER = ein SUBSTANTIVISCHER RAHMEN entspricht. Das Artikelwort (das auch der Nullartikel sein kann) öffnet die Klammer, das Substantiv als Kern schließt sie. Im Klammerfeld stehen insbesondere adjektivische Attribute (vgl. oben Nr. 6.6/4), während im Nachstellungsfeld typischerweise attributive Substantiv- und Präpositionalphrasen stehen.

ihr	schmales	Gesicht	
Ø	spitze	Hüte	
li. Kl.	Klammerfeld	re. Kl.	

die		Augen	Tina Rotermunds
li. Kl.		re. Kl.	Nachstellungsfeld

eine	moderne	Version	des Märchens vom Rotkäppchen
li. Kl.	Klammerfeld	re. Kl.	Nachstellungsfeld

Abwandlung der Grundwortstellung:

(7.5/9) Inversion:
Umkehrung der Reihenfolge „Subjekt – Finitum" in „Finitum – Subjekt".

Hauptfälle (am Beispiel *Lothringer lächelt*):

- Entscheidungsfragesatz
    Lächelt Lothringer?
- Ergänzungsfragesatz
    Warum lächelt Lothringer?
- Platzierung eines Satzteils, der nicht Subjekt ist, ins Vorfeld
    Heute lächelt Lothringer.
    Als er das hörte, lächelte Lothringer nur.

7.6 SATZFÜGUNG

Nach der Zahl der Hauptverben, die in einem Satz das Prädikat bilden (Prädikatsverben), wird zwischen einfachen und zusammengesetzten = komplexen Sätzen unterschieden.

(7.6/1) Einfacher Satz:
Satz, der ein einziges Prädikatsverb enthält.

Lothringer <u>lächelte</u>.
Dann wollen wir doch gleich mal <u>schauen</u>.

(7.6/2) Zusammengesetzter Satz = komplexer Satz:
Satz, der mehr als ein Prädikatsverb enthält. In Bezug auf seine Teile, die TEILSÄTZE, bildet der zusammengesetzte Satz den GANZSATZ.

(7.6/3) Satzreihe = Satzreihung:
Zusammengesetzter Satz, in dem zwei oder mehr syntaktisch gleichwertige Teilsätze nebeneinandergestellt sind (PARATAXE).

Was bist du und was kannst du?
Erst warf er einen Blick auf den Computer, dann sah er sich die Tabellen an.
[Ich weiß,] was du bist und was du kannst.

Rw.: die Parataxe, der Parataxe, die Parataxen (Betonung auf *-tax-*)

(7.6/4) Satzgefüge:
Zusammengesetzter Satz, in dem mindestens ein Teilsatz einem anderen Teilsatz untergeordnet ist (HYPOTAXE).

Rw.: die Hypotaxe, der Hypotaxe, die Hypotaxen (Betonung auf *-tax-*)

(7.6/5) Hauptsatz:
Satz bzw. Teilsatz, der nicht Glied eines übergeordneten Satzes ist.

Hauptfälle:
- einfacher Satz
  Lothringer lächelte.
- Teilsatz einer Satzreihe
  Erst warf er einen Blick auf den Monitor, dann sah er sich die Tabellen an.
- oberster Satz eines Satzgefüges
  Als Felix am nächsten Morgen ins Institut kam, <u>lag ein Zettel mit einer Telefonnummer auf seinem Tisch</u>.
  <u>Die Graphik</u>, die den Prozessverlauf der letzten Tage veranschaulichte, <u>wies eine beträchtliche Deformation auf</u>.
  Wer je in Rom war, <u>weiß</u>, wovon ich rede (Hauptsatzrest)

Zur Beschreibung von Satzgefügen:

(7.6/6) Eingebetteter Satz = abhängiger Satz:
Unselbstständiger Teilsatz in einem Satzgefüge.

<u>Als Felix am nächsten Morgen ins Institut kam</u>, lag ein Zettel mit einer Telefonnummer auf seinem Tisch.

Die Graphik, <u>die den Prozessverlauf der letzten Tage</u> <u>*veranschaulichte,*</u> *wies eine beträchtliche Deformation auf.*
<u>*Wer je in Rom war,*</u> *weiß,* <u>*wovon ich rede.*</u>
<u>*Dich zu sehen*</u> *ist mein größtes Glück.*
<u>*Von ihrem Gruß beglückt,*</u> *schritt er munter von dannen.*

(7.6/7) Trägersatz = Matrixsatz:
In einem Satzgefüge derjenige Teilsatz, der einen (weiteren) Teilsatz aufnimmt. Ein Trägersatz kann seinerseits in einem höheren Trägersatz eingebettet sein.

Als er von drüben das beruhigende „Klack" der ersten Karambolagen vernahm,

eingebetteter Satz im folgenden Trägersatz

warf er die Skripte wieder hin

Trägersatz für den vorangehenden eingebetteten Satz

und verließ den Keller durch den Ausgang zum Hof,

Trägersatz für den folgenden eingebetteten Satz

der vor allem bei schöner Witterung meist offen stand,

eingebetteter Satz im vorangehenden Trägersatz, Trägersatz für den folgenden eingebetteten Satz

um eine Konzentration der verschiedenen Gase,

1. Teil des eingebetteten Satzes im vorangehenden Trägersatz, 1. Teil des Trägersatzes für den folgenden eingebetteten Satz

die sich bei den Ge- frier- und Veredelungs- experimenten der Sup- raleitungsforscher ne- benan bilden konnten,	eingebetteter Satz im umge- benden Trägersatz
zu verhindern	2. Teil des eingebetteten Sat- zes im vorangehenden Träger- satz, 2. Teil des Trägersatzes für den vorangehenden einge- betteten Satz

---

(7.6/8) Gliedsatz:

In einem Satzgefüge ein Teilsatz in der Rolle eines Satz- gliedes, auch des Prädikativums, oder einer Satzmodifizie- rung.

Ausdrucksformen (am Beispiel von Subjekt und Objekten):

- Teilsatz-Phrase in Form eines Nebensatzes

  <u>*Dass du endlich wiederkommst*</u>*, macht mich glücklich* (Konjunktionalsatz, Verb-Letzt-Nebensatz)

  <u>*Ob er das getan hat*</u>*, ist nicht bekannt* (Konjunktional- satz, „indirekter Fragesatz")

  <u>*Wie es weitergehen soll*</u>*, ist unklar* (Konjunktionalsatz, „indirekter Fragesatz")

  <u>*Wer das getan hat*</u>*, soll sich melden* (Relativsatz, *wer* = *derjenige, der*)

  Er sagte: <u>*„Komm mit"*</u> ('direkte Rede')

  Er sagte, <u>*du sollest mitkommen*</u> (indirekte Rede, Verb- Zweit-Nebensatz)

- Teilsatz-Phrase in Form eines Infinitiv-Teilsatzes

  <u>*Dich zu sehen*</u> *macht mich glücklich.*

  <u>*Golf spielen*</u> *macht ihm keinen Spaß mehr.*

Er versuchte, die Polizei zu rufen.
Er bat mich, die Polizei zu rufen.
Er bat mich, die Polizei rufen zu dürfen.

Beispiele für Gliedsätze in der Rolle vom Umstandsbestimmungen oben Nr. 7.2/14.

Terminologisch werden Gliedsätze nach mehreren Gesichtspunkten unterschieden:

- Sie werden benannt nach der Satzgliedrolle, die sie im Satz übernehmen, z. B. SUBJEKTSATZ, OBJEKTSATZ, UMSTANDSSATZ (= ADVERBIALSATZ).
- Bei Gliedsätzen als Umstandsbestimmungen = bei Umstandssätzen wird in der Benennung zusätzlich häufig die inhaltliche Subklasse berücksichtigt (vgl. oben Nr. 7.2/14), z. B. TEMPORALSATZ, KAUSALSATZ, KONDITIONALSATZ. Die Kombination eines solchen Gliedsatzes mit seinem Trägersatz wird als GEFÜGE bezeichnet: TEMPORALSATZGEFÜGE, KAUSALSATZGEFÜGE, KONDITIONALSATZGEFÜGE usw.
- Gliedsätze werden nach ihrem Inhalt benannt, z. B. als INDIREKTER FRAGESATZ, wenn der Teilsatz in einen Ergänzungs- oder Entscheidungsfragesatz (vgl. oben Nr. 7.4/5 und Nr. 7.4/6) „umgewandelt" werden kann.
- Zur Einteilung von Gliedsätzen in unterschiedliche Typen nach der Satzform, nach der Einleitung und nach der Stellung relativ zum Trägersatz vgl. oben nach Nr. 7.1/21.

(7.6/9) Attributsatz:

In einem Satzgefüge ein Teilsatz in der Rolle eines Attributs.

(7.6/10) Relativsatz:

Attributsatz, der durch ein Relativpronomen, einen Relativartikel oder ein Relativadverb eingeleitet ist.

Relativsätze sind Nebensätze mit Verb-Letzt-Stellung.

An dem Tag, an <u>dem</u> sich Felix Lothringer mit der Dame von der Museumsgesellschaft verabredet hatte, lernte er noch eine andere Frau kennen (Relativpronomen, vgl. oben Nr. 6.5/12)

Die Kollegin, <u>deren</u> Buch du rezensiert hast, ist sauer auf dich.

Sie saßen im „Prima Klima", in der Nähe der Oper, <u>wo</u> es einen überraschend guten Wein gab (Relativadverb, vgl. oben Nr. 6.7/18)

Nach ihrer Bedeutung werden RESTRIKTIVE und NICHTRESTRIKTIVE = WEITERFÜHRENDE RELATIVSÄTZE unterschieden. In restriktiven Relativsätzen wird die Menge der Bezugsgrößen eingeschränkt:

Hunde, <u>die bellen</u>, beißen nicht verstanden im Sinne von 'Diejenigen Hunde, die bellen, beißen nicht'

In nichtrestriktiven Relativsätzen geschieht keine solche Einschränkung:

Hunde, <u>die bellen</u>, beißen nicht verstanden im Sinne von 'Alle Hunde, die (ja bekanntlich) bellen, beißen nicht'

Sie hat auch ihren Mann mitgebracht, <u>der von der Sache nichts versteht</u>.

Pronominales Bezugswort im Matrixsatz und Relativpronomen im Relativsatz können verschmelzen (*der(jenige), der* zu *wer, das(jenige), das* zu *was*):

<u>Wer das getan hat</u>, ist ein Schuft.
<u>Was du willst</u>, sollst du bekommen.

Man spricht dann von VERALLGEMEINERNDEN RELATIV-SÄTZEN. Ebenso bei der Verschmelzung von Adverbien und Relativadverbien *(dort, wo* zu *wo; dann, wann* zu *wann)*:

> *Ich habe sie getroffen, <u>wo sie wohnt</u>.*
> *Er kommt, <u>wann er will</u>.*

(7.6/11) Relativischer Anschluss:

In einem Satzgefüge ein Teilsatz, der durch *was* eingeleitet ist und sich auf den vorangegangen Satz bezieht.

> *Ich habe sie wiedergesehen, <u>was mir Spaß gemacht hat</u>* :
> *Ich habe sie wiedergesehen. Das hat mir Spaß gemacht.*

(7.6/12) Explikativsatz:

Attributsatz in der Rolle eines Explikativ-Attributs = eines Definitions-Attributs (vgl. oben Nr. 7.3/3), in dem die Bezugsgröße erklärt oder beschrieben wird.

> *die Absicht, <u>ihm zu helfen</u>*
> *die Annahme, <u>dass er krank ist</u>*
> *die Hoffnung, <u>sie bliebe hier</u>*

Zur Beschreibung von Satzreihen = Satzreihungen:

(7.6/13) Satzverbindung:

Satzreihe aus nebengeordneten Teilsätzen.

Die Teilsätze können einfache oder zusammengesetzte Sätze, insbesondere auch Satzgefüge, sein.

(7.6/14) Hauptsatzreihe:

Satzreihe aus nebengeordneten Hauptsätzen.

> **(7.6/15) Nebensatzreihe:**
> Satzreihe aus nebengeordneten Nebensätzen.

Die Reihung kann SYNDETISCH = mit Konjunktion oder A-SYNDETISCH = ohne Konjunktion oder in einer Mischung beider Verfahren (MONOSYNDETISCH) erfolgen:

> *Ich kam und ich sah und ich siegte* (syndetisch)
> *Sie trank Whisky, er saß so da* (asyndetisch)
> *Ich kam, ich sah, er siegte.*
> *Ich kam, sah, siegte.*
> *Ich kam, sah und siegte* (monosyndetisch)

Hauptfälle syndetischer Satzreihen:

- KOPULATIVE SATZREIHE (kopulative = anreihende Konjunktion, vgl. oben Nr. 6.10/1)
  > *Der Wald steht schwarz und schweiget, und aus den Wiesen steiget der weiße Nebel wunderbar.*
- DISJUNKTIVE SATZREIHE (disjunktive = ausschließende Konjunktion, vgl. oben Nr. 6.10/2)
  > *Entweder Sie treten freiwillig zurück, oder wir wählen Sie ab.*
- ADVERSATIVE SATZREIHE (adversative = entgegensetzende Konjunktion, vgl. oben Nr. 6.10/3)
  > *Zuerst sei es nur ein Sekretärinnenposten gewesen, doch dann sei nach und nach das Interesse dazugekommen.*
- KAUSALE SATZREIHE (kausale Konjunktion, vgl. oben Nr. 6.10/10)
  > *Er kann nicht kommen, denn er ist krank.*

> **(7.6/16) Zusammengezogener Satz:**
> Satzreihe mit einem oder mehreren Teilsätzen, die nicht voll ausgebaut, sondern elliptisch verkürzt sind.

(7.6/17) Ellipse:
Auslassung von Konstituenten, die auf Grund des Kontextes rekonstruiert werden können.

Hauptfälle von Ellipsen im zusammengezogenen Satz:
- SATZGLIED-ELLIPSE

  Er saß eine geschlagene halbe Stunde da und sah gelassen in die Runde.

  Erst als die junge Frau zurückkam und sich vor ihn hinstellte, zuckte er zusammen und nahm die Hände von den Knien.

  Der eine Arbeiter fällte, ein anderer zersägte die Bäume.

- PRÄDIKATSELLIPSE

  Sie trank Whisky und er Soda.

Weitere Ellipsenfälle:
- NUKLEUS-ELLIPSE

  Sie hat zwei Schwestern. Die jüngere studiert noch, die ältere ist Hausfrau und Mutter : *Sie hat zwei Schwestern. Die jüngere <u>Schwester</u> studiert noch, die ältere <u>Schwester</u> ist Hausfrau und Mutter*

- ATTRIBUTELLIPSE

  Alte Männer und Frauen waren nicht gekommen : *Alte Männer und <u>alte</u> Frauen waren nicht gekommen* (keine Ellipse liegt vor, wenn dieser Satz zu verstehen ist im Sinne von 'Frauen und alte Männer waren nicht gekommen')

- SATZVERKNÜPFUNGSELLIPSE

  Die Zuhörer erfuhren, dass diese Spezies besonders gefährdet und ihr Erhalt daher eine ganz besondere Aufgabe war : *... dass diese Spezies besonders gefährdet*

und <u>dass</u> ihr Erhalt daher eine ganz besondere Aufgabe
war

* WORTTEILELLIPSE
  Er hat sie auf- und gleich wieder zugemacht.

Die in Ellipsen wegfallenden, gleichwohl mitverstandenen
Glieder können als VERDECKT oder VIRTUELL bezeichnet
werden. So ist z. B. *trank* das verdeckte oder virtuelle Prädi-
kat des zweiten Teilsatzes von *Sie trank Whisky und er Soda.*
(Vgl. auch oben die Bemerkung zu verdeckten = virtuellen
Subjekten in Infinitiv- und Partizipial-Teilsätzen, Nr. 7.1/21.)

(7.6/18) Präzisierung:

Mit *genau(er) gesagt, genau genommen* u. Ä., insbesondere mit der spezifizierenden Konjunktion *und zwar* (vgl.
oben Nr. 6.10/18), eingeleiteter oder asyndetisch (vgl. oben
nach Nr. 7.6/15) angeschlossener voller oder elliptisch ver-
kürzter Satz.

Sie liebt ihn, <u>und zwar liebt sie ihn heftig</u>.
Sie liebt ihn, <u>und zwar heftig</u>.
Sie liebt ihn, <u>heftig</u>.

7.7 SATZÄQUIVALENTE

(7.7/1) Satzäquivalente:
Wörter oder Wortgruppen (Phrasen), die die Funktion von
Sätzen übernehmen.

Hauptfälle:

- Kommentarpartikeln = Modalwörter, Antwortpartikeln,
  Reaktionspartikeln (vgl. oben Nr. 6.8/5 bis Nr. 6.8/7)
  Ja. – Nein. – Doch.
  Vielleicht.
  Danke. – Bitte.
  Hallo. – Auf Wiedersehen.

- elliptisch verkürzte Satzfragmente
  „Die graphische Darstellung einer Federbewegung
  schafft stets ähnliche Muster, konzentrische, platten-
  oder schieferähnliche Gebilde, wie – ja, wie dieser Blät-
  terkrokant." Und Felix griff sich aus der Schale ein
  Stück Konfekt, biss davon ab und zeigte Frau Schmuck
  das schiefrige Fragment. „Etwa so." Er hielt das Scho-
  koladenstückchen in Augenhöhe. „Anders bei chaoti-
  schen Zuständen. Hier erscheint auf dem Schirm ein
  ganz anderes Bild."[1]

---

1   Was es mit Felix Lothringer, Tina Rotermund, Lusine Schmuck und
den anderen genauer auf sich hat, kann man nachlesen in Volker Erbes'
Roman „Die Spur des Schwimmers" (Frankfurt am Main: Eichborn,
1991 – Die Andere Bibliothek). Der Text ist hier für mehrere Beispielsätze als grammatischer Steinbruch verwendet worden.

8

ORTHOGRAPHIE:

LEHRE VON DER NORMGERECHTEN

SCHREIBUNG

Die Orthographie = die Rechtschreibung des Deutschen lässt sich in sechs Teilbereiche aufgliedern:

A Laut-Buchstaben-Zuordnungen
B Getrennt- und Zusammenschreibung
C Schreibung mit Bindestrich
D Groß- und Kleinschreibung
E Worttrennung am Zeilenende
F Zeichensetzung

Die in diesen Teilbereichen geltenden Regeln und Einzelfestlegungen beruhen auf Prinzipien. Diese stellen die allgemeinen Grundkonzepte der Schreibung dar.

In Anlehnung vor allem an Gallmann/Sitta (1996, S. 30-45) und Nerius (1987, S. 71-78) unterscheiden wir sieben Prinzipien:

(8/1) Lautprinzip = phonologisches Prinzip:
Grundsatz der Schreibung, der besagt, dass die Elemente der Schreibung die Elemente der Lautung wiedergeben.

(8/2) Stammprinzip = morphologisches Prinzip = Prinzip der Schemakonstanz:

Grundsatz der Schreibung, nach dem verwandte Wörter oder Wortformen gleich oder ähnlich geschrieben werden.

(8/3) Lexikalisches Prinzip = Wortprinzip:

Grundsatz der Schreibung, nach dem gleich geartete Einheiten der Wortebene mit geeigneten Mitteln in gleicher Weise gekennzeichnet werden.

(8/4) Etymologisches Prinzip = Herkunftsprinzip:

Grundsatz der Schreibung, der besagt, dass in manchen Fällen die sprachgeschichtliche Herkunft oder die Herkunft aus einer fremden Sprache orthographisch entscheidend ist.

(8/5) Homonymieprinzip = Prinzip der Unterschiedsschreibung:

Grundsatz der Schreibung, nach dem gleich Lautendes, aber inhaltlich Unterschiedenes (Homonymie) unterschiedlich geschrieben werden kann.

(8/6) Syntaktisches Prinzip:

Grundsatz der Schreibung, nach dem Teile von Texten nach syntaktischen Gesichtspunkten gegliedert und mit geeigneten Mitteln besonders gekennzeichnet werden.

(8/7) Ästhetisches Prinzip:

Grundsatz der Schreibung, nach dem Schriftbilder, die den Lesevorgang stören können, durch andere zu ersetzen sind.

Grundlegend für das Deutsche wie für andere Sprachen mit einer Alphabetschrift ist das LAUTPRINZIP. Es besagt, dass die Einheiten der Schriftebene = der Graphie sich auf die Einheiten der Lautebene = der Phonie beziehen: Den Graphemen entsprechen Phoneme und umgekehrt (Teilbereich A, Laut-Buchstaben-Zuordnungen). Phonographeme (vgl. oben Nr. 3.2/12) geben an, welche Grapheme bzw. Graphemverbindungen für Phoneme bzw. Phonemverbindungen stehen können, z. B. «sch /ʃ/» («Schlange»), «s /ʃ/» («Stange», «Spange»), «ch /ʃ/» («Chance»); «x /ks/» («Hexe»), «ks /ks/» («Keks»), «ck /ks/» («häckseln»), «chs /ks/» («Fuchs»). Solche Zuordnungen sind entweder in Form von REGELN zu erfassen (z. B. „/ʃ/ wird vor /t/ und /p/ mit «s» geschrieben, sonst mit der Graphemverbindung «sch», in Fremdwörtern auch mit «ch»") oder als EINZELFESTLEGUNGEN (z. B. „Die Phonemverbindung /ks/ wird in /hɛksə/ mit «x» geschrieben, in /klɛks/ mit «cks»"). Kennzeichnend für die deutsche Orthographie ist das Fehlen von in beiden Richtungen eindeutigen Koppelungen von Graphemen und Phonemen, das heißt: Einem Graphem können mehrere Phoneme entsprechen (z. B. «g»: /g/ wie in «Könige», /x/ in «Könige», /k/ in «königlich») und umgekehrt können einem Phonem mehrere Grapheme bzw. Graphemverbindungen entsprechen (z. B. /iː/: «i» wie in «Lid», «ie» in «Lied», «ih» in «ihm», «ieh» in «Vieh»).

Das Lautprinzip betrifft nicht nur die graphematische Zusammensetzung der Wörter (ihr „Schriftbild"), sondern wird ebenfalls wirksam im Teilbereich E, Worttrennung am Zeilenende, wo die Silbenstruktur der Wörter zum Tragen kommt (syllabisches Unterprinzip), z. B. «ge-gen», «A-bend», «hob-le» – «nob-le»/«no-ble», «Gäs-te».

In Form des rhythmisch-intonatorischen Unterprinzips spielt das Lautprinzip außerdem im Teilbereich F, Zeichensetzung,

eine Rolle, wenn z. B. Sätze gleicher Satzform durch unterschiedliche Intonation als unterschiedliche Satzarten (vgl.
oben Abschnitt 7.4) erkennbar und dementsprechend mit
unterschiedlichen Satzschlusszeichen versehen werden),
z. B.:

«Du kommst her.»

«Du kommst her?»

«Du kommst her!»

Die Wirkung des STAMMPRINZIPS wird besonders deutlich,
wenn für ein Phonem zwei unterschiedliche Schreibweisen
zur Verfügung stehen, zwischen denen zu wählen ist, z. B. bei
/ɛ/ und /o͜ø/: /vɛndə/ kann mit «e» geschrieben werden
(«Wende») oder mit «ä» (d. h. «a» mit übergesetzten Pünktchen), und zwar dann, wenn es sich um eine Wortform eines
Lexems (vgl. oben Nr. 6.1/1 und 6.1/2) handelt, zu dem auch
eine Wortform mit «a /a/» gehört: «Wände» – «Wand». Ebenso «heute» mit «eu», aber «Häute» mit «äu» wegen
«Haut». Diese Umlautbeziehungen bilden einen Bereich der
Morphophoneme des Deutschen (vgl. oben Nr. 5.2/3). Vergleichbares gilt im Fall der Auslautverhärtung (vgl. oben Nr.
5.2/4): Zum Beispiel wird /bʊnt/ in einem Falle «bunt» geschrieben, im anderen «Bund», weil daneben das Allomorph
/bʊnd/ wie in «Bund-e» steht. – Das Stammprinzip wirkt sich
vor allem im Teilbereich A, Laut-Buchstaben-Beziehungen
aus, und ergänzt und beschränkt das Lautprinzip.

Beim LEXIKALISCHEN PRINZIP wird zum einen die Zugehörigkeit eines Wortes zu einer bestimmten Wortart wichtig, vor
allem im Teilbereich D bei der Großschreibung der Substantive (vgl. oben Kap. 6.3). Zum anderen richtet sich die Getrennt- und Zusammenschreibung (Teilbereich B) nach der
morphologischen Struktur einer lexikalischen Einheit. So
werden z. B. Verben mit einem vorangehenden Verbzusatz

(vgl. oben Nr. 6.2/17) zusammengeschrieben (z. B. «aufhören», «hinlegen», «zusammenschreiben»), Verben mit einem vorangehenden weiteren Verb im Infinitiv oder Partizip dagegen getrennt (z. B. «sitzen bleiben», «kennen lernen», «getrennt schreiben»). Auch die Schreibung mit Bindestrich (Teilbereich C) richtet sich nach der morphologischen Struktur. So werden Zusammenbildungen (vgl. oben Nr. 5.5/12), die Ziffern enthalten, mit Bindestrich geschrieben (z. B. «18-Jähriger» aus «18 Jahre alt»), Suffixableitungen dagegen nicht (z. B. «8fach»).

Die genannten Prinzipien können durch das ETYMOLOGISCHE PRINZIP außer Kraft gesetzt oder modifiziert werden. Dies betrifft vor allem die Teilbereiche A (Laut-Buchstaben-Zuordnungen) und E (Worttrennung am Zeilenende). Bei Fremdwörtern aus dem Griechischen wird beispielsweise das Phonem /t/ mit «th» geschrieben, wenn ihm im Griechischen das Graphem «θ» (Theta) entspricht, z. B. «Ornithologie»; «t» wird geschrieben, wenn im Griechischen «τ» (Tau) steht, z. B. «Ontologie». (Lediglich bei «Panther» und «Thunfisch» sowie bei «Kathode» sind die eindeutschenden Schreibungen ohne «h» zulässig.) Bei der Worttrennung am Zeilenende kommt in Wörtern lateinischen und griechischen Ursprungs sowohl das syllabische Unterprinzip des Lautprinzips zur Geltung als auch das etymologische, wenn nach der Wortbildungsstruktur der Ausgangssprache getrennt wird: «A-bi-tur» – «Ab-itur», «In-te-res-se» – «In-ter-es-se», «Pä-da-go-gik» – «Päd-ago-gik», «Ka-tas-trophe» – «Ka-tast-rophe» – «Katastro-phe». Ähnliches gilt für die Trennung von Fremdwörtern mit einem Konsonantenbuchstanben + «l», «n» oder «r», z. B. «nob-le» (wie «hob-le») – «nob-le», «Mag-net» (wie «reg-net») – «Ma-gnet», «Feb-ruar» (wie «fieb-rig») – «Febru-ar». Desgleichen können Wörter, die sprachgeschichtlich Zusammensetzungen sind, nach Silben oder gemäß ihrer

Wortbildungsstruktur getrennt werden, z. B. «wa-rum» – «war-um», «Klei-nod» – «Klein-od», «vol-len-den» – «voll-en-den».

Ebenfalls können die genannten Prinzipien ergänzt oder ersetzt werden durch das HOMONYMIEPRINZIP, das für die Unterschiedsschreibung gleich lautender, aber bedeutungsverschiedener Wörter (Homophone, vgl. oben Nr. 2.1/6) verantwortlich ist, z. B.: /moːr/: «Moor» – «Mohr», /beːtən/: «beten» – «Beeten», /lɛrxə/: «Lerche» – «Lärche» mit «ä», obwohl kein Allomorph mit «a» (*«Larch-» o. Ä.) existiert. Unterschiedsschreibung kann aber auch auf das lexikalische Prinzip zurückgeführt werden, z. B. /arm/: «Arm» – «arm».

Das SYNTAKTISCHE PRINZIP ist vor allem im Teilbereich F, Zeichensetzung, wirksam. So regelt es die Kommasetzung in Satzgefügen (vgl. oben Nr. 7.6/4), wobei bei Teilsätzen zu unterscheiden ist, ob es sich um Nebensätze oder Infinitiv- bzw. Partizipgruppen handelt (vgl. oben Nr. 7.1/18 bis 7.1/21):

> «Ich rate dir, dass du zu Hause bleibst.»
> «Ich rate dir zu Hause zu bleiben.» oder:
> «Ich rate dir, zu Hause zu bleiben.»

Nach diesem Prinzip richtet sich auch die Kennzeichnung des Satzschlusses mit Punkt, Frage- oder Ausrufezeichen, je nachdem, welche Satzart vorliegt (vgl. oben Nr. 7.4/4 bis 7.4/10). – Darüber kommt das syntaktische Prinzip aber auch zur Wirkung bei der Großschreibung, und zwar von Satzanfängen.

Das ÄSTHETISCHE PRINZIP gelangt zum Einsatz, wenn verwirrende, den Leseprozess behindernde Schriftbilder vermieden werden sollen. Es kann dann die Gültigkeit anderer Prinzipien außer Kraft setzen, z. B. im Fall von /zeːən/ und /kniːə/, die eigentlich als «Seeen» («See» + «en») bzw. «Kniee» («Knie» + «e») zu schreiben wären. Die Häufung von Vokalbuchstaben wird jedoch als störend empfunden, so wie es auch bei drei aufeinander folgenden Konsonantenbuchstaben in Zusammensetzungen der Fall war. So wurde vor der Neuregelung der Rechtschreibung «Schiffahrt» und «Fettopf» statt wie jetzt «Schifffahrt» und «Fetttopf» geschrieben (Wirkung des Stammprinzips). Diese Buchstabenhäufung wurde aber toleriert bei Worttrennung am Zeilenende («Schiff-fahrt», «Fett-topf») und in Fällen, in denen ein weiterer Konsonantenbuchstabe hinzutritt («Schifffracht», «Fetttropfen»).

Wie kein anderer Bereich der Grammatik unterliegt die Rechtschreibung der expliziten Normierung. Die letzte Änderung der Rechtschreibnormen ist 1994/96 vereinbart worden. Die neuen Regelungen gelten ab dem 1. August 1998. Bis ins Jahr 2005 sollen die alten Regelungen, wie sie Anfang des 20. Jahrhunderts festgelegt wurden, neben den neuen Regelungen Gültigkeit besitzen. Ab dem 1. August 2005 soll nur noch die Neuregelung gelten.

ANHANG

Die nachstehende Wiedergabe des „Verzeichnisses grundlegender grammatischer Fachausdrücke" erfolgt in Anlehnung an den Abdruck in dem Sammelband „Grammatische Terminologie: Vorschläge für den Sprachunterricht", herausgegeben von Albert Raasch (Tübingen: Narr, 1983, S. 13-18). Die zu einzelnen Begriffen oder Begriffsgruppen gegebenen Erläuterungen sind hier als Fußnoten abgedruckt.
Das KMK-„Verzeichnis" enthält zu einigen auf lateinischer Grundlage gebildeten Termini die entsprechenden herkömmlichen deutschen Begriffe – sie werden hier, wie im „Verzeichnis" in runde Klammern gesetzt, in der rechten Spalte abgedruckt. Zu den übrigen lateinischen Termini werden, soweit vorhanden, die deutschen Entsprechungen in eckigen Klammern hinzugefügt. Die Wiedergabe des Textes erfolgt in der alten Rechtschreibung.

Sekretariat der Ständigen Konferenz
der Kultusminister der Länder
in der Bundesrepublik Deutschland [KMK]

Verzeichnis grundlegender grammatischer Fachausdrücke
(von der *Kultusministerkonferenz* zustimmend
zur Kenntnis genommen am 26.2.1982)

Vorbemerkung
Durch die moderne Sprachwissenschaft ist eine Vielfalt grammatischer Fachausdrücke entstanden, die über das breite Angebot von Sprachbüchern in die Schulen Eingang gefunden und dort vor allem durch Überschneidungen mit traditionellen Fachausdrücken zu Unsicherheiten im Gebrauch ge-

führt hat. Eine Vereinheitlichung ist daher notwendig, um Anhaltspunkte zu geben für die Konzeption von Lehrplänen und Schulbüchern für das Fach Deutsch.

Der Katalog ist als ein Kompromiß unterschiedlicher sprachwissenschaftlicher Standpunkte zu betrachten. Z. B. bedeuten die im Bereich der Satzlehre aufgeführten Fachausdrücke keine Festlegung auf ein bestimmtes Grammatikmodell. Daher ist dieses Verzeichnis offen gegenüber neuen, dem Unterricht förderlichen Erkenntnissen der Wissenschaft.

Das Verzeichnis ist nicht als ein Minimalkatalog zu lernender Fachausdrücke zu verstehen. Es ersetzt nicht die Lehrplanarbeit der einzelnen Länder, sondern will diese unterstützen. Die Lehrpläne legen fest, *was* im grammatischen Bereich gelernt werden soll. Diese Liste schlägt vor, *wie* die Phänomene zu bezeichnen sind.

Das Verzeichnis dient vor allem den Bedürfnissen der weiterführenden Schulen. Auf eine durchgängige Eindeutschung lateinischer Fachausdrücke wurde daher verzichtet. Nur in den Fällen, da der deutsche Ausdruck für einen grammatikalischen Begriff unmißverständlich ist, wurde er als Alternative vermerkt. Der Sprachunterricht in der Grundschule, insbesondere im Anfangsunterricht, und teilweise auch in der Hauptschule wird aus didaktischen Gründen weitergehende Eindeutschungen nach pädagogischem Ermessen und nach den Lehrplänen der einzelnen Länder verwenden müssen.

Auf eine durchgängige Kommentierung des Verzeichnisses wurde ebenso verzichtet wie auf Beispiele. Kurze Hinweise sind dort angefügt, wo sie wissenschaftlich oder unterrichtspraktisch zur Klärung eines Sachverhalts beitragen können.

[Anm.:] Bei der Zusammenstellung des folgenden Verzeichnisses grammatischer Fachausdrücke in der Kultusministerkonferenz wurden in einzelnen Ländern geleistete grundlegende Arbeiten berücksichtigt.

1. Lautlehre, Rechtschreibung, Zeichensetzung

Laut[1]

Anlaut
Inlaut
Auslaut
Umlaut
Vokal   (Selbstlaut)
Diphthong   (Zwielaut/Doppellaut)
Konsonant   (Mitlaut)

Silbe

offen – geschlossen
betont – unbetont

Akzent   (Betonung)

Wortakzent
Satzakzent
Intonation   (Satzmelodie/Stimmführung)

Satzzeichen

Punkt
Semikolon   (Strichpunkt)
Komma   [Beistrich]
Fragezeichen
Ausrufezeichen
Doppelpunkt
Gedankenstrich

---

1 Die folgenden Fachausdrücke werden im Zusammenhang mit Fragen der Rechtschreibung verwendet.
Zwischen Laut und Buchstabe ist zu unterscheiden.

Anführungszeichen
Bindestrich
Trennungszeichen
Apostroph   (Auslassungszeichen)

2. Wortlehre

Wortbildung

Stamm
Ablaut
Präfix[2]   [Vorsilbe (s. Fußnote 2)]
Suffix   [Nachsilbe (s. Fußnote 2)]

abgeleitetes Wort
zusammengesetztes Wort[3]

Wortarten

Flexion[4]   [Beugung/Biegung]
flektiert   [gebeugt]
unflektiert   [ungebeugt]
Flexionsendung

---

2 „Präfixe" und „Suffixe" sind Wortbildungselemente. „Vorsilbe" und „Nachsilbe" sind dagegen lautliche Einheiten, die deswegen nicht alternativ gebraucht werden können.

3 Hier kann die Unterscheidung von „Bestimmungswort" und „Grundwort" hilfreich sein (Rechtschreibung, Wahl des Artikels).

4 Deklination, Konjugation, Komparation

Nomen/Substantiv[5]	[Substantiv: Dingwort/Haupt- wort/Nennwort/Namenwort]
Deklination	[Beugung (in die vier Fälle)]
Genus	[Geschlecht]
maskulin	[männlich]
feminin	[weiblich]
neutral	[sächlich]
Numerus	[Zahl(form)]
Singular	(Einzahl)
Plural	(Mehrzahl)
Kasus[6]	(Fall)
Nominativ	[Werfall/erster Fall]
Genitiv	[Wesfall/zweiter Fall]
Dativ	[Wemfall/dritter Fall]
Akkusativ	[Wenfall/vierter Fall]
Artikel	[Geschlechtswort]
bestimmt	
unbestimmt	

5 Substantive sind eine Untergruppe der Nomina. Der Fachausdruck
„Nomen" sollte aus den folgenden Gründen dem Fachausdruck „Substantiv" vorgezogen werden:
- – Weiterer Gebrauch in den Fachausdrücken: Nominalgruppe, Pronomen u. a.
- – Möglichkeit [das heißt: Gefahr] der Verwechslung von Substantiv
  und Subjekt
- – Ähnliche Fachausdrücke in den Fremdsprachen (engl.: noun; franz.:
  le nom)

6 Bei der Einführung kann es hilfreich sein, vom 1., 2., 3., 4. Fall oder vom
Wer-, Wes-, Wem- und Wen-Fall zu sprechen.

Pronomen	[Fürwort]
Personalpronomen	[persönliches Fürwort/ Pronomen]
Reflexivpronomen	(rückbezügliches Pronomen)
Demonstrativpronomen	(hinweisendes Pronomen)
Possessivpronomen	(besitzanzeigendes Pronomen)
Interrogativpronomen	(Fragepronomen)
Relativpronomen	[bezügliches Fürwort/ Pronomen]
Indefinitpronomen	(unbestimmtes Pronomen)
Numerale	*(Zahlwort)*
Kardinalzahl	(Grundzahl)
Ordinalzahl	(Ordnungszahl)
Adjektiv	(Eigenschaftswort)
flektiert/unflektiert	[gebeugt, ungebeugt]
Komparation	[Steigerung]
Vergleichsstufen	
Grundstufe/Positiv	
Komparativ	[Mehrstufe/erste Steigerungs- stufe]
Superlativ	[Meiststufe/zweite Steigerungs- stufe]
Verb	[Tätigkeitswort/Zeitwort]
Hilfsverben	[Hilfszeitwort]
Modalverben	
Konjugation	[Beugung/Abwandlung des Verbs]
Stammformen	
regelmäßig	
unregelmäßig	

Personalform/finite Verbform	[stehende Form]
infinite Verbform	[liegende Form]
Infinitiv	[Nennform/Grundform]
Partizip I[7]	[erstes Mittelwort]
Partizip II	[zweites Mittelwort]
Person	
Numerus	[Zahl(form)]
Singular	(Einzahl)
Plural	(Mehrzahl)
Aktiv	[Tatform/Tätigkeitsform]
Passiv	[Leideform]
Modus[8]	[Aussageweise/Redeweise]
real	
irreal	
potential	
Indikativ	[Wirklichkeitsform]
Konjunktiv I	[Vorstellungsform/Möglichkeitsform]
Konjunktiv II	[Wunschform, Bedingungsform]
Imperativ	[Befehlsform]
Tempus[9]	[Zeit(form)]
Präsens	[Gegenwart]

7 Auf die Bezeichnung Part. Präs. / Perf. wird verzichtet, weil durch die Partizipien keine Tempora zum Ausdruck gebracht werden.

8 Modalität wird nicht nur durch den Modus des Verbs ausgedrückt, sondern auch durch weitere sprachliche Mittel, wie Modalverben, Modaladverbien u. ä.

9 Zwischen grammatischen Tempora und Zeitstufen ist zu unterscheiden.

Präteritum/Imperfekt	[Vergangenheit/Mitvergangenheit/erste Vergangenheit]
Perfekt	[Vorgegenwart/vollendete Gegenwart/zweite Vergangenheit]
Plusquamperfekt	[Vorvergangenheit/vollendete Vergangenh./dritte Vergangenh.]
Futur I	[Zukunft]
Futur II	[Vorzukunft/zweite Zukunft]

Zeitstufe

Gegenwart
Vergangenheit
Zukunft

Zeitverhältnis[10]

gleichzeitig
vorzeitig
nachzeitig

Adverb[11]	[Umstandswort]
Präposition	[Verhältniswort]
Konjunktion	[Bindewort]

nebenordnend
unterordnend[12]

10 Zeitstufen und Zeitverhältnisse werden durch verschiedene Tempora und weitere sprachliche Mittel, wie Zeitadverbien, Konjunktionen u. ä. ausgedrückt.

11 Darunter sind im Deutschen Adverbien wie „sehr", „schon", „gestern" usw. zu verstehen, nicht aber die adverbial verwendeten unflektierten Adjektive.

12 Für unterordnende Konjunktionen kann auch „Subjunktion" gebraucht werden.

3. Satzlehre

Satzglied[13]

Prädikat[14]	[Satzaussage]
Subjekt	[Satzgegenstand]
Objekt	[Ergänzung]
Genitivobjekt	
Dativobjekt	
Akkusativobjekt	
Präpositionalobjekt[15]	
Adverbiale[16]	[Umstandsbestimmung]
temporal	(der Zeit)
lokal	(des Ortes)

13 Aus didaktisch-methodischen Gründen werden die Fachausdrücke für Satzglieder zuerst vom einfachen Satz her genommen. Satzglieder werden daher zunächst dargestellt als syntaktische Funktionen von Wörtern oder Wortgruppen.

14 Mit Prädikat ist der verbale Teil des Satzes gemeint.
Auf Fachausdrücke wie „Ergänzung" und „Angabe", die sich aus der Untersuchung der Wertigkeit des Verbs ergeben, wird verzichtet, weil hier keinem Grammatikmodell der Vorzug gegeben werden soll.

15 Trotz der z. T. schwierigen Abgrenzung zwischen Präpositionalobjekt und Adverbiale wird der Ausdruck aus unterrichtspraktischen Gründen beibehalten.

16 Im Gegensatz zur formalen Differenzierung des Objekts (s. o.) wird im folgenden das Adverbiale nach semantischen Gesichtspunkten unterschieden. Die Einteilung berücksichtigt die üblichen Bedeutungsbereiche.

direktional	(der Richtung)
modal	(der Art und Weise und des Mittels)
kausal	(des Grundes)
konditional	(der Bedingung)
konzessiv	(des wirkungslosen Gegengrunds/der Einräumung)
konsekutiv	(der Folge)
final	(des Zwecks und Ziels)

Attribut[17]   [Beifügung]

Einfacher Satz

Satzreihe

Satzgefüge

Hauptsatz

Gliedsatz[18]
  Subjektsatz
  Objektsatz
  Adverbialsatz   [Umstandssatz]

Attributsatz

Indirekter Fragesatz[19]

---

17 Das Attribut ist als Erweiterung seines Bezugsworts kein Satzglied, sondern ein Satzgliedteil. Bezugswörter können z. B. Nomina, Adjektive und Adverbien sein.
Auf den Fachausdruck „Apposition" [Beisatz/Zusatz] wird verzichtet, weil es sich dabei nur um eine von vielen Formen des Attributs handelt.

18 Bezeichnung für alle Arten von Nebensätzen, die als Satzglied auftreten können, außer Attributsätzen (s. u.)

19 Formale Untergliederung der Nebensätze [bezieht sich auf diesen und die folgenden vier Begriffe]

Konjunktionalsatz

Relativsatz

Partizipialsatz

Infinitivsatz

Satzarten
   Aussagesatz
   Fragesatz
   Wunschsatz[20]
   Ausrufesatz

4. Bedeutungslehre (Semantik)[21]

Bedeutung
   denotative
   konnotative

sprachliches Zeichen[22]

20 Darunter werden auch Aufforderungs- und Befehlssätze gefaßt.

21 Die folgende Aufstellung beschränkt sich auf die gebräuchlichen se-
    mantischen Bezeichnungen im engeren Sinne und verzichtet auf alle
    rhetorisch-stilistischen Fachausdrücke.

22 Verbindung von Lautbild/Schriftbild und Bedeutung

LITERATUR

Konsultierte Grammatiken:

Dionysios Thrax (1996) = Die Lehre des Grammatikers Dionysios [Dionysios Thrax: Technē grammatikē - griechisch und deutsch]. Übersetzt von Wilfried Kürschner. In: Swiggers, Pierre / Wouters, Alfons (Hrsg.): Ancient Grammar: Contents and Context. S. 177-215. Löwen: Peeters.

Duden, Konrad (1891): Grundzüge der Neuhochdeutschen Grammatik für höhere Bildungsanstalten und zur Selbstbelehrung für Gebildete von Friedrich Bauer. 21. (der neuen Folge 4.) Aufl. bearb. v. Konrad Duden. München: Beck.

Duden-Grammatik (1995) = Duden: Grammatik der deutschen Gegenwartssprache. 5., völlig neu bearb. u. erw. Aufl. Herausgegeben und bearbeitet von Günther Drosdowski in Zusammenarbeit mit Peter Eisenberg, Hermann Gelhaus, Helmut Henne, Horst Sitta und Hans Wellmann. Mannheim: Bibliographisches Institut.

Eisenberg, Peter (1994): Grundriss der deutschen Grammatik. 3., überarb. Aufl. Stuttgart: Metzler.

Engel, Ulrich (1996): Deutsche Grammatik. 3., korr. Aufl. Heidelberg: Groos.

Engelen, Bernhard (1984, 1986): Einführung in die Syntax der deutschen Sprache. Band I: Vorfragen und Grundlagen, Band II: Satzglieder und Satzbaupläne. Baltmannsweiler: Pädagogischer Verlag Burgbücherei Schneider.

Flämig, Walter (1991): Grammatik des Deutschen. Einführung in Struktur- und Wirkungszusammenhänge. Erarbeitet auf der theoretischen Grundlage der „Grundzüge einer deutschen Grammatik". Berlin: Akademie Verlag.

Gallmann, Peter / Sitta, Horst (1996): Deutsche Grammatik. Überarb. u. erg. Ausg. Zürich: Lehrmittelverlag des Kantons Zürich.

Grundzüge (1981) = Grundzüge einer deutschen Grammatik. Von einem Autorenkollektiv unter der Leitung von Karl Erich Heidolph, Walter Flämig und Wolfgang Motsch. Berlin: Akademie-Verlag.

Helbig, Gerhard (1993): Deutsche Grammatik. Grundfragen und Abriss. 2. Aufl. München: Iudicium Verlag.

Helbig, Gerhard / Buscha, Joachim (1993): Deutsche Grammatik. Ein Handbuch für den Ausländerunterricht. 15., durchges. Aufl. Leipzig: Verlag Enzyklopädie Langenscheidt.

Hentschel, Elke / Weydt, Harald (1994): Handbuch der deutschen Grammatik. 2., durchges. Aufl. Berlin: de Gruyter.

Heringer, Hans Jürgen (1989): Grammatik und Stil. Praktische Grammatik des Deutschen. Frankfurt am Main: Cornelsen Verlag Hirschgraben.

Schülerduden Grammatik (1990) = Schülerduden: Grammatik. Eine Sprachlehre mit Übungen und Lösungen. Herausgegeben von der Dudenredaktion. Bearbeitet von Peter Gallmann und Horst Sitta. 3., völlig neu bearb. u. erw. Aufl. Mannheim: Dudenverlag.

Sommerfeldt, Karl-Ernst / Starke, Günter (1992): Einführung in die Grammatik der deutschen Gegenwartssprache. 2., neu bearb. Aufl. Tübingen: Niemeyer.

Konsultierte Terminologielexika:

Abraham, Werner (1988): Terminologie zur neueren Linguistik. Band 1: A – L, Band 2: M – Z. 2., völlig neu bearb. u. erw. Aufl. Tübingen: Niemeyer, 1988.

Bußmann, Hadumod (1990): Lexikon der Sprachwissenschaft. Unter Mithilfe und mit Beiträgen von Fachkolleginnen und -kollegen. 2., völlig neu bearb. Aufl. Stuttgart: Kröner.

Conrad, Rudi (Hrsg., 1985): Lexikon sprachwissenschaftlicher Termini. Leipzig: Bibliographisches Institut.

Crystal, David (1997): A Dictionary of Linguistics and Phonetics. 4th Ed. Oxford: Blackwell.

Herbst, Thomas / Stoll, Rita / Westermayr, Rudolf (1991): Terminologie der Sprachbeschreibung. Ein Lernwörterbuch für das Anglistikstudium. Ismaning: Hueber.

Homberger, Dietrich (1989): Sachwörterbuch zur deutschen Sprache und Grammatik. Frankfurt am Main: Diesterweg.

Knobloch, Johann (Hrsg., 1961 ff.): Sprachwissenschaftliches Wörterbuch. Heidelberg: Winter. (Band 1, A – E, ist 1986 abgeschlossen worden; 1988, 1991: Band 2, Lieferung 1, 2)

Lewandowski, Theodor (1994): Linguistisches Wörterbuch. 6., überarb. Aufl. Heidelberg, Wiesbaden: Quelle & Meyer.

Sachwörterbuch (1989) = Sachwörterbuch für die deutsche Sprache. Von einem Autorenkollektiv unter Leitung von Karl-Ernst Sommerfeldt und Wolfgang Spiewok. Leipzig: Bibliographisches Institut.

Ulrich, Winfried (1987): Wörterbuch Linguistische Grundbegriffe. 4., erneut bearb. u. erw. Aufl. Unterägeri: Hirt.

Zitierte Werke:

Althaus, Hans Peter (1980): Graphetik. In: Althaus, Hans Peter / Henne, Helmut / Wiegand, Herbert Ernst (Hrsg.): Lexikon der Germanistischen Linguistik. 2., vollst. neu bearb. u. erw. Aufl. S. 138-142. Tübingen: Niemeyer.

Funk-Kolleg Sprache (1973) = Funk-Kolleg Sprache. Eine Einführung in die moderne Linguistik. Band I. Von Klaus Baumgärtner u. a. Frankfurt am Main: Fischer.

Gallmann, Peter / Sitta, Horst (1996): Duden. Die Neuregelung der deutschen Rechtschreibung. Regeln, Kommentar und Verzeichnis wichtiger Neuschreibungen. Mannheim: Dudenverlag.

Nerius, Dieter / Autorenkollektiv (1987): Deutsche Orthographie. Leipzig: Bibliographisches Institut.

Pullum, Geoffrey K. / Ladusaw, William A. (1996): Phonetic Symbol Guide. 2nd Ed. Chicago: The University of Chicago Press.

Schweikle, Günther (1996): Germanisch-deutsche Sprachgeschichte im Überblick. 4. Aufl. Stuttgart: Metzler.

TABELLE DER
NOTATIONSZEICHEN

Die Zahlen beziehen sich auf Seiten; fettgedruckte Zahlen verweisen auf Seiten, auf denen das betreffende Notationszeichen ausführlicher behandelt wird.

'...'	einfache = halbe Anführungszeichen: Bedeutungsangaben (Sememe, semantische Merkmale) 13 **24**
[...]	eckige Klammern: semantische Merkmale; Phone, Allophone 24; 13 **46 49** 55 f.
/.../	Schrägstriche: Phoneme; Allomorphe 44 **46** 55 f.; 75
//...//	doppelte Schrägstriche: Morphophoneme 78
<...>	einfache spitze Klammern: Graphe, Allographe **38 f.** 56
«...»	doppelte spitze Klammern: Grapheme 13 **39** 44 56 75 f.

«... /.../»	Schrägstriche in doppelten spitzen Klammern: Phonographeme 44
{...}	geschweifte Klammern: Morpheme 76
+	Pluszeichen: Vorhandensein eines semantischen bzw. phonologischen Merkmals 24; 49
–	Minuszeichen: Nichtvorhandensein eines semantischen bzw. phonologischen Merkmals 24; 49
-	Bindestrich: Morphemgrenze 76
|	senkrechter Strich: Silbengrenze 73
*	Stern/Asteriskus: ungrammatische Form; nicht belegte Form 14
>	rechter Pfeil: 'wird zu' 29

BEGRIFFS- UND SACHREGISTER

Die Zahlen beziehen sich auf Seiten. Bei mehr als einer Seitenangabe verweisen fettgedruckte Zahlen auf Seiten, auf denen der betreffende Begriff definiert oder ausführlich erläutert ist. Kursiv geschriebene Zahlen beziehen sich auf den Anhang „Verzeichnis grundlegender grammatischer Fachausdrücke".

Linguisten-Handbuch

Biographische und bibliographische Daten
deutschsprachiger Sprachwissenschaftlerinnen
und Sprachwissenschaftler der Gegenwart

herausgegeben von Wilfried Kürschner

1997, 2 Bände zus. XXX, 1191 Seiten (nur geschlossen beziehbar)
kartonierte Sonderausgabe DM 98,–/ÖS 715,–/SFr 88,–
ISBN 3-8233-5001-3

Aus den Pressestimmen:

"Unverzichtbar"
Die Welt

"Es ist ein äußerst lobens- und
bewundernswertes Unterfangen,
ein solch aufwendiges Werk in
Angriff zu nehmen …"
Linguistische Berichte

"… mit großer Sorgfalt erstellt.
Die einführenden Notizen zur
Entstehung des Werkes zeigen,
mit welchem Aufwand an die
Datensammlung herangegan-
gen wurde."
*Zeitschrift für Bibliotheks-
wesen und Bibliographie*

"… a carefully edited and
beautifully produced handbook.
It is particularly useful to edi-
tors and students wishing to
inform themselves about a
certain person's scholarly out-
put."
*Historiographica
Linguistica*

"Ein nützliches Mammutwerk.
Sowohl optisch ansprechend als
auch handlich."
Schwäbisches Tagblatt

 **Gunter Narr Verlag Tübingen**

Sprachwissenschaft bei Francke

Matthias Hartig
Erfolgsorientierte Kommunikation
Wege zur kommunikativen Kompetenz

UTB 1965, 1997, 223 Seiten,
DM 26,80/ÖS 196,–/SFr 25,–
UTB-ISBN 3-82521965-8

Robert Schmitt-Brandt
Einführung in die Indogermanistik

UTB 1506, 1997, XIV, 318 Seiten,
DM 36,80/ÖS 269,–/SFr 34,–
UTB-ISBN 3-8252-1506-7

Monika Schwarz
Einführung in die Kognitive Linguistik

UTB 1636, 2., überarb. und akt. Aufl. 1996,
238 Seiten, DM 27,80/ÖS 203,–/SFr 26,–
UTB-ISBN 3-8252-1636-5

Jürgen Trabant
Elemente der Semiotik

UTB 1908, 1996, 178 Seiten,
DM 24,80/ÖS 181,–/SFr 23,–
UTB-ISBN 3-8252-1908-9

Hans-Rüdiger Fluck
Fachsprachen
Einführung und Bibliographie

UTB 483, 5., überarb. u. erweit. Aufl. 1996,
361 Seiten, DM 34,80/ÖS 254,–/SFr 32,50
UTB-ISBN 3-8252-0483-9

Rudi Keller
Zeichentheorie
Zu einer Theorie semiotischen Wissens

UTB 1849, 1995, 270 Seiten,
DM 29,80/ÖS 218,–/SFr 27,50
UTB-ISBN 3-8252-1849-X

Rudi Keller
Sprachwandel
Von der unsichtbaren Hand in der Sprache

UTB 1567, 2., überarb. u. erw. Aufl. 1994,
238 Seiten, DM 26,80/ÖS 196,–/SFr 25,–
UTB-ISBN 3-8252-1567-9

Wilhelm von Humboldt
Über die Sprache
Reden vor der Akademie

Herausgegeben, kommentiert und mit einem
Nachwort versehen von Jürgen Trabant

UTB 1783, 1994, 277 Seiten,
DM 32,80/ÖS 239,–/SFr 30,50
UTB-ISBN 3-8252-1783-3

Preisänderungen vorbehalten

UTB
FÜR WISSEN
SCHAFT

Francke